SEWING HARUE VOL..35

나를 담은 리넨 바느질

HANDMADE LADY'S CLOSET

HANDIS

introduction

살림과 육아에 지쳐있을 때 재봉틀은 나에게 신세계이자 새로운 활력이었습니다. 그렇게 재봉틀과 함께 시간을 보내던 중, 심플소잉 대리점을 오픈하였고 2021년 좋은 기회로 여러 작가님들과 공동 작업하여 소잉하루에 Vol.28 "직접 만들어 입고 싶은 COUPLE LOOK 20" 서적을 발간하게 되었습니다. 그때 그 경험은 이루 말할 수 없는 순간들이었습니다.

그 경험을 하고서 문득 생각이 들었습니다. 내 단독 서적은 어떨까? 내가 만든 옷을 사람들이 좋아할까? 어느새 저는 단독 서적을 꿈꾸며 차근차근 준비를 했습니다.

2023년 드디어! 제가 원하던 단독 서적 제의가 들어왔고 그때부터 그동안 준비해 왔던 모든 것들을 여러 분들에게 보여줄 수 있다는 생각에 너무 설레기 시작했습니다.

저는 리넨 옷을 참 좋아합니다. 리넨이 주는 자연스러운 움직임, 시간이 오래 지나도 멋스러운 주름, 리넨만의 컬러.. 너무너무 매력적이거든요. 제가 준비한 옷들도 그런 리넨만의 매력을 보여줄 수 있는 아이템들이라 생각이 듭니다.

이번 서적은 리넨을 가장 잘 활용할 수 있는 스타일의 여성복과 소품을 준비했습니다. 기본에 충실한 리넨 옷, 리넨을 잘 살려줄 수 있는 소품들까지 다양한 아이템들이 모여있습니다. 한마디로 리넨 원단으로 만든 기초 서적이라 볼 수 있습니다. 하지만 여러분들도 아실 거예요. 리넨은 많은 디테일보다는 기본이 가장 예쁘다는 걸!

특히 같은 여자로서 그들의 라이프스타일을 충분히 이해하고, 알고 있기 때문에 그 감각을 최대한 살려 모든 여성들을 아름답게 돋보일 수 있도록 준비했습니다. 이 책은 그런 이들을 위해 만든 거라 할 수 있습니다. 만들다 보면 왜 리넨이 이리 좋은지, 매력이 무엇이지 여러분들도 느낄 수 있을 거예요. 모두 저와 같은 기쁨을 이 서적을 통해 누렸으면 하는 바람입니다. 리넨이 주는 포근하고 따뜻한 마음을 받아보세요.

끊임없는 응원과 피드백을 해주신 소잉스토리에게 감사를 전합니다. 또한 옆에서 묵묵히 저를 도와주고 신경 써주신 진영 선생님, 사랑하는 나의 가족 모두 감사하고 사랑합니다.

김기숙 Kim gi sook
현) 아시아머신소잉협회(AMSA) 이사 / 심플소잉 수지 신봉점 운영

contents

작가 소개 introduction   02
목차 contents   04
화보 photo   06

소잉 노트 sewing note   32
기초 부자재 basic materials   34
미싱 소개 machine introduction   36
소잉을 시작하기 전에 before sewing   40
원 포인트 레슨 one point lesson   44
일러스트 제작설명서 how to make   48

본 서적에 사용된 원단은 심플소잉(http://www.simplesewing.co.kr),
패션스타트(http://www.fashionstart.net)에서 확인하실 수 있습니다.

A
노칼라 재킷
collarless jacket

photo. 06
how to make. 50

OUTER

B
바이어스 버킷햇
bias bucket hat

photo. 07
how to make. 53

ITEM

C
레이스 칼라 블라우스
lace collar blouse

photo. 08
how to make. 56

TOP

D
치마바지
skirt pants

photo. 09
how to make. 59

BOTTOM

E
둥근 칼라 원피스
round collar dress

photo. 10
how to make. 64

DRESS

F
휠 프레임 토트백
wheel frame tote bag

photo. 11
how to make. 69

ITEM

G
타이 블라우스
tie blouse

photo. 12
how to make. 73

TOP

H
턱 스커트
tuck skirt

photo. 13
how to make. 76

BOTTOM

I
레이어드 턱 원피스
layered tuck dress

photo. 15
how to make. 79

DRESS

J
리넨 두건
linen bandana

photo. 16
how to make. 84

ITEM

K
민소매 주름 원피스
sleeveless shirring dress

photo. 17
how to make. 86

DRESS

L
턱 노칼라 재킷
tuck collarless jacket

photo. 19
how to make. 90

OUTER

M
숄더백
shoulder bag

photo. 20
how to make. 94

ITEM

N
타이 원피스
tie dress

photo. 21
how to make. 98

DRESS

O
레이어드 속치마
layered underskirt

photo. 22
how to make. 100

BOTTOM

P
숄 재킷
shawl jacket

photo. 23
how to make. 102

OUTER

Q
하이넥 블라우스
high neck blouse

photo. 24
how to make. 106

TOP

R
레이어드 속바지
layered underpants

photo. 26
how to make. 109

BOTTOM

S
노칼라 롱 재킷
collarless long jacket

photo. 27
how to make. 112

OUTER

T
와이드 버킷햇
wide bucket hat

photo. 28
how to make. 115

ITEM

U
뷔스티에 원피스
bustier dress

photo. 29
how to make. 118

DRESS

V
퍼프 원피스
puff dress

photo. 30
how to make. 123

DRESS

W
둥근 토트백
round tote bag

photo. 31
how to make. 126

ITEM

A

노칼라 재킷
collarless jacket

p.50

하마마츠 린넨 60수 벨기에무지 블랙

하마마츠 린넨 25수 헤링본무지 카멜

B

바이어스 버킷햇
bias bucket hat

p.53

코디 린넨 소프트가공 디보트무지 키나리

C

레이스 칼라 블라우스
lace collar blouse

p. 56

D

치마바지
skirt pants

p. 59

유와 린넨 백마포
린넨 컬렉션 네이비

E

둥근 칼라 원피스
round collar dress

p. 64

코튼린넨 거즈 에어즈 화이트

하마마츠 린넨 25수 헤링본무지 차콜
앤틱햄프린넨 그레인색 스트라이프2 블루

F

휠 프레임 토트백
wheel frame tote bag

p. 69

G

타이 블라우스
tie blouse

p. 73

유와 코튼린넨 샤르만 앤틱플라워 아이보리

H

턱 스커트
tuck skirt

p. 76

하마마츠 린넨 60수 벨기에무지 블랙

I

레이어드 턱 원피스
layered tuck dress

p. 79

코디 40수 린넨 더블린 카멜

코디 40수 린넨 더블린 화이트

J

리넨 두건
linen bandana

p. 84

K

민소매 주름 원피스
sleeveless shirring dress

p. 86

리네티 리투아니아 린넨 베이직 무지 파우더그린

L

턱 노칼라 재킷
tuck collarless jacket

p. 90

숄더백
shoulder bag

p. 94

코튼린넨 알토알베로 트왈드주이 옐로우

N

타이 원피스
tie dress

p. 98

유와 린넨 백마포 카키

코튼린넨 알토알베로 트왈드쥬이 아이보리

레이어드 속치마
layered underskirt

p. 100

P

솔 재킷
shawl jacket

p. 102

리네티 리투아니아 린넨 베이직 무지 스톤브라운

Q

하이넥 블라우스
high neck blouse

p. 106

리네티 리투아니아 린넨 베이직 무지 화이트

R

레이어드 속바지
layered underpants

p. 109

리네티 리투아니아 린넨 베이직 무지 화이트

S

노칼라 롱 재킷
collarless long jacket

p. 112

코디 코튼린넨 바이오워싱 트윌무지 베이지

T

와이드 버킷햇
wide bucket hat

p. 115

코디 코튼린넨
바이오워싱 트윌무지 베이지

U

뷔스티에 원피스
bustier dress

p. 118

린넨 프렌치시크 차콜

V

퍼프 원피스
puff dress

p. 123

훗고 린넨 베고니아 블랙

W

둥근 토트백
round tote bag

p. 126

린넨 프렌치헤비무지 헤비
내추럴베이지

SEWING NOTE
소잉노트

STEP 1.

기초 부자재   p.34
basic materials

다양한 제도용품, 재단용품, 봉제용품, 미싱용품 등 소잉에 필요한 기초 부자재를 소개합니다.

STEP 2.

미싱 소개   p.36
machine introduction

가정에서도 사용할 수 있는 기본 미싱, 오버록 미싱, 자수 전용 미싱까지 본 서적 작품을 제작할 때 사용한 미싱을 소개합니다.

STEP 3.

소잉을 시작하기 전에   p.40
before sewing

작품을 만들기 전 알아야 할 tip에 대해서 소개합니다. 원단 준비부터 패턴 사용 방법, 실과 바늘까지 여러 tip을 확인해 보세요.

STEP 4.

원 포인트 레슨   p.44
one point lesson

작품 제작 시 알아두면 좋은 포인트들을 소개합니다. 다양한 참고사항들이 있으니 확인하면서 제작하길 권장합니다.

STEP 1. 기초 부자재 basic materials

1·1 제도용품

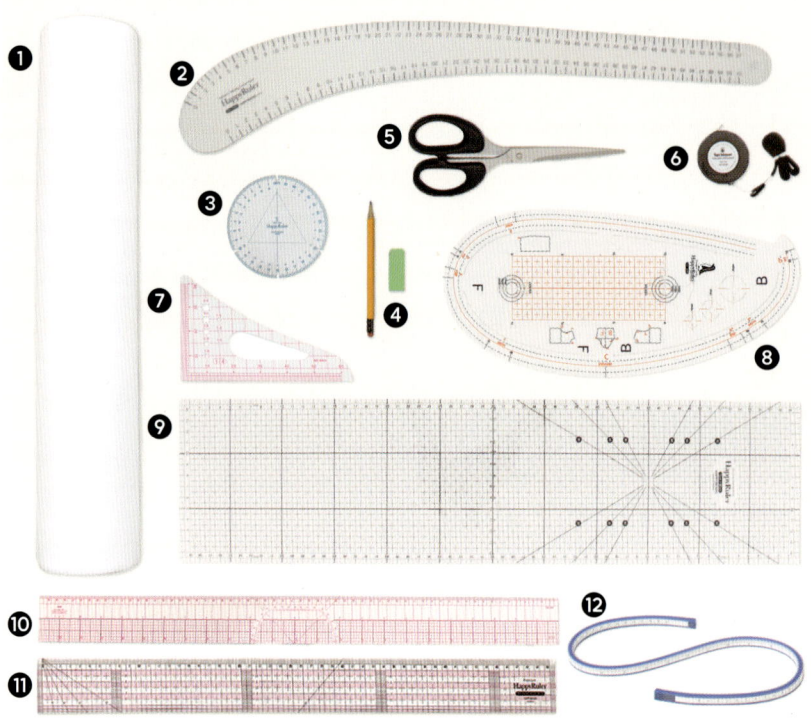

❶ **패턴지** 폴리에스테르 부직포 성분으로 연필, 초크 등으로 잘 그려집니다. 패턴을 복사하기 쉬운 부직포 패턴지를 사용하면 좋습니다.

❷ **곡자** 한쪽 끝이 곡을 이루고 있는 자로 스커트 옆선, 소매 옆선, 절개선, 다트 곡선 등을 그리는 데 주로 사용합니다.

❸ **원형자** 패턴상의 다양한 곡선 길이 측정이 가능하며, 15, 20cm 단위의 홀(구멍)로 곡선상의 너치(맞춤점)을 표시할 때도 용이합니다.

❹ **연필&지우개** 패턴지에 패턴을 그릴 때 사용합니다.

❺ **종이가위** 패턴(종이나 부직포)을 자를 때 사용하는 가위로, 재단가위로 종이를 오리면 가위의 날이 상할 수 있으므로 가위는 반드시 패턴 재단용과 원단 재단용을 구분하여 사용합니다.

❻ **줄자** 신체 치수를 측정하거나 곡선의 치수를 잴 때 사용합니다.

❼ **축도자** 실 사이즈의 패턴을 1/4 또는 1/5로 축도하여 자료를 남기고자 할 때 사용합니다.

❽ **펭귄 곡선자** 소매산, 진동 둘레 등 거의 모든 기본 곡선을 그릴 수 있으며, 사이즈별 원 모양이 있어 단추 표시를 하기 좋습니다.

❾ **직각&컷팅자** 정확한 직각이 제도작업을 원활하게 합니다. 넓은 폭이 작업물을 뒤틀리지 않게 잡아줘 원단 컷팅 작업에도 사용됩니다.

❿ **양면그레이딩자** 일반 시접자나 퀼팅자에 비해서 두께가 얇기 때문에 편리한 작업이 가능하며, 패턴상의 암홀라인이나 네크라인 등 곡선부분의 길이를 잴 때도 세워서 유용하게 사용할 수 있습니다.

⓫ **시접자** 눈금이 잘 지워지지 않는 긁힘 방지 가공이 되어있어 눈금이 깨끗하게 유지되며, 자의 위아래 면이 비스듬히 사선으로 꺾여 있기 때문에 선을 그을 때 용이하여 정확한 작업이 가능합니다.

⓬ **프리 커브 룰러** 자유자재로 잘 구부러지고 잘 고정되어 각종 라인의 사이즈 측정과 제도를 신속하고 편리하게 작업할 수 있습니다.

1·2 재단용품

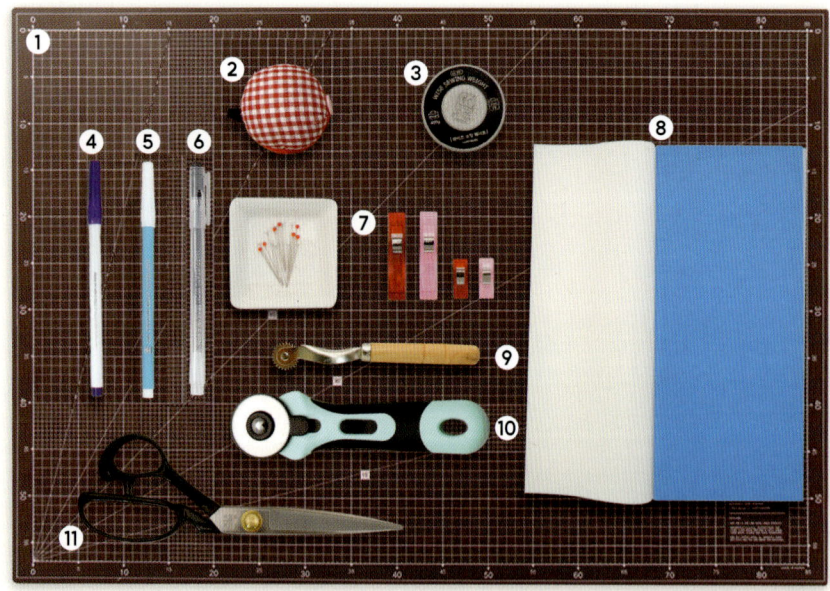

❶ **컷팅매트** 재단칼로 원단을 재단할 때 함께 사용하면 재단칼의 날이 손상되지 않고, 원단이 깔끔하게 재단됩니다.

❷ **핀쿠션** 자주 사용하는 시침핀, 바늘 등을 적당량 꽂아두고 필요할 때 바로 사용합니다.

❸ **문진** 원단과 패턴이 서로 뒤틀리지 않도록 묵직하게 고정해주는 누름 쇠입니다.

❹ **기화성 펜초크** 선을 긋고 일정 시간이 지나면 자연스럽게 선이 사라지는 고급 기화성 펜입니다.

❺ **수성 펜초크** 선이 깔끔하게 그어지며, 물로 간편하게 지워집니다.

❻ **아이론 열펜** 펜촉 두께는 0.5cm 정도로 가늘어 섬세한 작업에 사용하기 좋습니다. 다리미로 열을 가하면 지워집니다.

❼ **시침핀&집게** 시침핀은 옷감을 고정하거나 입체 재단 시 사용합니다. 구슬핀, 실크핀 등 용도에 따라서 사용하세요. 핀 작업이 어려운 니트 원단에는 집게를 사용하세요.

❽ **초크페이퍼** 패턴을 원단에 마름질할 때 초크 대신 사용할 수 있는 도구로, 페이퍼를 원단 아래 놓고 위에서 룰렛을 굴려주면 원단에 완성선이 표시됩니다.

❾ **룰렛** 톱니를 굴려 원단에 마킹하는 도구로 초크페이퍼와 함께 사용합니다. 톱니형과 원반형으로 두 가지 타입이 있습니다. 원반형은 헤라로도 사용 가능합니다.

❿ **재단칼** 재단가위 대신 원단을 재단할 때 사용하며, 여러 겹의 원단을 한 번에 컷팅할 수 있어 편리합니다. 컷팅매트와 함께 사용하세요.

⓫ **재단가위** 원단 재단에 사용하는 전용가위로 자신의 손에 맞는 크기의 가위를 사용하는 것이 좋습니다. 왼손용, 오른손용으로 두 가지 타입이 있습니다.

1 · 3　봉제용품

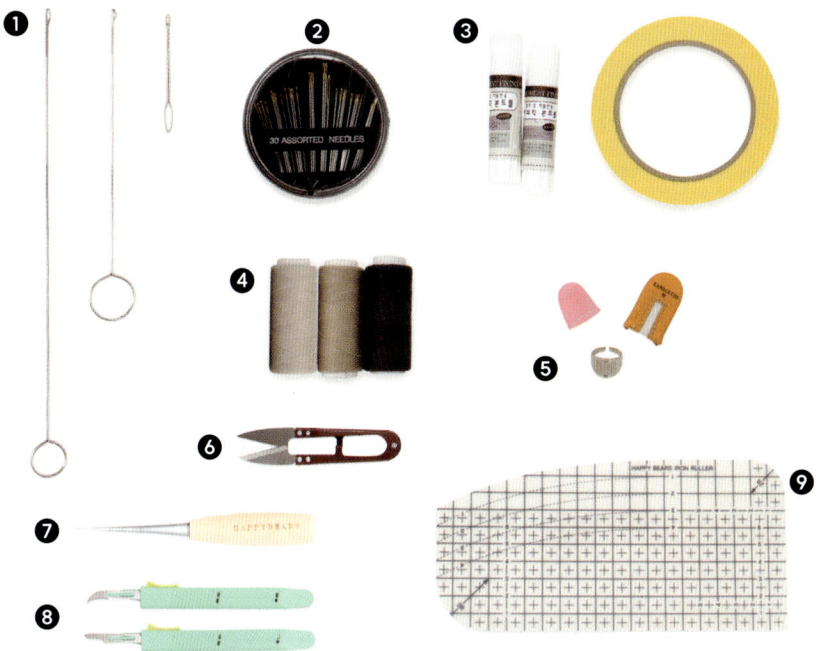

1. **뒤집개&끼우개**　원단으로 리본 등을 만들 때 좁은 폭의 원단을 쉽게 뒤집을 수 있고, 작품에 고무줄이나 끈을 끼워 넣을 때 편리하게 작업할 수 있습니다.
2. **손바늘**　작품의 마무리 또는 장식 작업 시 자주 사용되므로 사이즈별로 준비해두세요.
3. **직물전용 본드풀&매직테이프**　시침핀을 꽂기 힘든 곳, 지퍼 및 시접 등 임시고정이 필요한 부분에 사용하면 원단의 밀림 없이 편하게 봉제할 수 있습니다. 수용성 재질로 세탁 후 완전히 제거됩니다.
4. **손바느질용 봉제실**　기본적으로 가장 많이 사용되는 색상은 휴대가 편리한 소형 사이즈로 준비해두고 간편하게 사용하세요.
5. **골무**　손바느질을 할 때 손가락 끝을 보호해 주어 작업의 능률을 높입니다. 가죽, 금속, 고무 등 다양한 재질이 있으니 용도에 맞게 골라 사용하세요.
6. **쪽가위**　작업 중 가장 많이 사용되는 가위로, 깔끔한 마무리 작업을 위해 꼭 필요합니다.
7. **송곳**　원단에 구멍을 뚫거나 맞춤점을 표시할 때, 주머니, 가방, 옷깃의 모서리 모양을 잡을 때 등 다양한 작업에 사용합니다.
8. **실뜯개**　봉제가 잘못되어 바늘땀을 뜯어야 할 때나, 단춧구멍을 자를 때 유용하게 사용됩니다. 일반형과 갈고리형이 있습니다.
9. **아이론시접자**　정확한 치수 체크와 함께 다림질로 손쉽게 시접 부분을 만들 수 있도록 도와주는 열에 강한 시접자입니다.

1 · 4　미싱용품

1. **멀티매트**　재봉틀 매트로 사용하기 좋은 멀티매트입니다. 충격 흡수에 탁월하며, 미싱의 소음과 진동을 완화시켜줍니다.
2. **미싱바늘**　공업용과 가정용을 잘 구분하여 사용해야 합니다. 원단의 소재와 두께에 따라 9/11/14/16/18호의 바늘을 맞춰 사용하세요. 니트원단에는 니트용 바늘을 사용하세요.
3. **드라이버**　노루발과 미싱바늘을 교체할 때 사용합니다.
4. **미싱기름**　미싱의 소음이나 마찰을 완화시켜줍니다.
5. **핀셋**　일반 미싱이나 오버록 미싱에 실을 끼울 때나, 미싱의 세밀한 곳을 작업할 때 사용합니다.
6. **크리닝브러시**　봉제 후 미싱에 쌓인 먼지를 청소할 때 사용하는 미싱 청소용 브러시입니다.
7. **미싱용 봉제실**　원단의 소재와 두께 및 작업 용도에 맞게 골라 사용합니다.
8. **북집(보빈케이스)**　공업용과 가정용을 잘 구분하여 사용해야 합니다. 북집이 필요 없는 미싱 기종도 있으니 확인 후 사용하세요.
9. **북알(보빈)&북알케이스**　북알은 공업용과 가정용을 잘 구분하여 사용해야 하며, 밑실은 윗실에 맞춰 바로 사용할 수 있도록 미리 다양하게 감아서 준비해두면 좋습니다. 북알케이스에 보관하면 편리합니다.

STEP 1. 기초 부자재　basic materials

STEP 2. 미싱 소개 machine introduction

2·1 가정용 미싱

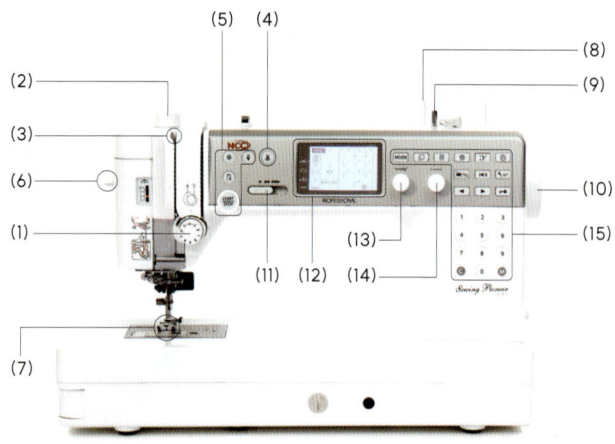

NCC 소잉파이오니아 CC-1877

본 서적 작품을 제작할 때 사용한 미싱인 NCC 소잉파이오니아를 기준으로 소개합니다. 기종에 따라 각 미싱의 사용 방법이 다르니 설명서를 참고하세요.

(1) 윗실 장력 조절 다이얼
(2) 노루발 압력 조절 다이얼
(3) 실채기 안전 장치
(4) 자동 사절 버튼
(5) 미싱 조작 버튼
(6) 자동 실끼우기 장치 레버
(7) 원터치형 노루발
(8) 실패꽂이
(9) 밑실감기 장치
(10) 풀리 다이얼
(11) 속도 조절 슬라이더
(12) LCD 모니터
(13) 땀 폭 조절 다이얼
(14) 땀 길이 조절 다이얼
(15) 기능 조작 버튼

자세한 미싱 설명과 구입처는 QR코드로 확인하실 수 있습니다.

| 미싱의 주요 기능 |

① LCD 모니터, 기능 버튼 및 조그 다이얼

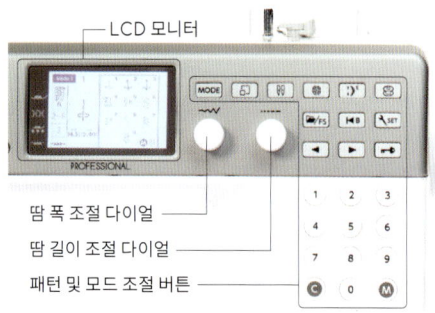

LCD 모니터, 패턴 및 모드를 조절하는 버튼, 땀의 간격을 조절하는 다이얼입니다. 재봉틀의 기종마다 패턴이나 바느질의 설정 방법이 다르기 때문에, 각 미싱의 사용 설명서를 확인해 주세요.

② 속도 조절 슬라이더

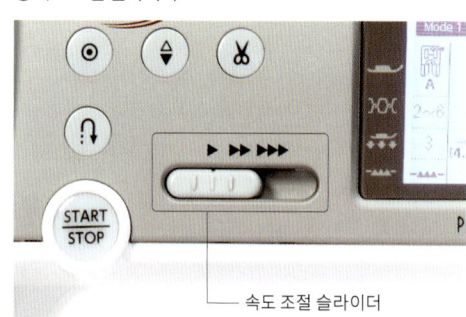

슬라이더를 좌/우로 움직여 속도를 조절합니다. 오른쪽으로 밀면 빨라지고, 왼쪽으로 밀면 느려집니다.

③ 패턴 완성 버튼

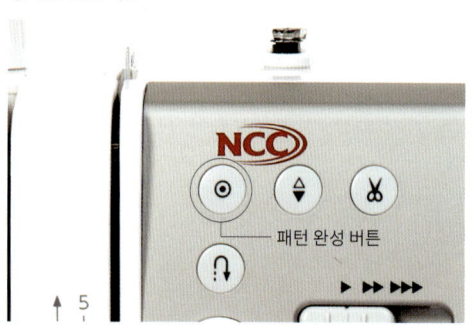

모드의 패턴 작업을 진행할 때, 버튼을 누르면 패턴 완성 기능이 작동하여 하나의 패턴을 마무리 완성 후 자동으로 정지합니다.

④ 미싱 조작 버튼

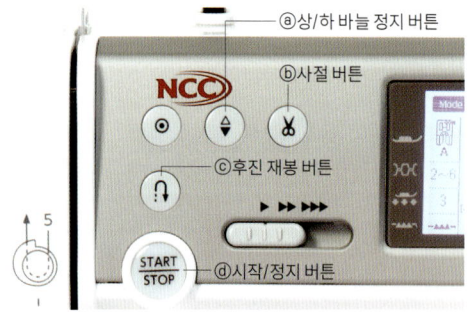

ⓐ 바늘을 위/아래로 움직일 때 사용합니다.
ⓑ 자동으로 실을 자를 때 사용합니다.
ⓒ 바느질 방향을 바꿔 되돌아 박기 할 때 사용합니다.
ⓓ 봉제를 시작하거나 멈출 때 발판 대신 사용합니다.

⑤ 노루발 압력 조절 다이얼

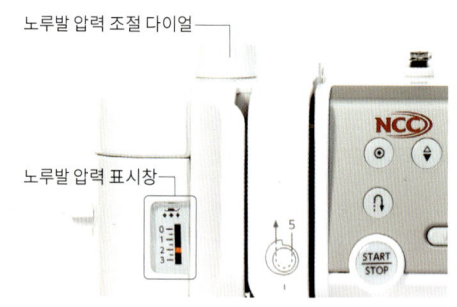

노루발의 압력을 조절하는 다이얼입니다. 노루발 압력 표시창의 숫자가 높을수록 압력이 세지고, 낮을수록 압력이 약해집니다.

⑥ 윗실 장력 조절 다이얼

윗실의 장력을 조절하는 다이얼입니다. 윗실의 장력이 셀 때는 낮추고, 윗실의 장력이 약할 때는 높입니다.

2·1 가정용 미싱

⑦ 실채기 안전 장치

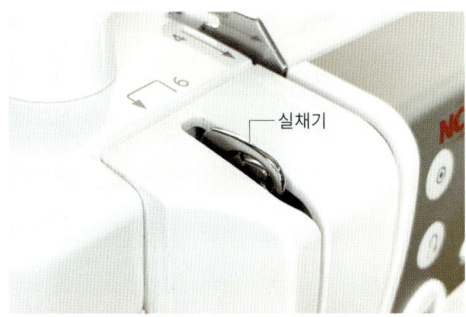

실채기 안전장치는 윗실을 한 번 더 잡아 주어 실이 빠지지 않고 팽팽하게 유지되도록 고정시켜줍니다.

⑧ One step 자동 단춧구멍 봉제

소잉파이오니아의 자동 단춧구멍 노루발(R)을 활용하면 내가 원하는 크기의 단춧구멍을 한 번에 봉제할 수 있습니다.

⑨ 가마 소음 방진 패드

많은 소어들이 불편함을 겪는 미싱의 소음을 줄여주는 소음 방진 패드입니다.

| 침판 주변 부분의 명칭 |

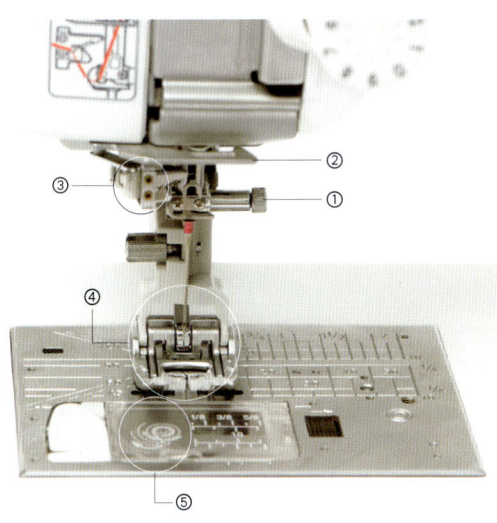

① 바늘 조임 나사
바늘을 고정하거나 교체할 때 사용합니다.

② 실걸이 가이드
바늘에 실을 끼울 때, 실이 움직이지 않도록 고정해 줍니다.
실을 실걸이 가이드에 통과시킨 다음 바늘에 끼웁니다.

③ 자동 실 끼우기 장치
미싱 바늘에 실을 끼우는 번거롭고 어려운 작업을 손동작 몇 번으로 쉽고 빠르고 간편하게 할 수 있도록 도와줍니다.

④ 노루발
원단을 작업이 가능한 상태로 미싱에 고정하는 부품입니다.
봉합 종류에 따라 해당 전용 노루발을 사용합니다.

⑤ 수평 가마
북알 장착이 수월한 수평형 가마로 밑실을 감아둔 북알을 장착합니다.

[③ 자동 실 끼우기 장치]

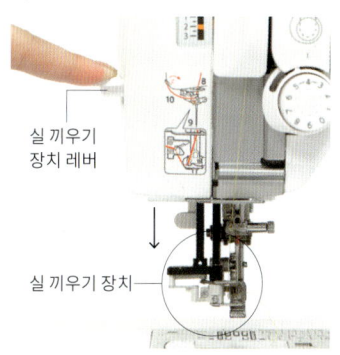

실 끼우기 장치 레버

실 끼우기 장치

| 다양한 디자인 봉제 & 이니셜 봉제 |

다양한 디자인의 스티치와 이니셜 봉제가 가능해 나만의 개성이 담긴 작품을 만들 수 있습니다.

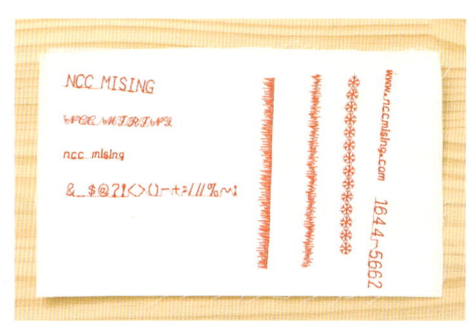

STEP 2. 미싱 소개 machine introduction

2·2 가정용 오버록 미싱

본 서적 작품을 제작할 때 사용한 미싱인 자노메 에어스레드 2000D를 기준으로 소개합니다.
기종에 따라 각 미싱의 사용 방법이 다르니 설명서를 참고하세요.

자노메 에어스레드 2000D

- 노루발 압력 조절 다이얼
- 실별 장력 조절 다이얼
- 측면 커버
- 인터록 핑거 스위치
- 사절 폭 조절 다이얼
- 칼날 해제 다이얼
- 전면 커버(면판)
- 4번 실(아래 루퍼) 장력 설정 슬라이더
- 안테나형 실걸이
- 실패꽂이
- 땀 길이 조절 다이얼
- 톱니 차동 조절 다이얼
- 풀리 다이얼

| 오버록 스티치 종류 |

1) 기본 스티치

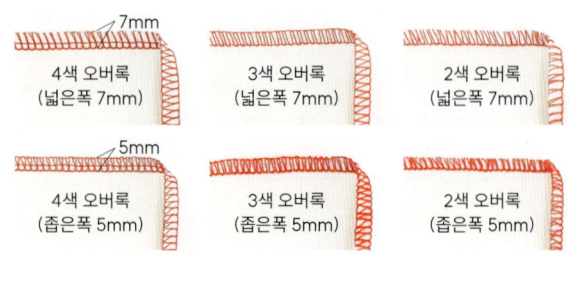

- 4색 오버록 (넓은폭 7mm)
- 3색 오버록 (넓은폭 7mm)
- 2색 오버록 (넓은폭 7mm)
- 4색 오버록 (좁은폭 5mm)
- 3색 오버록 (좁은폭 5mm)
- 2색 오버록 (좁은폭 5mm)

2) 고급 장식 스티치

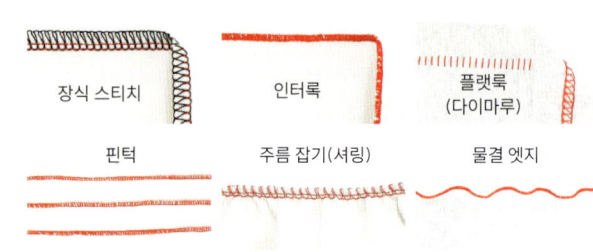

- 장식 스티치
- 인터록
- 플랫록 (다이마루)
- 핀턱
- 주름 잡기(셔링)
- 물결 엣지

| 오버록 미싱의 주요 기능 |

① 1번, 2번 실 끼우기 장치

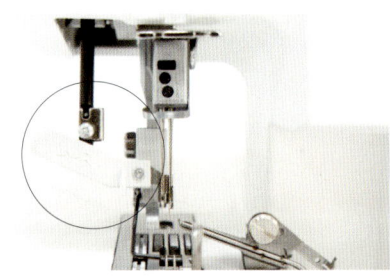

바늘 구멍을 찾을 필요 없이 자동 실 끼우기 장치로 한번에 1번, 2번 실을 끼울 수 있습니다.

② 3번, 4번 실 끼우기 장치

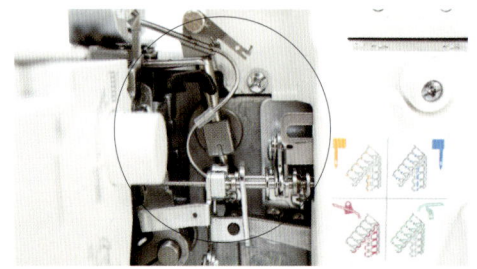

공기로 실을 끼우는 에어 스레딩 기술로 레버를 움직여 3, 4번 실을 간편하게 끼울 수 있습니다.

③ 쉬운 바늘 교체

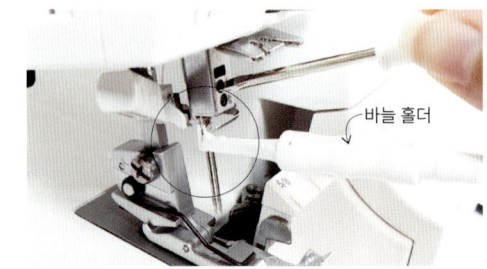

자노메 에어스레드 미싱에는 바늘 홀더가 기본 구성품으로 들어있어 쉽고 정확하게 바늘을 교체할 수 있습니다.

④ 칼날 해제 다이얼(ⓐ), 사절 폭 조절 다이얼(ⓑ)

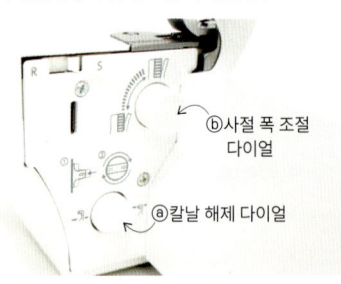

- ⓑ 사절 폭 조절 다이얼
- ⓐ 칼날 해제 다이얼

봉제 도중 원단을 들추거나 커버를 열 필요 없도록 다이얼을 미싱 오른쪽에 두었습니다. 특히 자주 변경하는 '칼날 해제', '사절 폭 조절' 다이얼은 칼날 바로 아래에 있어 효율적입니다.

⑤ 통합 조절 다이얼

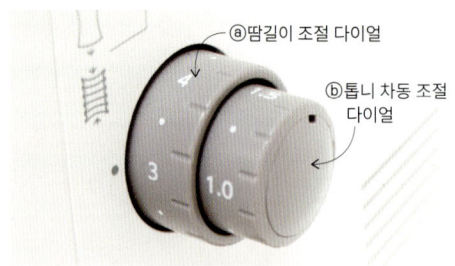

- ⓐ 땀길이 조절 다이얼
- ⓑ 톱니 차동 조절 다이얼

다양한 스티치 표현을 결정하는 '땀 길이 조절(ⓐ)'과 '톱니 차동 조절(ⓑ)'을 1개의 통합 다이얼로 조절할 수 있으며, 설정값을 한눈에 보고 조작할 수 있습니다.

자세한 미싱 설명과 구입처는 QR코드로 확인하실 수 있습니다.

2·3 가정용 자수 미싱

미싱 외 NCC 자수 미싱 티파니를 소개합니다.
기종에 따라 각 자수 미싱의 사용 방법이 다르니 설명서를 참고하세요.

NCC 티파니 CC-1879

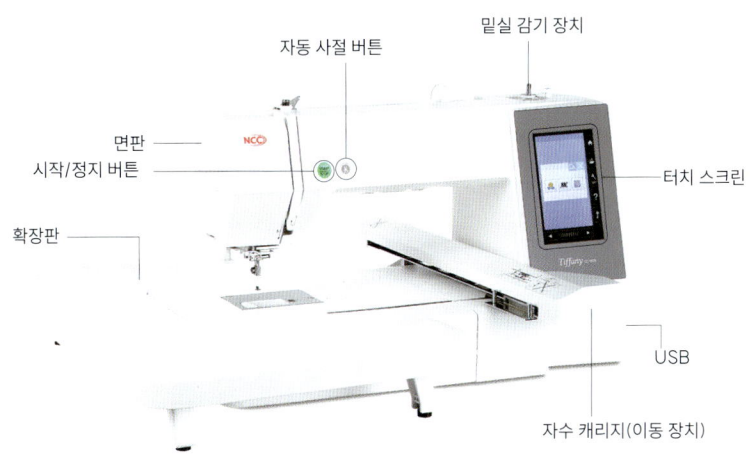

| 용도에 따른 크기별 자수틀 |

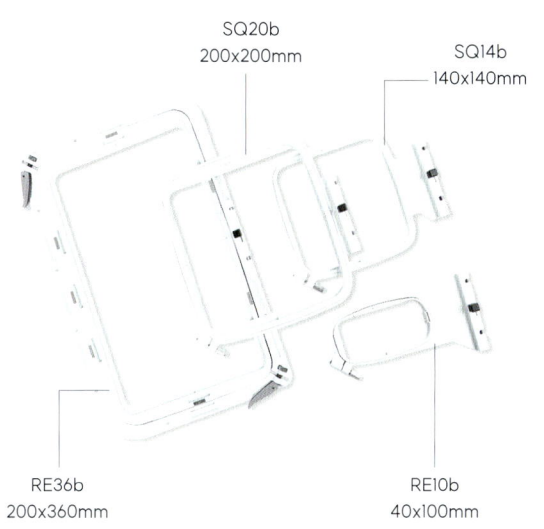

| 자수 미싱의 주요 기능 |

① 자수틀을 장착할 캐리지

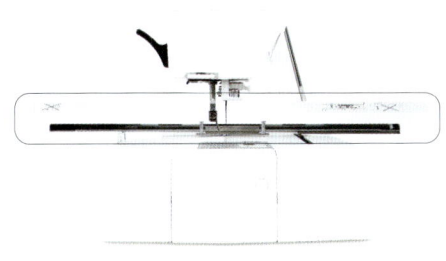

더 간편하고 더 안정적인 '레버+핀고정' 방식 고정 장치로 초대형 후프도 안전하게 지탱해 줄 수 있습니다.

② 편리한 사절 장치

티파니 미싱은 가위 없이도 언제나 사용할 수 있도록 3곳에 사절 장치가 내장되어 있습니다.

③ 다양한 전문 편집기능

티파니 미싱은 터치 스크린을 통해 자수 디자인 회전·이동·복사 등 기본 편집과 편리한 설정들을 활용할 수 있습니다.

④ USB를 활용한 파일 전송

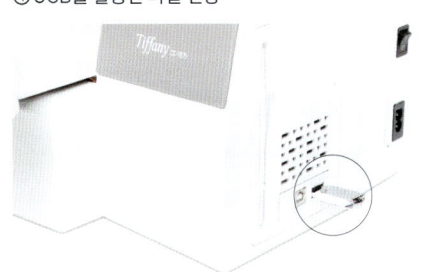

2가지 타입의 USB 포트로 USB 저장 장치 또는 PC와 직접 연결하여 빠른 파일 전송이 가능합니다.

자수 사용 작품

자세한 미싱 설명과 구입처는 QR코드로 확인하실 수 있습니다.

STEP 3. 소잉을 시작하기 전에 *before sewing*

3·1 소잉의 기본 용어

소잉 용어	내용
완성선	완성했을 때 최종적으로 보여지는 선으로, 제도할 때 긋는 선. 보통 두꺼운 실선으로 표현한다. 마감선과 같다.
봉합선	원단을 봉합하는 선으로 대부분 완성선과 같다.
시접	2장의 천을 봉합하기 위해 완성선에서부터 여분으로 남겨 두는 부분을 말한다.
재단선	완성선에서부터 여분(시접)을 포함한 선을 말한다.
맞춤점(너치)	2장 이상의 천을 겹쳐 봉합할 때, 서로 뒤틀리지 않도록 맞춤 위치를 표시하는 기호.
창구멍	2장의 천을 겉과 겉이 서로 마주 보게 겹쳐 봉합할 때, 겉면으로 뒤집기 위해 위 그림과 같이 봉합 하지 않고 남겨 놓는 부분을 말한다. 가방 등 안감에 창구멍을 남겨 놓는 일이 많다.
시침질	본 박음질 전에 완성선이 뒤틀리지 않도록 가봉 하거나 시침핀을 꽂는 일.
요척	작품을 제작할 때 필요한 최소한의 천의 폭과 길이. 천의 사용량을 칭하는 말.

3·2 선세탁 하기(정련)

선세탁은 과거에 가공이 되지 않은 원단으로 옷을 완성할 경우, 세탁 후 심하게 줄어드는 현상을 예방하기 위해 하는 제작 공정이었습니다. 하지만 최근 생산되는 대부분의 원단은 가공이 되어 거의 수축되지 않으므로, 선세탁 없이 제작이 가능합니다.

| 면과 마의 선세탁 |

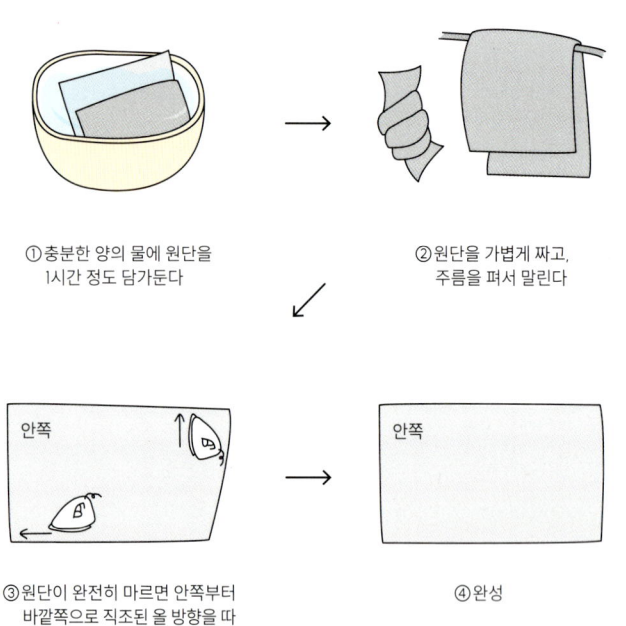

① 충분한 양의 물에 원단을 1시간 정도 담가둔다
② 원단을 가볍게 짜고, 주름을 펴서 말린다
③ 원단이 완전히 마르면 안쪽부터 바깥쪽으로 직조된 올 방향을 따라 다림질한다
④ 완성

3·3 올 방향 바로잡기

| 원단의 세부 명칭 |

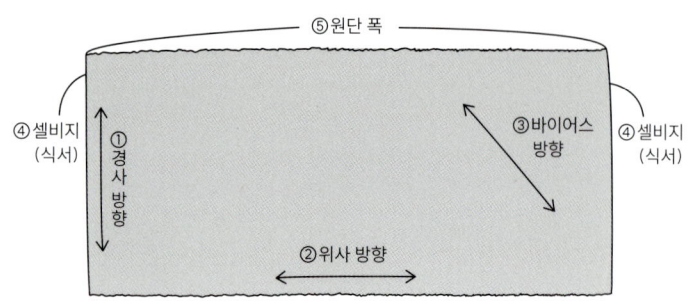

⑤ 원단 폭
④ 셀비지(식서)
① 경사 방향
③ 바이어스 방향
② 위사 방향

※ 원단의 씨실과 날실의 짜임 방향을 올 방향이라고 합니다. 원단의 셀비지 방향이 식서 방향, 원단의 식서 방향과 패턴의 식서 방향을 맞춥니다.

① 경사 방향   원단의 날실(세로실) 방향. 패턴의 올 방향을 나타내는 화살표는 세로 올 방향(식서 방향)을 나타냅니다.

② 위사 방향   원단의 씨실(가로실) 방향. 푸서 방향이라고도 합니다. 세로 올 방향에 비해 원단이 잘 늘어납니다.

③ 바이어스 방향   원단의 45도 대각선 방향. 원단이 가장 잘 늘어나는 방향입니다.

④ 셀비지   원단의 가장자리 부분으로, 좌우의 양 끝을 가리키며 식서라고도 합니다. 촘촘하게 직조되어 있어 실의 올 풀림이 없으며, 원단에 따라서 색상이 다르거나 제조사명이 프린트되어 있습니다.

⑤ 원단 폭   원단의 셀비지(식서)부터 반대쪽 셀비지(식서)까지의 길이를 말합니다.

| 원단의 올 방향 정리하기 |

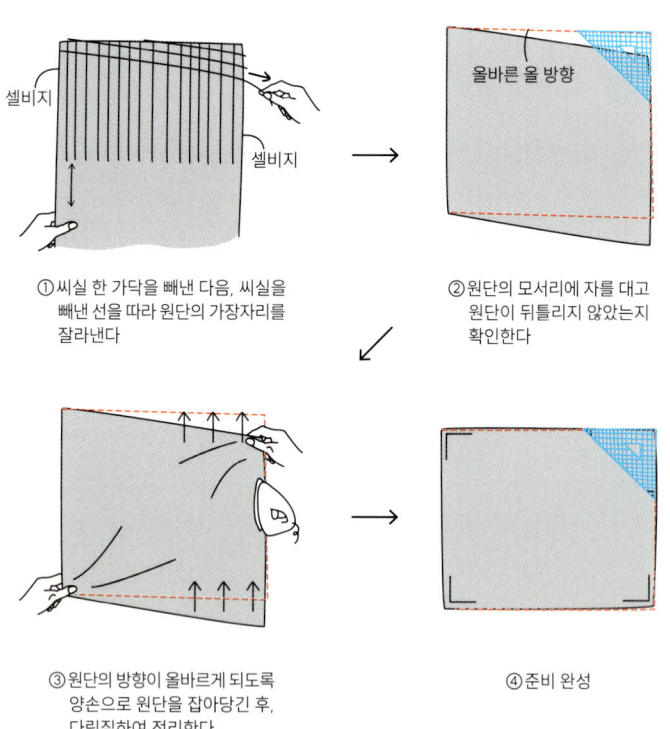

① 씨실 한 가닥을 빼낸 다음, 씨실을 빼낸 선을 따라 원단의 가장자리를 잘라낸다
② 원단의 모서리에 자를 대고 원단이 뒤틀리지 않았는지 확인한다
③ 원단의 방향이 올바르게 되도록 양손으로 원단을 잡아당긴 후, 다림질하여 정리한다
④ 준비 완성

3·4 패턴 제도 기호

식서 표시
원단의 세로 올 방향(식서 방향)을 표시합니다.

접음선
접는 위치를 표시한 선입니다.

턱
빗금의 높은 쪽에서 낮은 쪽으로 원단을 접어 주름을 만듭니다.

맞춤 표시
2장 이상의 원단을 서로 맞춰 봉합할 때, 원단이 어긋나지 않도록 맞추는 표시입니다.

완성선
작품을 완성했을 때의 선을 표시합니다. 시접이 포함되지 않은 경우에는 가장 바깥쪽에 있는 선이 완성선이 됩니다.

상침선
장식효과와 더불어 형태를 안정시키는 선입니다.

단추
단추 다는 곳을 나타냅니다.

개더(주름)
큰 땀으로 봉제하여 주름을 잡는 부분을 나타냅니다.

골선
원단을 반으로 접어 재단할 때, 원단의 접음선 부분에 맞추는 선입니다.

다트
선과 선을 맞춰 봉합하여 형태를 입체적으로 만듭니다.

단춧구멍
단춧구멍 뚫는 곳을 나타냅니다.

오그림
오그려가며 줄여서 봉제하는 부분을 나타냅니다.

3·5 패턴 사용 방법

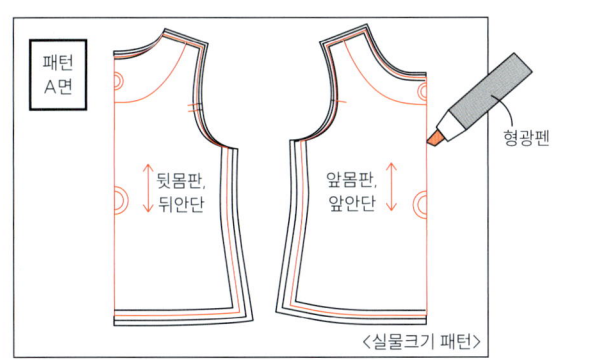

① 각 작품의 만드는 방법 페이지에 기재되어 있는 사용 패턴을 확인하고, 실물크기 패턴 용지(A~D면)를 펼친 후, 필요한 작품 패턴과 사이즈를 찾아 형광펜으로 선을 따라 그려준다

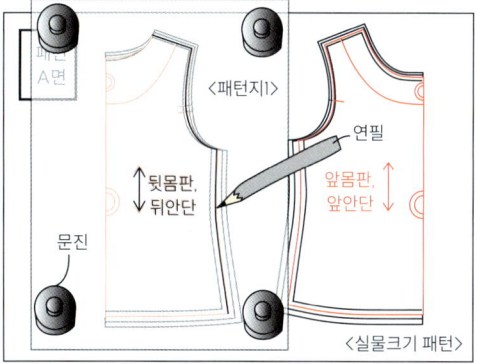

② 실물크기 패턴 위에 패턴지1을 올려두고 문진으로 움직이지 않도록 고정한 후, 완성선, 맞춤점, 봉합 끝점, 올 방향선, 단추 다는 곳, 주머니 다는 곳 등 연필로 빠짐없이 베낀다

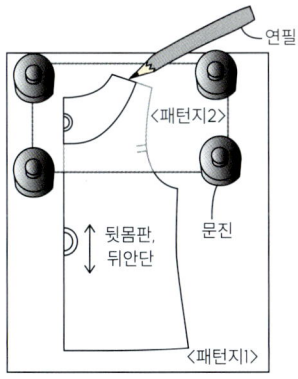

③ 그려놓은 패턴지1 위에 다른 패턴지2를 올려두고 문진으로 고정한 후, 패턴에 포함된 다른 패턴도 같은 방법으로 베낀다

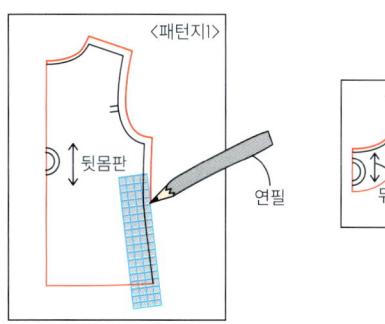

④ 실물크기 패턴에는 시접이 포함되어 있지 않기 때문에, 재단 배치도를 참고하여 패턴에 시접을 추가로 그려야 할 경우에는 방안자 등을 사용해 베낀 패턴지의 완성선에 맞춰서 평행하게 재단선을 그려준다

STEP 3. 소잉을 시작하기 전에 before sewing

3·6 원단 소요량 계산하는 방법

원단의 폭에 따라 필요한 길이도 다릅니다. 계산법에 맞춰 원단의 소요량을 미리 예상할 수 있습니다.

| 계산법 | ※ 패턴의 통에 따라서 원단 소요량이 추가될 수 있습니다.

원단 폭	상의	스커트
90~92cm	[몸판 길이+소매 길이] ×2+30cm	스커트 길이×2+20cm
110~120cm	[몸판 길이×2+소매 길이] +30cm	스커트 길이×2+20cm
140~180cm	몸판 길이+소매 길이 +20cm	스커트 길이+15cm (벨트를 다는 경우, 벨트 길이+5cm)

| 패턴 배치 및 요척 계산법 (1/10축도법) |

재단 전 사용할 원단을 넉넉히 준비하면 좋으나, 애매하게 남는 경우에는 낭비가 될 수 있습니다. 또한, 적절히 준비한 원단이어도 패턴의 배치에 따라 원단이 부족할 수 있으므로 미리 원단에 배치해 본 후 재단합니다. 그러므로 한 눈에 배치하기 쉽도록 1/10축도법을 사용하여 패턴을 미리 배치한 후 원단을 재단합니다.

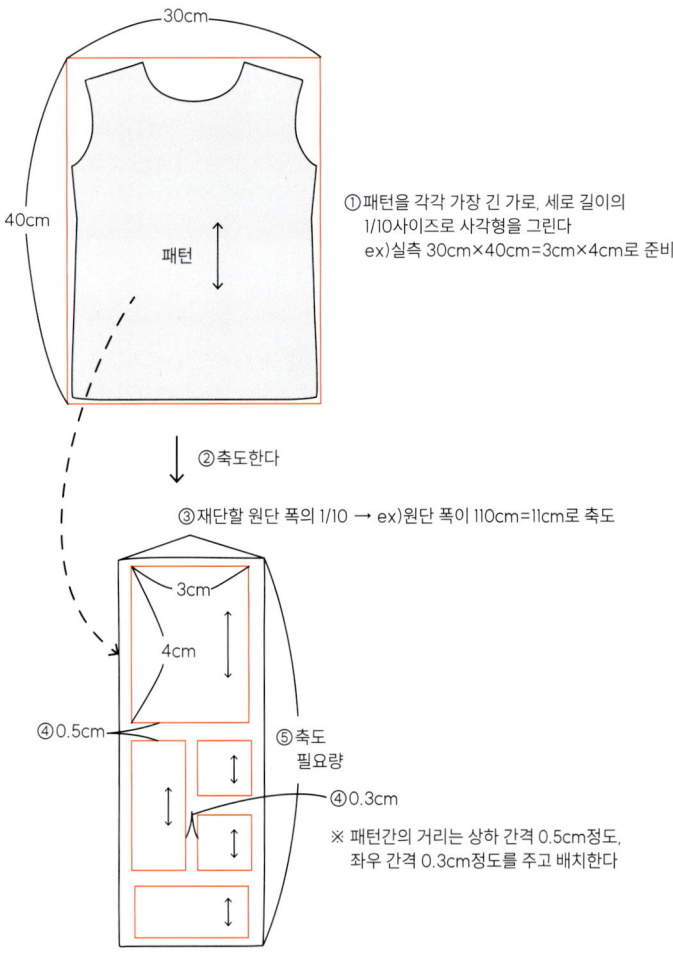

① 패턴을 각각 가장 긴 가로, 세로 길이의 1/10사이즈로 사각형을 그린다
ex)실측 30cm×40cm=3cm×4cm로 준비

② 축도한다

③ 재단할 원단 폭의 1/10 → ex)원단 폭이 110cm=11cm로 축도

※ 패턴간의 거리는 상하 간격 0.5cm정도, 좌우 간격 0.3cm정도를 주고 배치한다

⑥ ①번의 사각형을 필요한 장수만큼 식서 방향에 맞춰서 배치하고 가로, 세로 길이를 잰 다음, 10배를 곱하면 필요한 원단의 양이 된다
(요척=10×축도 필요량) ex)축도 필요량이 15cm이면, 150cm길이가 필요

3·7 원단 종류에 따른 바늘과 실 고르는 방법

아래의 표를 참고하여 원단에 알맞은 미싱실과 미싱바늘을 사용합니다. 미싱 바늘은 호의 숫자가 커질수록 바늘 두께가 굵고, 미싱실은 수의 숫자가 작고, 합의 숫자가 클수록 실의 두께가 두껍습니다. 기본적으로 윗실과 밑실은 같은 것으로 사용합니다.

원단의 종류	미싱바늘		미싱실
얇은 원단 (노방, 쉬폰, 코튼 론)	9호		파인 프라임실 (53수/2합)
보통 두께의 원단 (30~40수 코튼 리넨)	11호		프라임실 (45수/2합)
조금 두꺼운 원단 (20수 옥스포드)	14호		프라임실 (45수/2합)
두꺼운 원단(겉쪽 상침용) (데님, 18호 캔버스)	16호		스티치 프라임실 (29수/3합)

3·8 재단하는 방법

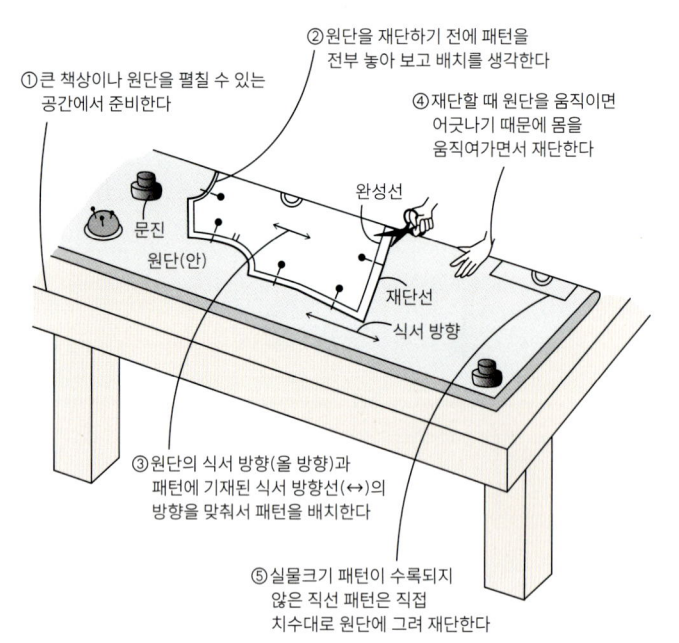

① 큰 책상이나 원단을 펼칠 수 있는 공간에서 준비한다

② 원단을 재단하기 전에 패턴을 전부 놓아 보고 배치를 생각한다

③ 원단의 식서 방향(올 방향)과 패턴에 기재된 식서 방향선(↔)의 방향을 맞춰서 패턴을 배치한다

④ 재단할 때 원단을 움직이면 어긋나기 때문에 몸을 움직여가면서 재단한다

⑤ 실물크기 패턴이 수록되지 않은 직선 패턴은 직접 치수대로 원단에 그려 재단한다

3 · 9 심지 붙이기

심지의 소재는 다양합니다. 사용하는 소재가 합성 섬유일 경우, 다리미의 온도를 소재에 맞게 맞춘 후 예열하고 사용해 주세요. 특히, 다리미에 접착풀이 묻지 않도록 항상 주의합니다.

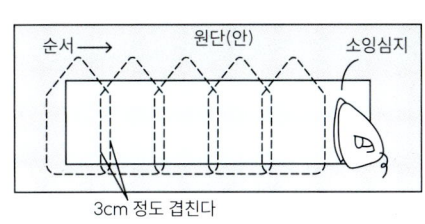
① 원단에 소잉심지를 붙일 때에는 다리미로 틈이 생기지 않도록 꼼꼼하게 눌러가면서 접착한다

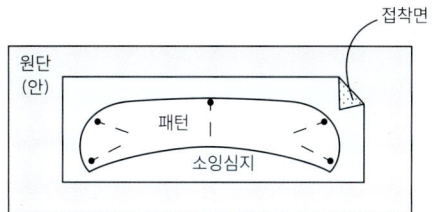
② 칼라나 곡선이 있는 패턴의 경우, 크게 재단한 원단의 안에 소잉심지를 붙이고 나서 패턴을 올리고, 원단을 재단하면 좋다

3 · 10 테이프 심지 종류

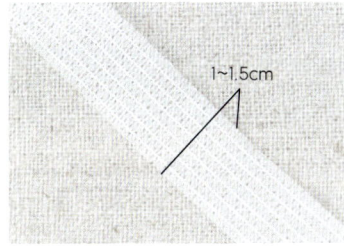

1) 식서 방향 테이프 심지

주로, 직기 원단에 사용하며 늘어남을 방지하기 위해 직선 부분에 부착해 사용합니다.

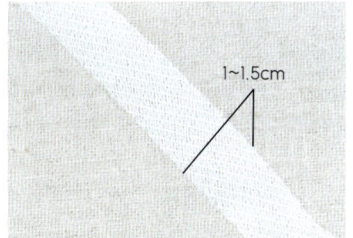

2) 바이어스 방향 테이프 심지

주로, 다이마루 원단이나 곡선 부위에 사용되며 늘어남을 방지하기 위해 몸판의 암홀이나 목둘레 등 곡선에 부착해 사용합니다.

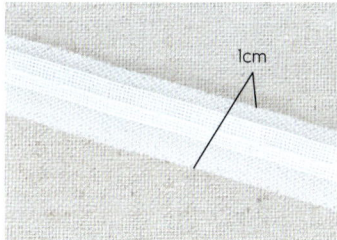

3) 소잉테이프 심지

바이어스 방향 테이프 심지와 얇은 폭의 식서 방향 테이프 심지가 함께 두 겹으로 되어있어, 직선과 곡선 중 어떤 부분에도 사용할 수 있습니다.

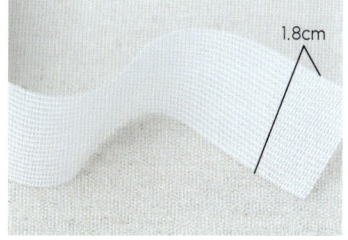

4) 지퍼전용 테이프 심지

1.8cm폭의 심지이며, 지퍼 다는 부분에 늘어 남을 방지하기 위해 부착합니다. 시접보다 폭이 넓기 때문에 지퍼 봉제선까지 부착해야 안정적으로 봉제할 수 있습니다.

3 · 11 테이프 심지 붙이기

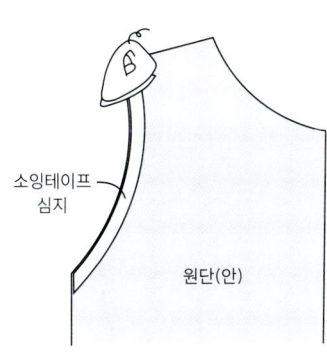

1) 목둘레나 암홀 둘레에는 늘어남을 방지하기 위해, 테이프 모양의 소잉테이프 심지를 사용하면 편리합니다.

2) 소잉테이프 심지의 접착면을 겉감 원단 안쪽면의 부착해야 할 시접에 맞춰 얹고, 겉감과 심지 사이에 먼지나 실오라기 등이 들어가지 않도록 주의하며 다리미로 꾹꾹 눌러 다림질합니다.

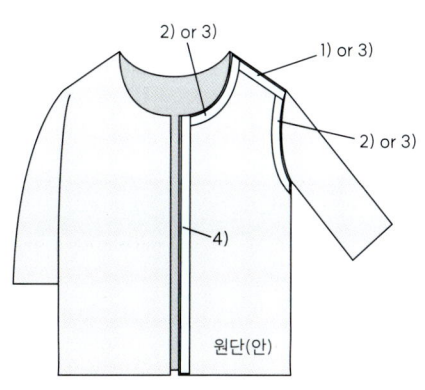

※번호는 P.43 / 3 · 10 테이프 심지 종류의 번호입니다.

STEP 4. 원 포인트 레슨 one point lesson

4 · 1 심지 종류

심지 종류	내용
1) 가방심지 (접착심)	두께에 비해 빳빳하며 형태 유지가 필요한 작품에 부착하여 사용한다. 작은 소품이나 형태가 있는 가방류에 많이 사용한다. 원단에 부착 시 얇은 천이나 광목을 대고 다림질을 하면 다리미에 풀이 묻지 않는다.
2) 커버링심지 (접착심)	심지에 기모가공을 하여 보온성을 향상시킨 심지로, 유연하며 보온성을 필요로 하는 의상이나 소품에 많이 사용한다. 특히, 심지의 열 고정성이 좋기 때문에 겨울 원단에도 사용 가능하다.
3) 소잉심지 (접착심)	얇은 폴리에스테르 소재의 심지로, 원단의 결을 잡아주는 용도. 겉감(또는 안감) 안쪽에 부착한다.
4) 양면 멜트심지 (양면 접착심)	양면으로 접착이 가능한 그물 조직의 반투명한 심지로, 매우 얇기 때문에 부착 후에도 두께감에 영향을 주지 않는다. 봉제 작업 전, 다양한 작업물이나 비접착 심지를 고정할 수 있다. 다림질에 풀이 묻지 않도록 완성선에서 0.3cm 작게 재단한다.
5) 솜고정용 접착테이프 심지 (2.5cm폭)	원단에 솜 심지 또는 두께감 있는 심지를 부착할 때, 가장자리에 붙여 원단과 솜 심지 사이를 들뜸 없이 밀착되도록 고정하는 역할을 한다.
6) 소프트 보강심지 (비접착심)	작품의 형태감을 잡아주는 가벼운 심지. 비접착심이므로 양면 멜트심지를 원단과 보강심지 사이에 위치시키고 다림질로 고정한다. 일반적으로 보강심지는 완성선에서 0.3cm 작게 재단한다.
7) 퀼팅솜 (접착심or비접착심)	압축된 솜에 접착풀 가공 여부에 따라 접착과 비접착으로 구분. 퀼팅솜은 완성선까지만 재단하고 먼저 다림질로 부착 후, 솜고정용 접착테이프 심지를 이용하여 시접에 다림질로 한 번 더 고정해서 안정감을 준다.
8) 안감심지	원단의 안쪽 면에 접착풀 가공을 한 심지로, 안감을 달아야 하는 번거로움 없이 겉감에 안감심지를 부착하여 보다 쉽게 작품의 완성도를 높일 수 있다. 의상보다는 주로 간단하게 제작하는 소품에 많이 쓰인다.

4·2 심지 재단하는 방법과 붙이는 방법

※사용하는 심지의 재단·부착 방법을 소개하고 있습니다. 심지 작업이 필요한 작품은 아래 내용을 참고해 주세요.

| 소잉심지·커버링심지·가방심지 | ※소잉심지 기준으로 설명합니다.

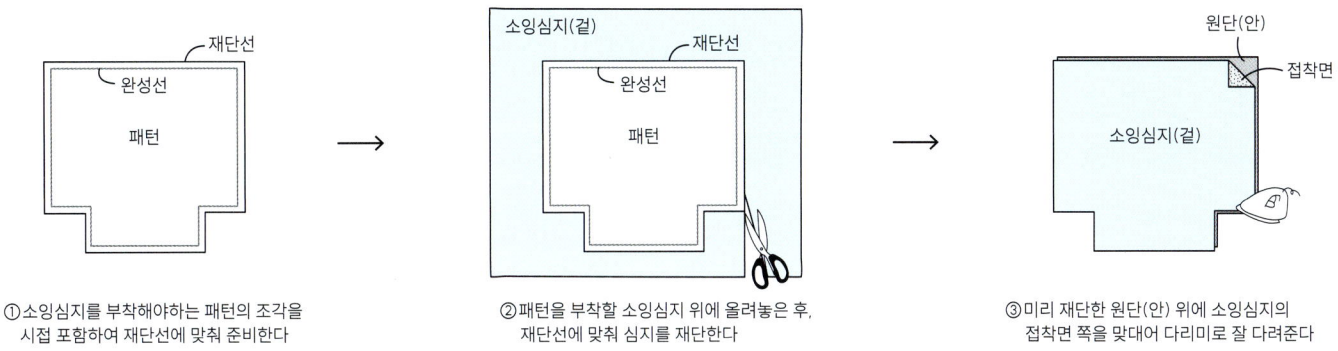

① 소잉심지를 부착해야하는 패턴의 조각을 시접 포함하여 재단선에 맞춰 준비한다

② 패턴을 부착할 소잉심지 위에 올려놓은 후, 재단선에 맞춰 심지를 재단한다

③ 미리 재단한 원단(안) 위에 소잉심지의 접착면 쪽을 맞대어 다리미로 잘 다려준다

| 톡톡솜·퀼팅솜 | ※톡톡솜 기준으로 설명합니다.

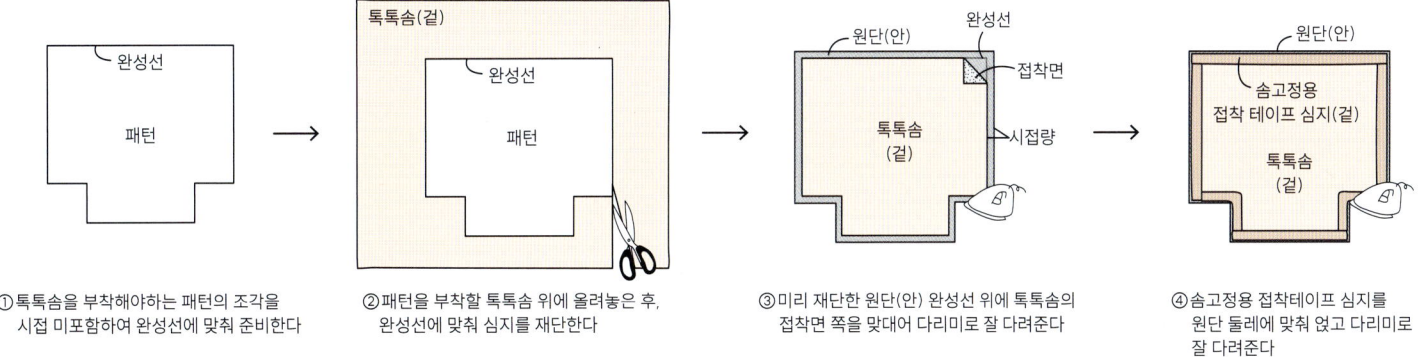

① 톡톡솜을 부착해야하는 패턴의 조각을 시접 미포함하여 완성선에 맞춰 준비한다

② 패턴을 부착할 톡톡솜 위에 올려놓은 후, 완성선에 맞춰 심지를 재단한다

③ 미리 재단한 원단(안) 완성선 위에 톡톡솜의 접착면 쪽을 맞대어 다리미로 잘 다려준다

④ 솜고정용 접착테이프 심지를 원단 둘레에 맞춰 얹고 다리미로 잘 다려준다

| 양면 멜트심지+소프트 보강심지 |

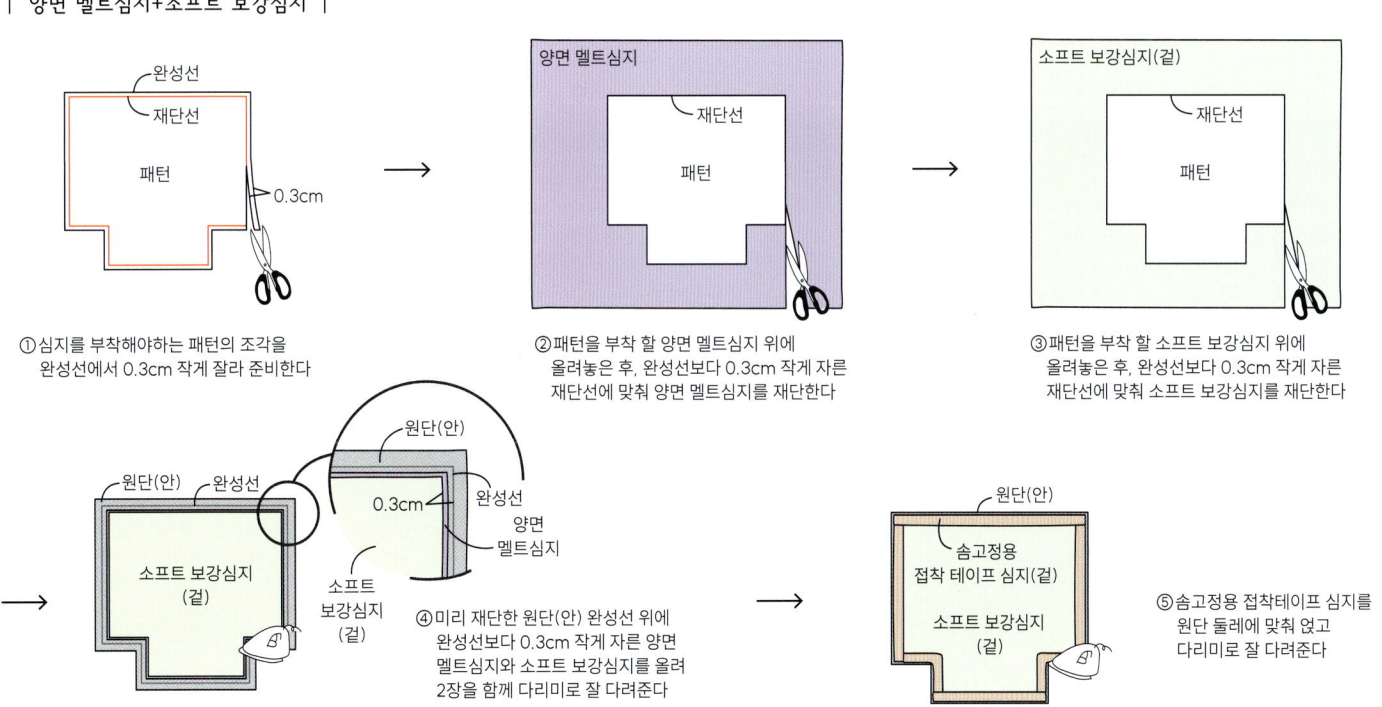

① 심지를 부착해야하는 패턴의 조각을 완성선에서 0.3cm 작게 잘라 준비한다

② 패턴을 부착 할 양면 멜트심지 위에 올려놓은 후, 완성선보다 0.3cm 작게 자른 재단선에 맞춰 양면 멜트심지를 재단한다

③ 패턴을 부착 할 소프트 보강심지 위에 올려놓은 후, 완성선보다 0.3cm 작게 자른 재단선에 맞춰 소프트 보강심지를 재단한다

④ 미리 재단한 원단(안) 완성선 위에 완성선보다 0.3cm 작게 자른 양면 멜트심지와 소프트 보강심지를 올려 2장을 함께 다리미로 잘 다려준다

⑤ 솜고정용 접착테이프 심지를 원단 둘레에 맞춰 얹고 다리미로 잘 다려준다

STEP 4. 원 포인트 레슨 one point lesson

4·3 주름 잡는 방법

이 페이지에서는 스커트 다는 방법 기준으로 설명합니다.

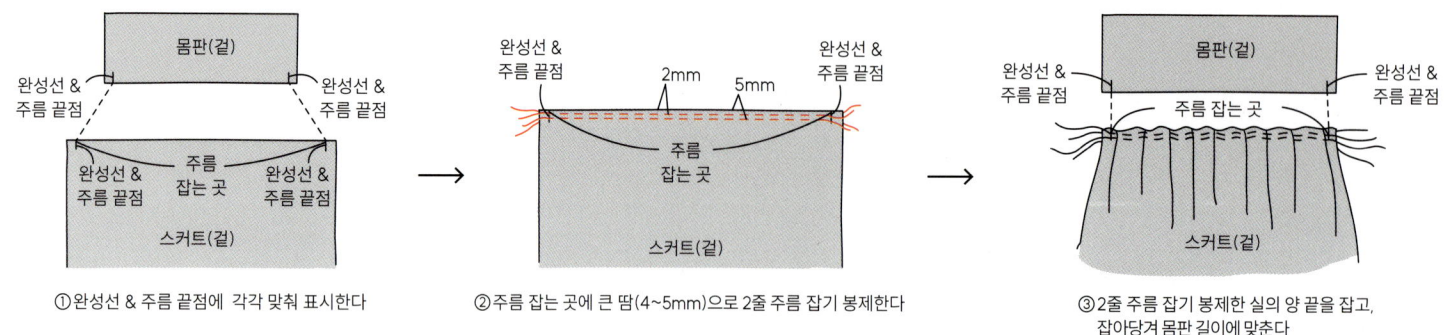

4·4 맞주름, 턱 표시와 만드는 방법

<맞주름> 빗금의 높은 쪽에서 낮은 쪽으로 원단을 접어 맞주름을 만든다.

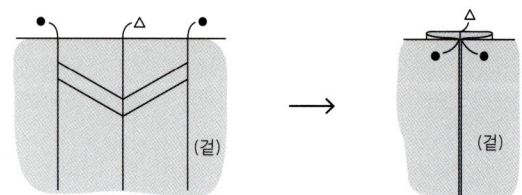

<턱> 빗금의 높은 쪽에서 낮은 쪽으로 원단을 접어 턱 주름을 만든다.

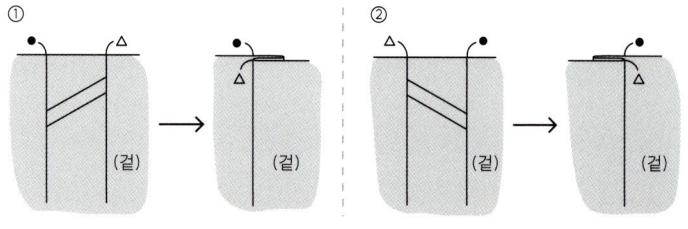

4·5 단추 위치 정하기

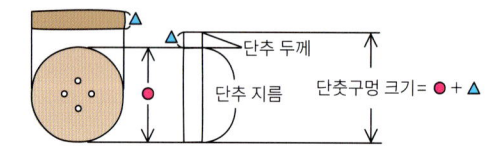

단춧구멍 크기 = ● + ▲

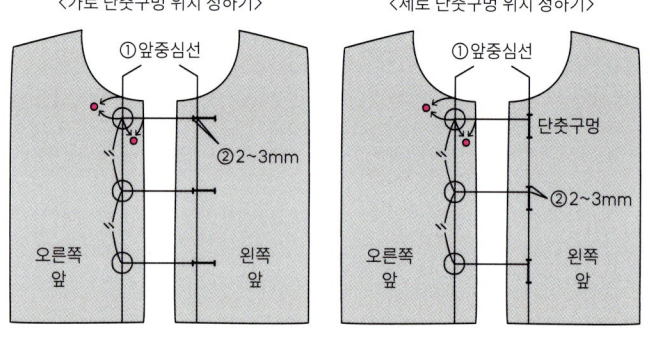

4·6 단춧구멍 만들기와 단추 달기

| 손바느질로 단춧구멍 만들기 |

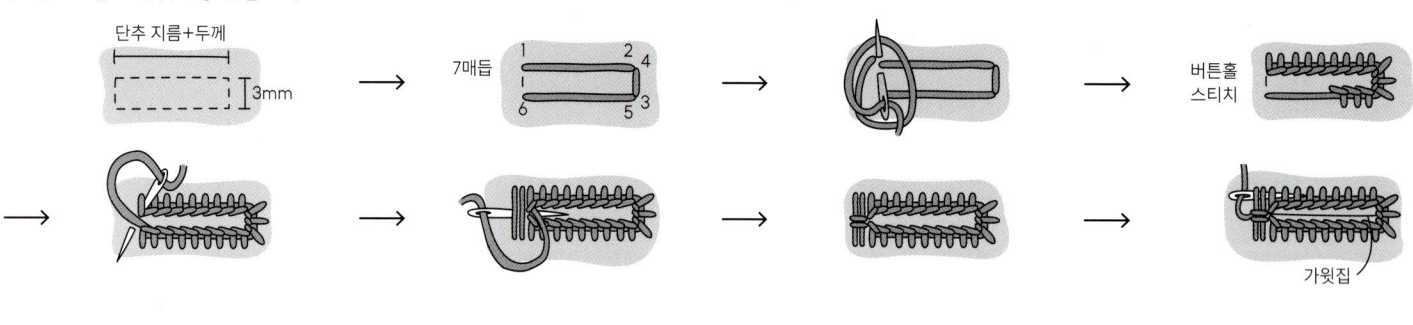

| 단추 달기 |

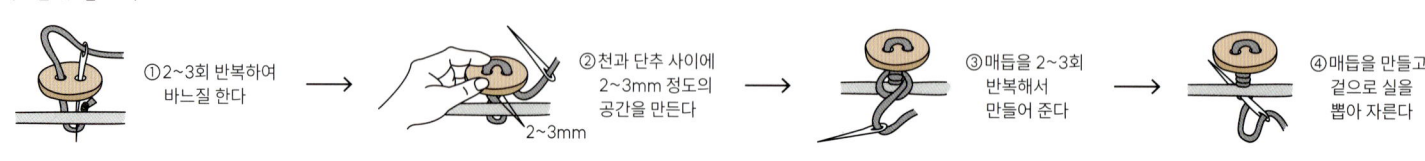

4·7 말아박기 노루발 사용 방법

말아박기 봉제란, 원단의 끝 시접을 안으로 두 번 말아서 세 겹으로 박는 봉제 방법입니다. 주로 얇은 원단의 가장자리를 처리할 때 유용하게 사용되며 셔츠, 스커트, 손수건 등의 끝 처리하는 데에 주로 사용합니다. 시작하기 전, 사용하는 미싱 기종에 맞는 말아박기 노루발을 준비합니다. 미싱마다 말아박기 노루발 및 모드(그림)가 상이할 수 있으니 확인하여 준비해 주세요. 본 서적에 는 소잉파이오니아 미싱 기준으로 소개합니다.

① 말아박기 전용 노루발을 준비한다. 말아박기 노루발은 중앙에 회오리같이 생긴 홈이 있으며 홈 틈 사이로 원단이 말려 들어가며 봉제된다

② 말아박기 봉제 후 완성된 시접폭은 0.3cm로, 두 번 접어 봉제되기 때문에 원단에 말아박기가 필요한 부분에는 총 시접 분량을 0.6cm 더해준다

③ 봉제 전 말아박기 노루발을 미싱에 끼워 장착한다

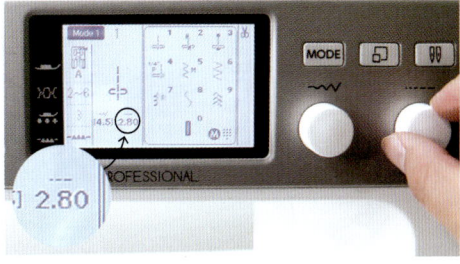

④ 기본 직선 박기 모드로 설정 후 땀 길이만 변경한다(땀 길이 : 2.8)

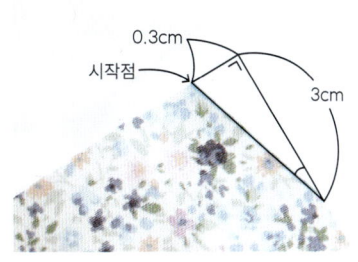

⑤ 원단을 준비하고, 노루발 홈에 원단이 잘 들어갈 수 있게 봉제가 시작될 부분을 ②과정의 완성 시접폭을 기준으로 약 0.3cm 만큼만 사선으로 잘라준다

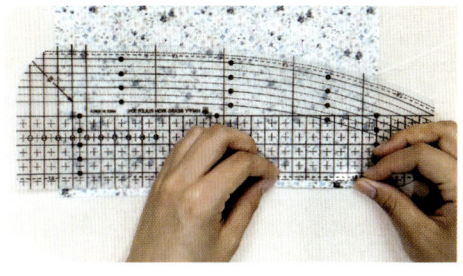

⑥ 잘라낸 사선 폭만큼 원단 안쪽으로 시접을 접어 다려준다

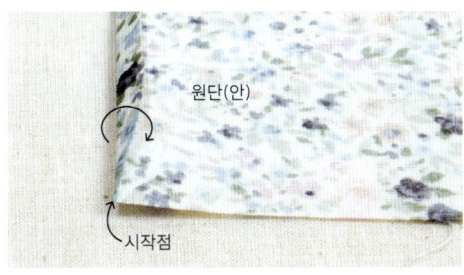

※ 말아박기 봉제가 시작될 부분을 미리 안쪽으로 접어 다려주면 노루발 홈에 원단을 더욱 수월하게 통과시킬 수 있다

⑦ 윗실과 밑실을 노루발 아래의 뒤쪽으로 10~15cm 정도 뒤로 빼준 뒤 장착된 노루발 홈으로 원단을 돌리며 밀어 넣어준다. 바늘 뒤쪽까지 원단이 들어가면 바늘을 원단에 꽂아준 상태에서 노루발을 내려준다

⑧ 봉제를 시작할 때 원단이 뒤로 밀리지 않도록 노루발 뒤로 나온 실 꼬리를 잡아당기면서 봉제한다. 어느 정도 봉제 되면 실 꼬리를 놓은 뒤 속도를 낮춰 천천히 봉제한다

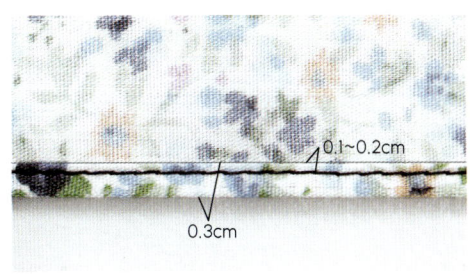

⑨ 완성!

HOW TO MAKE
일러스트 제작설명서

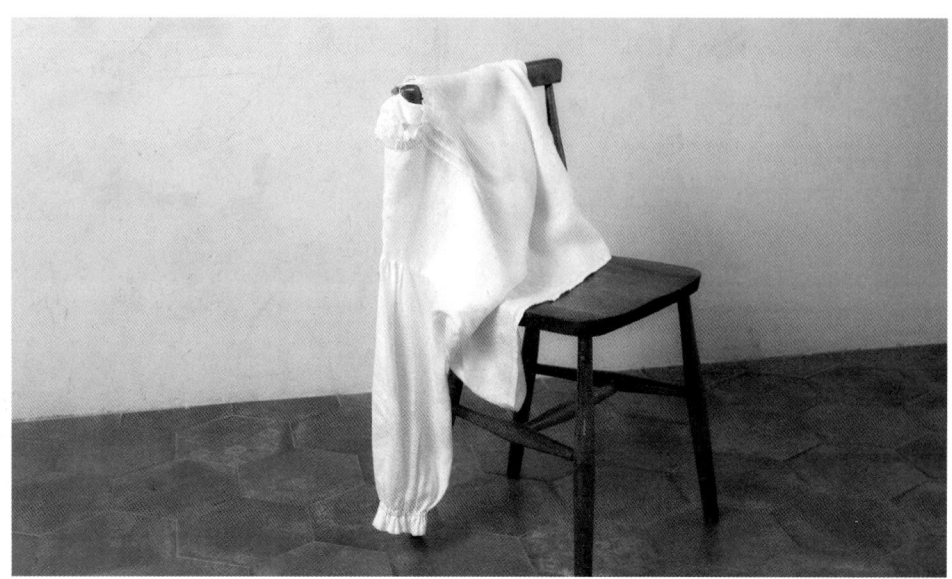

본 서적의 실물크기 패턴은 아래의 사이즈 표를 기준으로 제작되었습니다. 상의는 가슴둘레를 기준으로, 하의는 허리둘레와 엉덩이둘레를 기준으로 실물크기 패턴을 사용해 주세요. 먼저 사이즈를 측정하여 제일 근접한 사이즈의 실물크기 패턴을 사용하는 것이 좋습니다.

성인 여성 신체 실측 치수 / 단위(cm)

사이즈 분류	한국	55	66	77	88
	日本	9号	11号	13号	15号
	US	S	M	L	XL
신체 분류	가슴둘레(Bust)	84	88	92	96
	허리둘레(Waist)	66	70	74	78
	엉덩이둘레(Hip)	90	94	98	102
	팔길이(Arm length)	54	54	54	54

· 사이즈는 재는 방법에 따라 1~3cm 정도 차이가 있을 수 있습니다.
· 화보 촬영 시 모델(163cm)은 55사이즈를 착용했습니다.

· 사이즈 ·

이 책에서는 작품을 55, 66, 77, 88 또는 S, M, L 사이즈로 소개하고 있습니다. HOW TO MAKE P.48의 사이즈 표를 확인한 다음, 각 작품의 만드는 방법 페이지에 기재된 [완성 사이즈]를 참고하여 적합한 사이즈를 선택해 주세요.

· 패턴&시접 ·

패턴을 사용하는 방법은 P.41의 3·5 패턴 사용 방법을 참고합니다. 이 책의 부록인 실물크기 패턴지의 패턴에는 시접이 포함되어 있지 않습니다. 각 작품의 만드는 방법 페이지에 기재된 [재단 배치도]를 참고하여 시접을 더해주세요.

· 재료 소요량 ·

각 작품의 만드는 방법 페이지에 기재된 [재료]는 사이즈별로 재료 소요량이 작성되어 있습니다. 제작할 작품의 사이즈에 맞춰 재료 소요량을 확인해 주세요.

· 원단 소요량 ·

각 작품의 만드는 방법 페이지에 기재된 [재단 배치도], [재료]에서 원단 소요량은 화보 속 작품에 사용한 원단을 기준으로 작성되어 있습니다. 다른 폭의 원단으로 제작 시 소요량에 약간의 차이가 있으니 P.42의 3·6 원단 소요량 계산하는 방법을 참고하여 체크한 후, 재단해 주세요.

A 노칼라 재킷

photo page. 06

※ 완성 사이즈(cm)

사이즈 분류	55 size	66 size	77 size	88 size
옷길이	58.5	60.5	62.5	64
가슴둘레	112.5	117	121.5	125.5
소매길이	50	50.5	51.5	52

※ 재료

사이즈 분류	55 size	66 size	77 size	88 size
겉감 114cm폭	225cm	225cm	225cm	225cm
소잉심지 54cm폭	90cm	90cm	90cm	90cm
고무줄 1.5cm폭	1팩	1팩	1팩	1팩
단추 1.8cm폭	3개	3개	3개	3개

※ 패턴

- 패턴 면수 … A면의 [A] 패턴을 사용합니다.
- 실물 패턴 … 앞몸판, 뒷몸판, 앞안단, 뒤안단, 소매
- 참고 사항 … 1. 앞몸판 패턴 안에 앞안단이 함께 포함되어 있으니 각각 베껴 사용합니다.
  2. 뒷몸판 패턴 안에 뒤안단이 함께 포함되어 있으니 각각 베껴 사용합니다.

※ 재단 배치도

- 지정 이외의 시접은 1cm
- ▒ 부분에 소잉심지를 붙인다
- ∿ 표시된 부분은 지그재그봉제 또는 오버록 처리한다

※ 만드는 순서

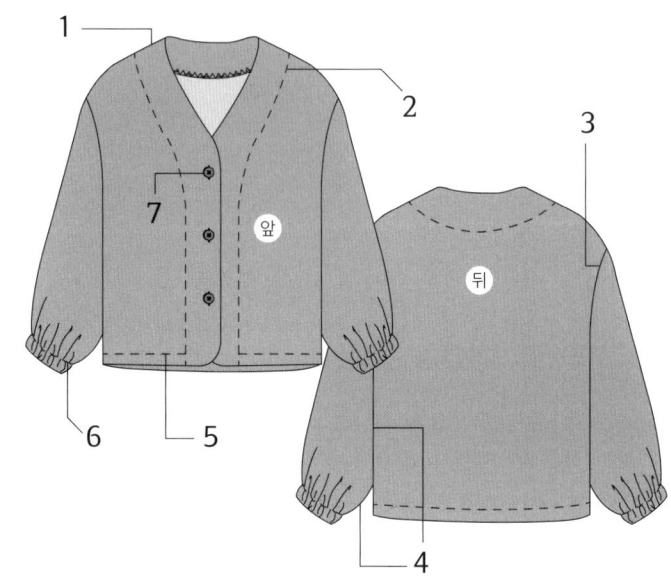

※ 만드는 방법

- 치수가 기재되어 있지 않은 곳은 1cm로 봉합합니다.

1 몸판과 안단의 어깨를 봉합한다

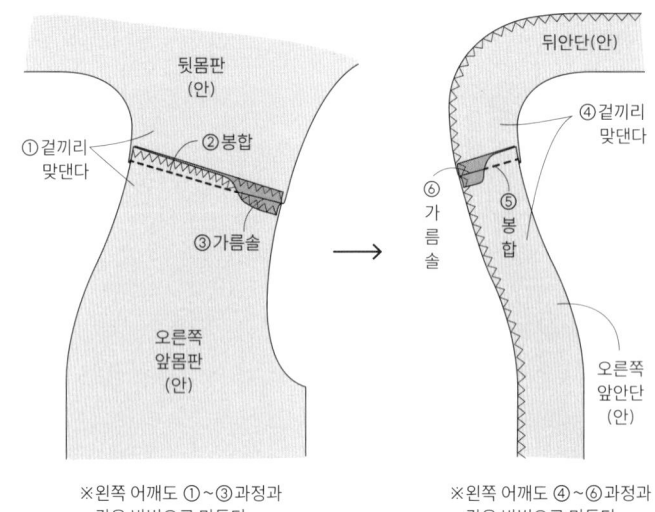

※왼쪽 어깨도 ①~③과정과 같은 방법으로 만든다

※왼쪽 어깨도 ④~⑥과정과 같은 방법으로 만든다

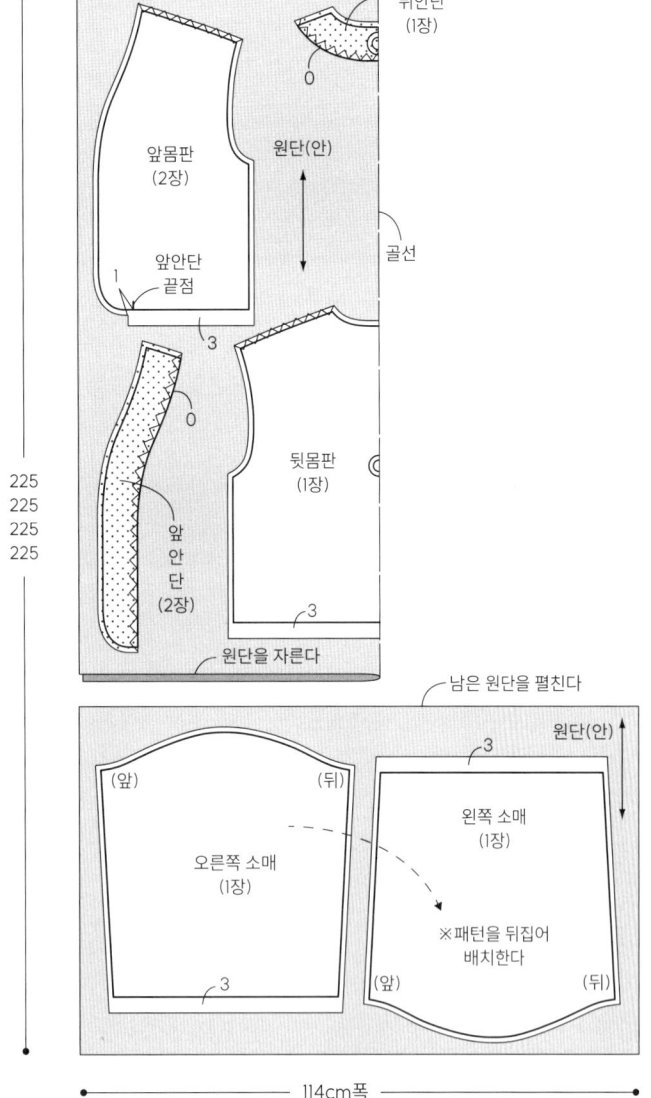

A 노칼라 재킷 collarless jacket

2 몸판에 안단을 단다

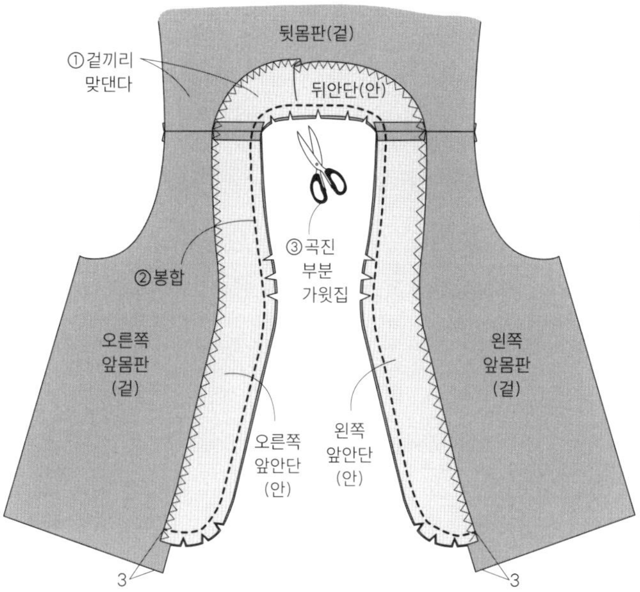

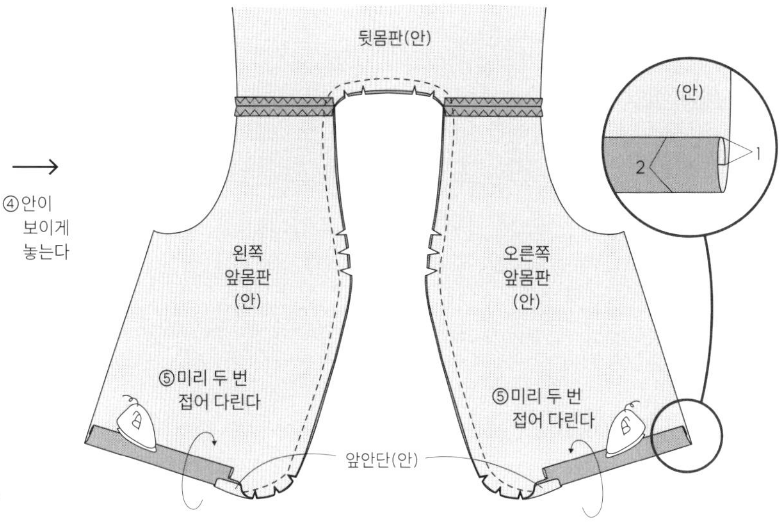

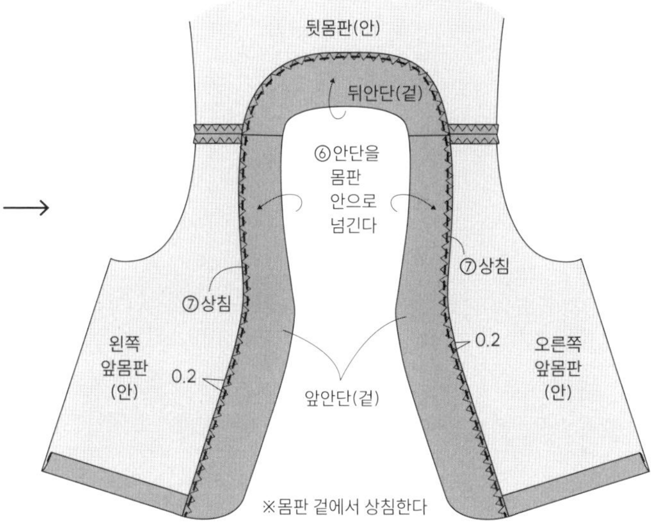

3 몸판에 소매를 단다

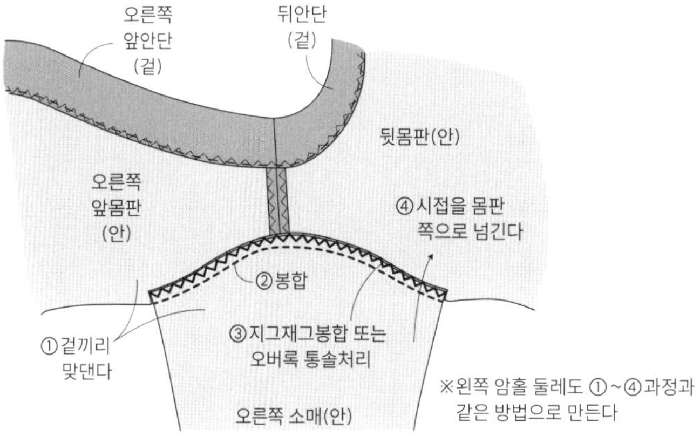

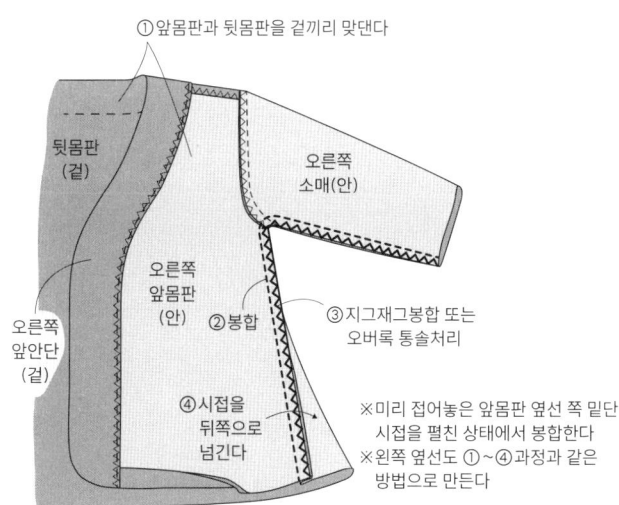

4 몸판과 소매의 옆선을 한 번에 이어서 봉합한다

5 몸판의 밑단을 정리한다

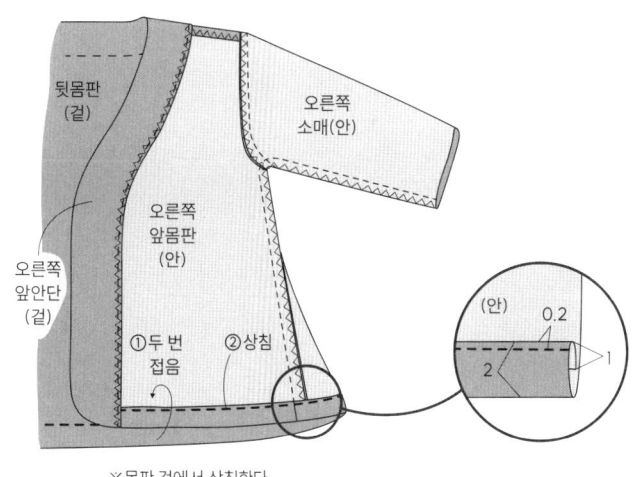

A 노칼라 재킷 collarless jacket

6 소매의 밑단에 고무줄을 통과시킨다

7 앞몸판에 단춧구멍을 뚫고, 단추를 단다

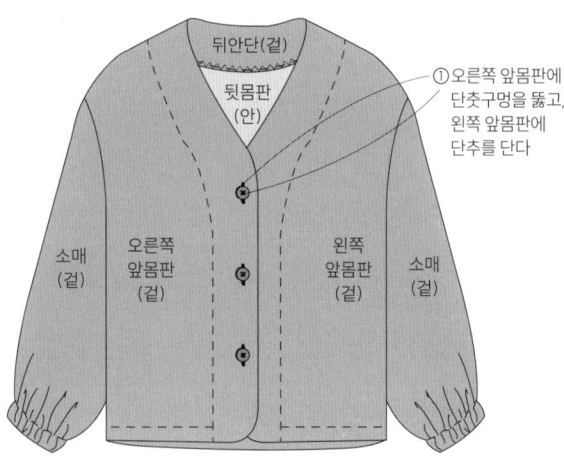

① 오른쪽 앞몸판에 단춧구멍을 뚫고, 왼쪽 앞몸판에 단추를 단다

③ 고무줄을 길이에 맞춰 자르고 고무줄 끼우개에 끼운다
※고무줄 길이(한쪽 소매 기준, 시접 포함) : 22.5/23/23.5/24cm
※P.52 고무줄 끼우개 사용 방법 참고

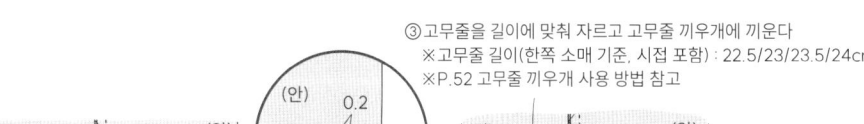

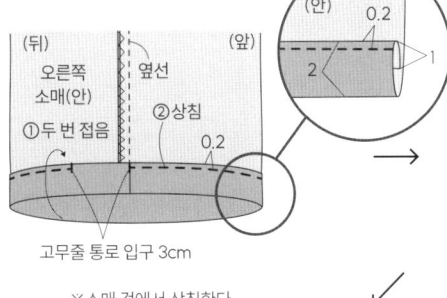

고무줄 통로 입구 3cm

※소매 겉에서 상침한다

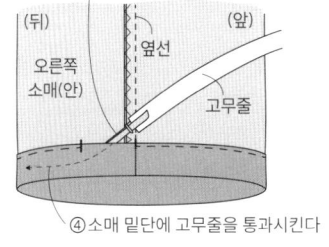

④ 소매 밑단에 고무줄을 통과시킨다

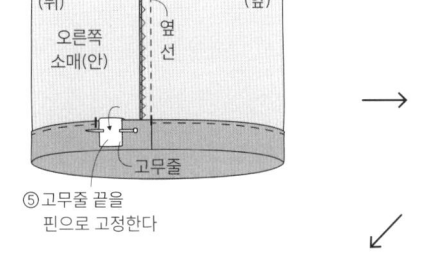

⑤ 고무줄 끝을 핀으로 고정한다

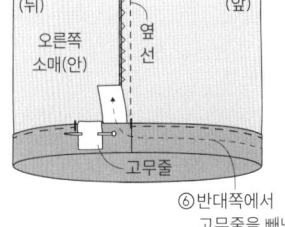

⑥ 반대쪽에서 고무줄을 빼낸다

※고무줄이 꼬이지 않도록 주의한다

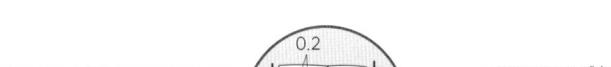

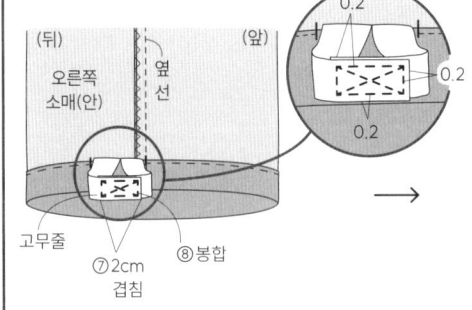

고무줄
⑦ 2cm 겹침
⑧ 봉합

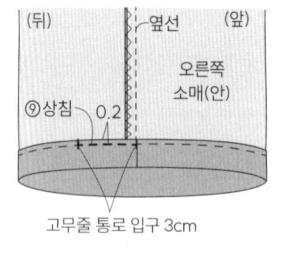

⑨ 상침 0.2

고무줄 통로 입구 3cm
※소매 겉에서 상침한다

Finish

고무줄 끼우개 사용 방법

집게형 끼우개는 끈이나 고무줄의 끝을 한 번 꽉 조여주기 때문에 중간에 끈이 빠질 염려 없이 쉽고 빠르게 통과시킬 수 있습니다.

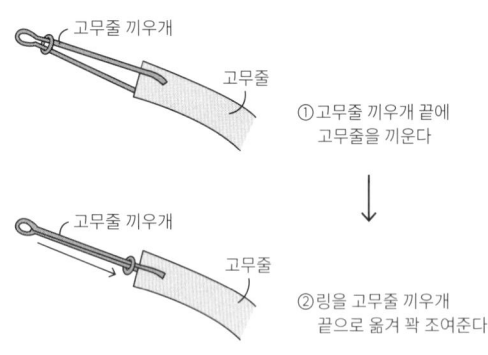

① 고무줄 끼우개 끝에 고무줄을 끼운다

② 링을 고무줄 끼우개 끝으로 옮겨 꽉 조여준다

B 바이어스 버킷햇

photo page. 07

※ 완성 사이즈(cm)

사이즈 분류	S	M	L
머리둘레	62.5	64	65.5
크라운높이	16.5	16.5	17
챙길이	9	9	9

※ 재료

사이즈 분류	S	M	L
겉감 116cm폭	45cm	45cm	45cm
안감 114cm폭	135cm	135cm	135cm
소잉심지 54cm폭	90cm	90cm	90cm
가방심지 52cm폭	90cm	90cm	90cm

※ 패턴

- 패턴 면수 … A면의 [B] 패턴을 사용합니다.
- 실물 패턴 … 겉크라운, 안크라운, 겉챙감, 안챙감
- 참고 사항 … 1. 챙둘레 바이어스천은 실물 패턴이 수록되어 있지 않으므로 재단 배치도에 기재된 치수를 확인한 후, 직접 제도하여 사용합니다.

※ 만드는 순서

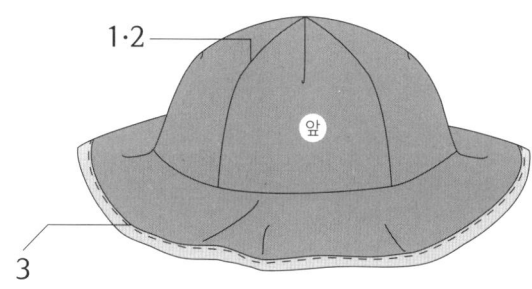

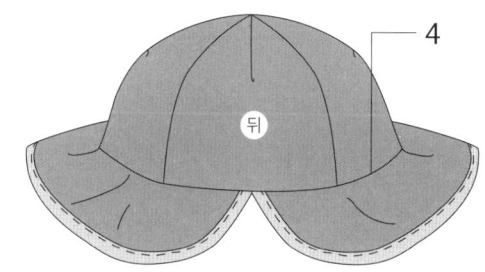

※ 재단 배치도

- 지정 이외의 시접은 1cm
- ░ 부분에 소잉심지를 붙인다
- ▓ 부분에 가방심지를 붙인다
- 챙둘레 바이어스천은 직접 제도하여 사용한다

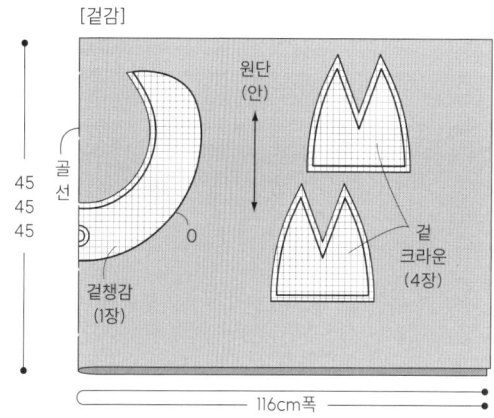

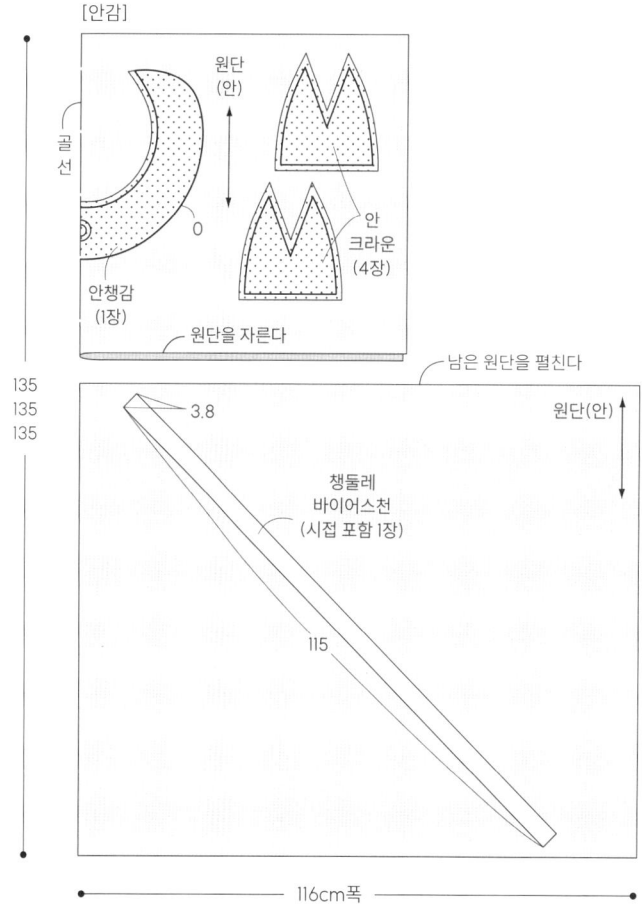

B 바이어스 버킷햇 bias bucket hat

※ 만드는 방법
· 치수가 기재되어 있지 않은 곳은 1cm로 봉합합니다.
· 챙둘레 바이어스천은 필요한 길이보다 여유 있게 기재되어 있습니다. 다는 곳의 길이에 맞춰 여분을 잘라서 사용해 주세요.

1 겉크라운을 만든다

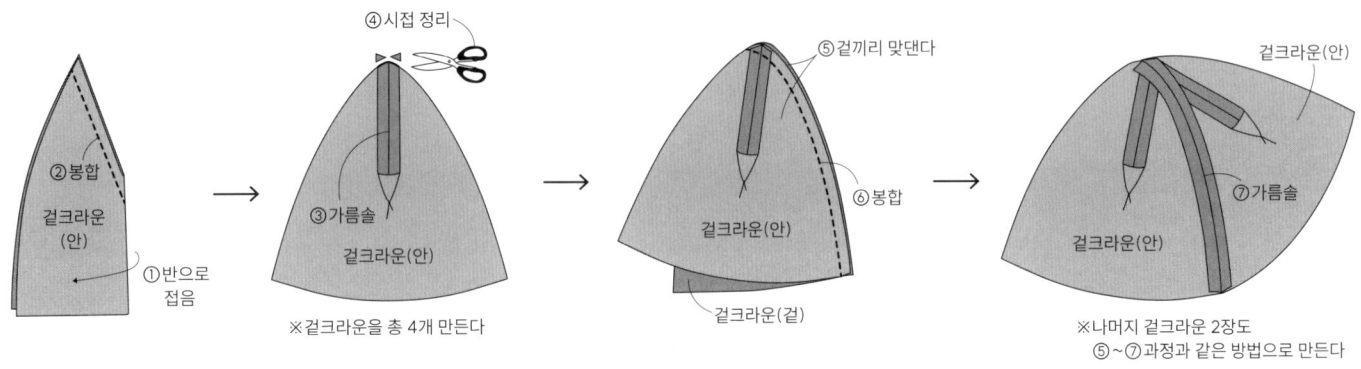

2 안크라운을 만든다

3 챙감을 만든다

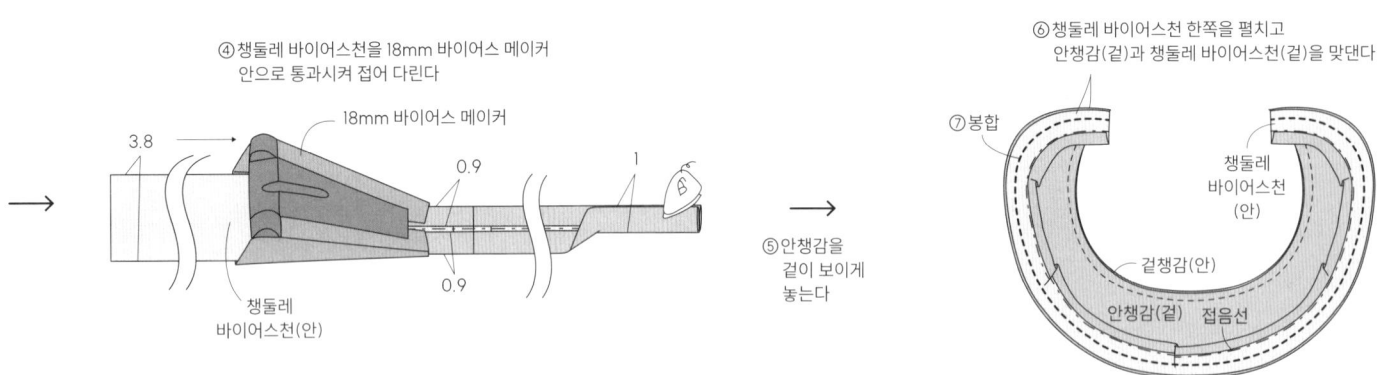

B 바이어스 버킷햇 bias bucket hat

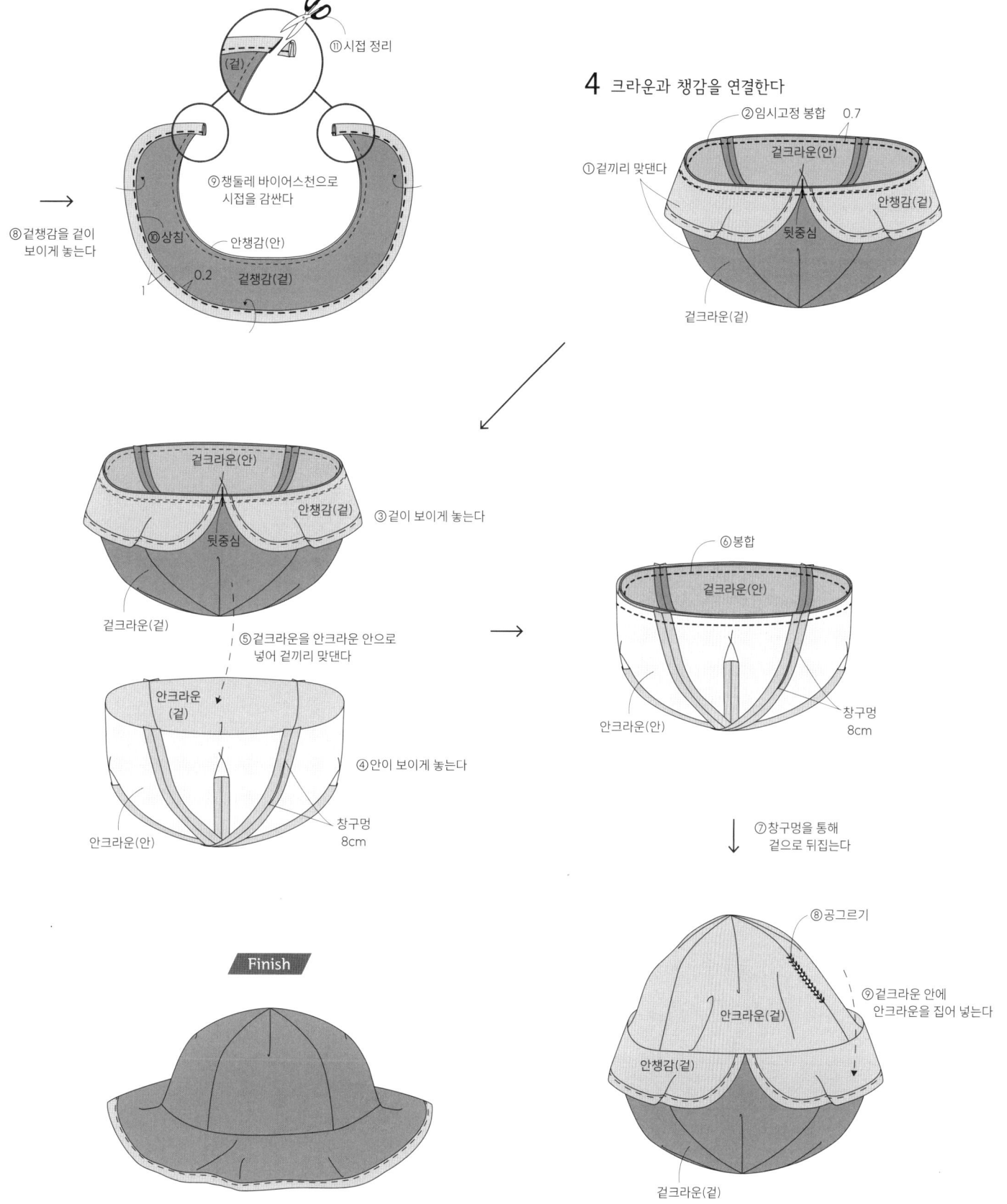

C 레이스 칼라 블라우스

photo page. 08

※ 완성 사이즈(cm)

사이즈 분류	55 size	66 size	77 size	88 size
옷길이	58	60	62	64
가슴둘레	115	119.5	124	128.5
소매길이	43	43.5	44.5	45

※ 재료

사이즈 분류	55 size	66 size	77 size	88 size
겉감 110cm폭	225cm	225cm	270cm	270cm
소잉심지 54cm폭	90cm	90cm	90cm	90cm
자수레이스 20cm폭	90cm	92cm	94cm	96cm
단추 1.3cm폭	5개	5개	5개	5개

※ 패턴
- 패턴 면수 … D면의 [C] 패턴을 사용합니다.
- 실물 패턴 … 앞몸판, 뒷몸판, 소매, 목둘레 바이어스천

※ 재단 배치도
- 지정 이외의 시접은 1cm
- ::::: 부분에 소잉심지를 붙인다
- ∨∨∨ 표시된 부분은 지그재그봉제 또는 오버록 처리한다
- 소매의 밑단 시접 주는 방법 P.68 참고

※ 만드는 순서

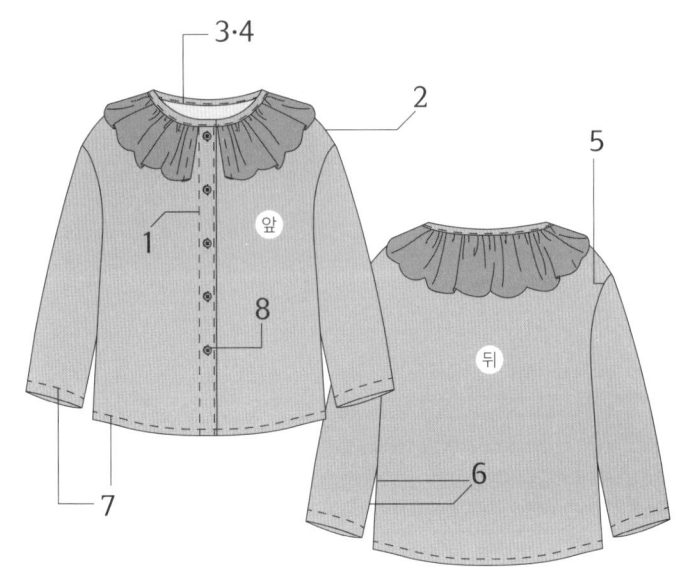

※ 만드는 방법
- 치수가 기재되어 있지 않은 곳은 1cm로 봉합합니다.

1 앞몸판의 앞끝을 정리한다

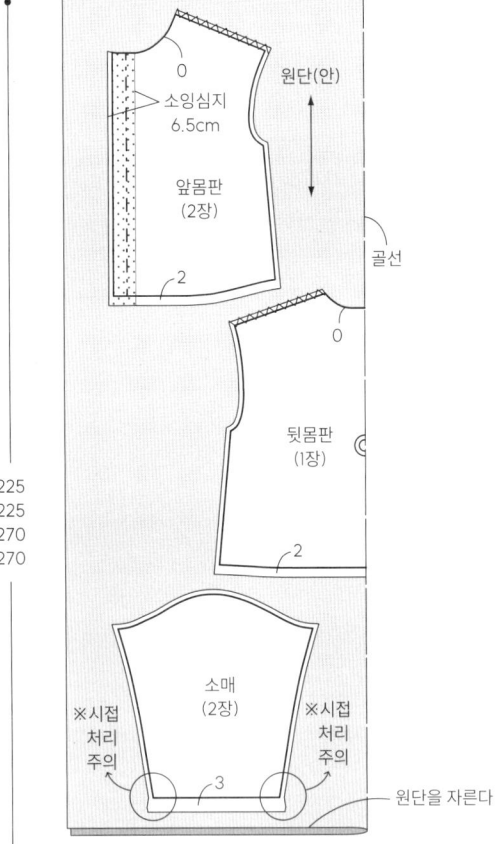

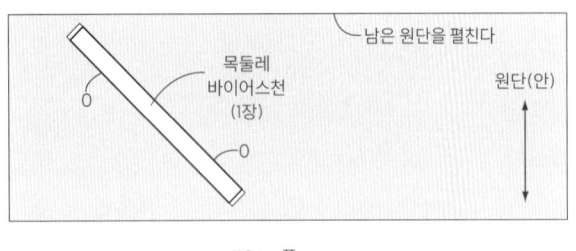

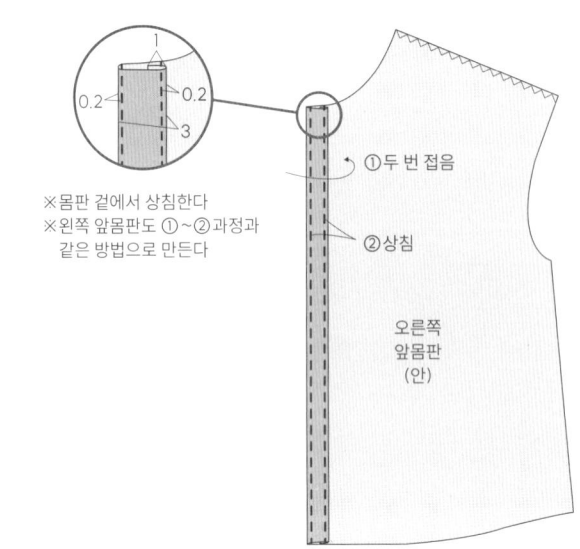

C 레이스 칼라 블라우스 lace collar blouse

2 몸판의 어깨를 봉합한다 (P.50 / 1-①~③ 참고)

3 몸판 목둘레에 레이스를 임시고정한다

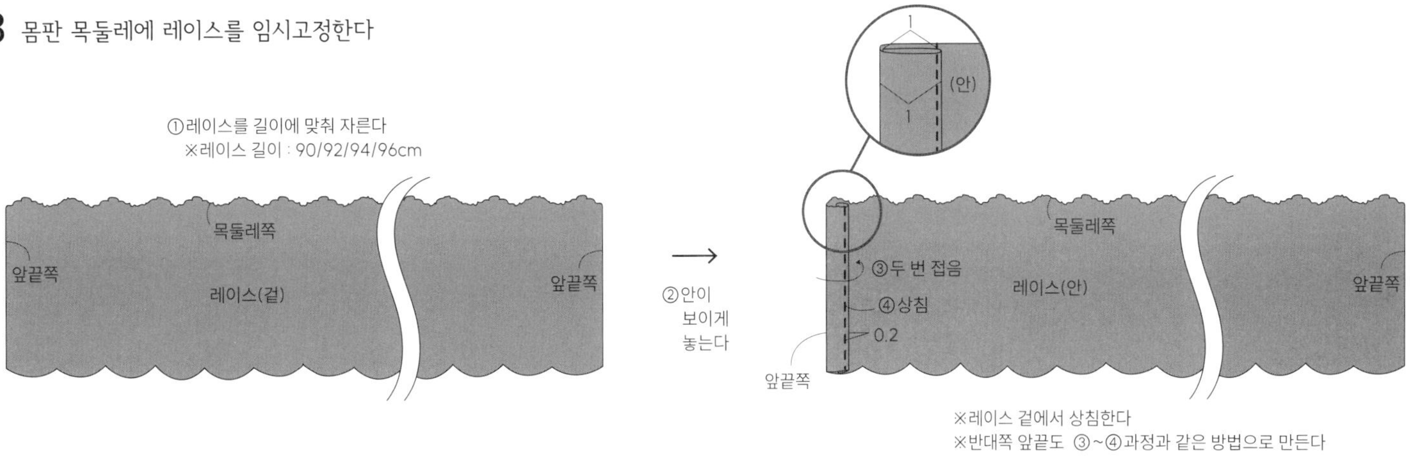

①레이스를 길이에 맞춰 자른다
※레이스 길이 : 90/92/94/96cm

②안이 보이게 놓는다

③두 번 접음
④상침
0.2

※레이스 겉에서 상침한다
※반대쪽 앞끝도 ③~④과정과 같은 방법으로 만든다

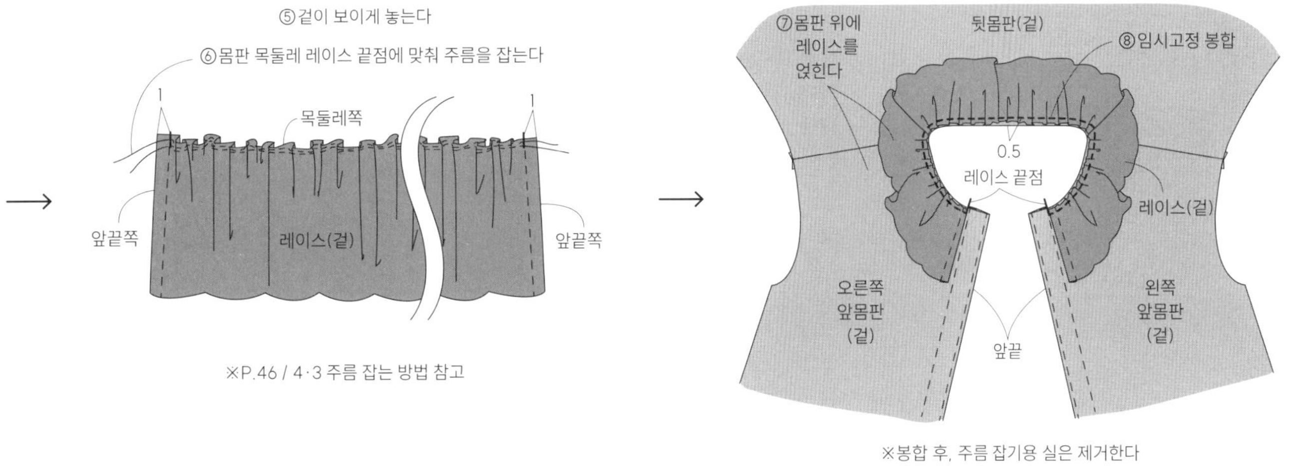

⑤겉이 보이게 놓는다
⑥몸판 목둘레 레이스 끝점에 맞춰 주름을 잡는다

※P.46 / 4·3 주름 잡는 방법 참고

⑦몸판 위에 레이스를 얹힌다
⑧임시고정 봉합
0.5 레이스 끝점

※봉합 후, 주름 잡기용 실은 제거한다

4 몸판 목둘레를 바이어스 처리한다

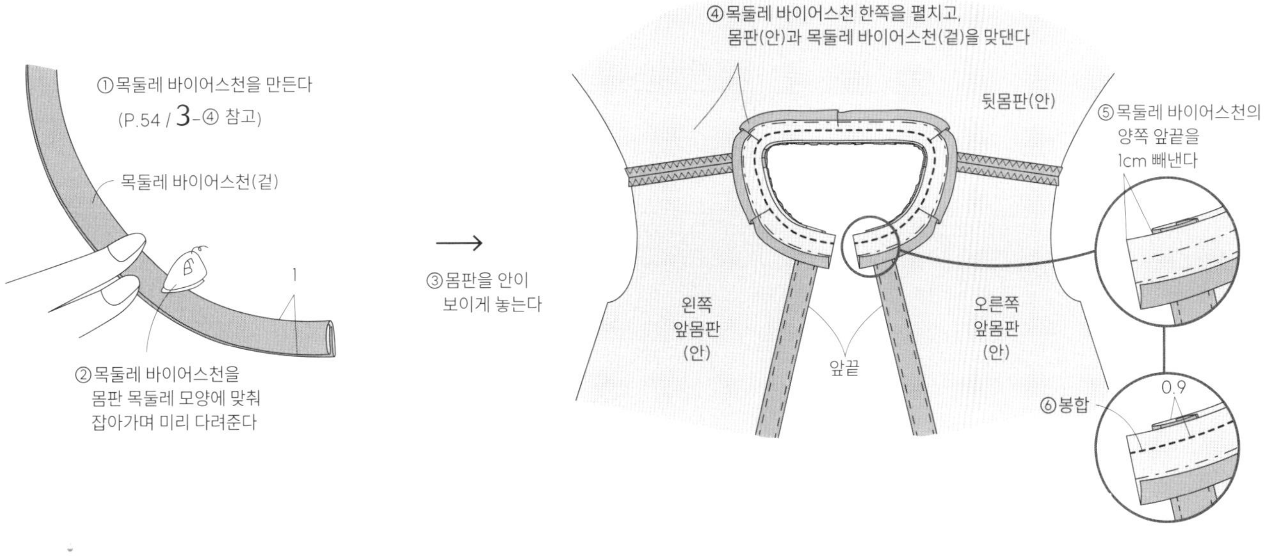

①목둘레 바이어스천을 만든다
(P.54 / 3-④ 참고)
목둘레 바이어스천(겉)

②목둘레 바이어스천을 몸판 목둘레 모양에 맞춰 잡아가며 미리 다려준다

③몸판을 안이 보이게 놓는다

④목둘레 바이어스천 한쪽을 펼치고, 몸판(안)과 목둘레 바이어스천(겉)을 맞댄다

⑤목둘레 바이어스천의 양쪽 앞끝을 1cm 빼낸다

⑥봉합
0.9

C 레이스 칼라 블라우스 lace collar blouse

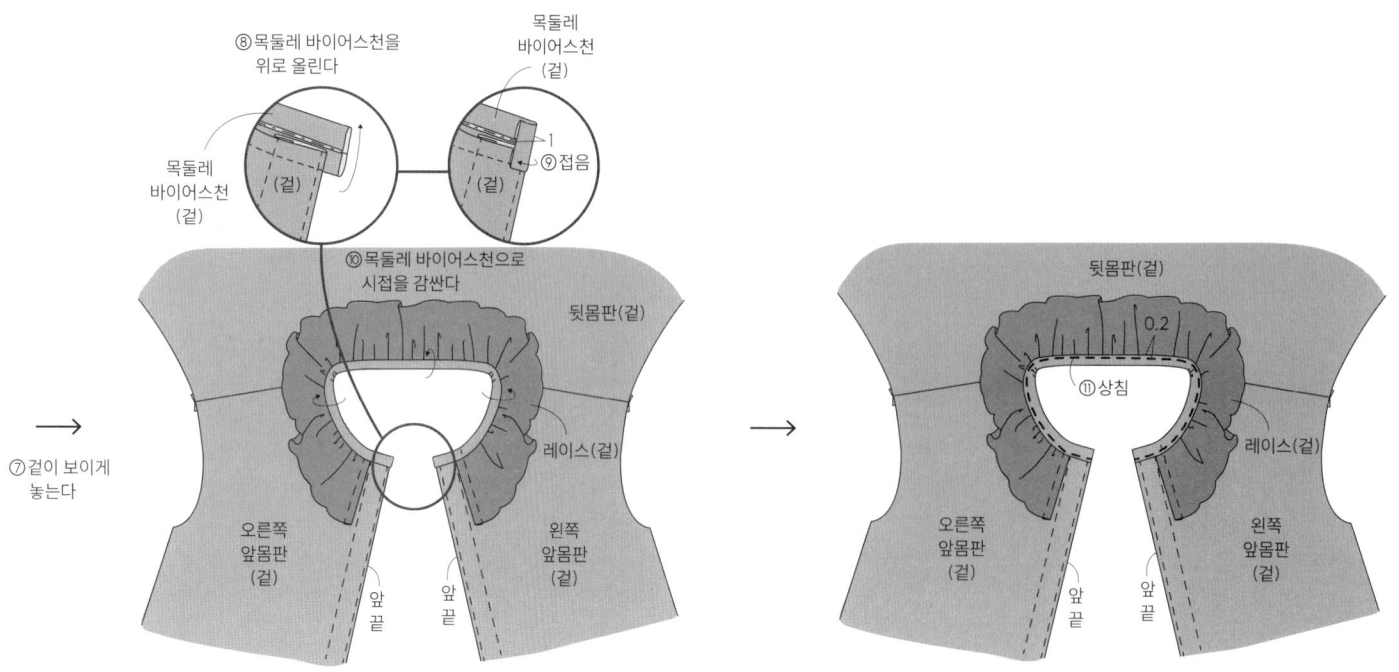

5 몸판에 소매를 단다 (P.51 / **3**-①~④ 참고)

6 몸판과 소매의 옆선을 한 번에 이어서 봉합한다 (P.51 / **4**-①~④ 참고)

7 몸판과 소매의 밑단을 정리한다

8 앞몸판에 단춧구멍을 뚫고, 단추를 단다 (P.52 / **7**-① 참고)

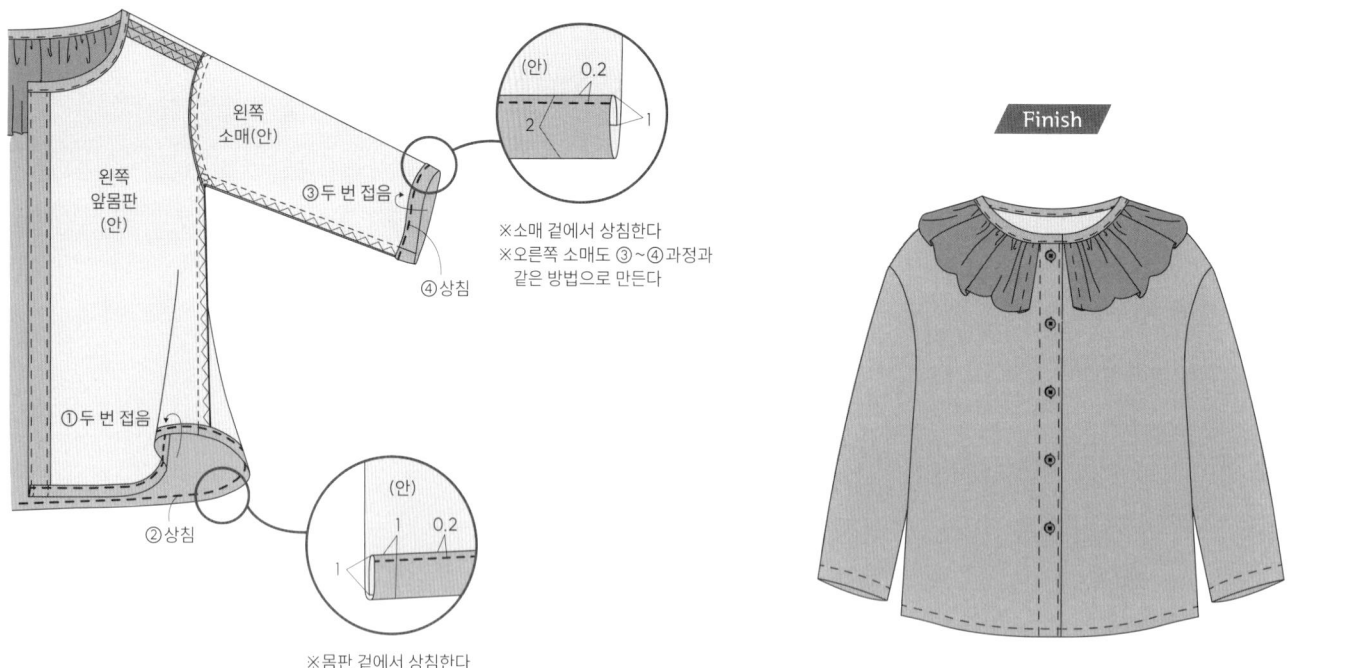

D 치마바지

photo page. 09

※ 완성 사이즈(cm)

사이즈 분류	55 size	66 size	77 size	88 size
옷길이	80.5	82.5	84.5	86.5
엉덩이둘레	109	114	119	124

※ 재료

사이즈 분류	55 size	66 size	77 size	88 size
겉감 125cm폭	315cm	315cm	315cm	315cm
소잉심지 54cm폭	10cm	10cm	10cm	10cm
고무줄 4cm폭	1팩	1팩	1팩	1팩

※ 패턴

· 패턴 면수 … D면의 [D] 패턴을 사용합니다.
· 실물 패턴 … 팬츠1, 팬츠2, 요크
· 참고 사항 … 1. 주머니는 실물 패턴이 수록되어 있지 않으므로 재단 배치도에 기재된 치수를 확인한 후, 직접 제도하여 사용합니다.

※ 만드는 순서

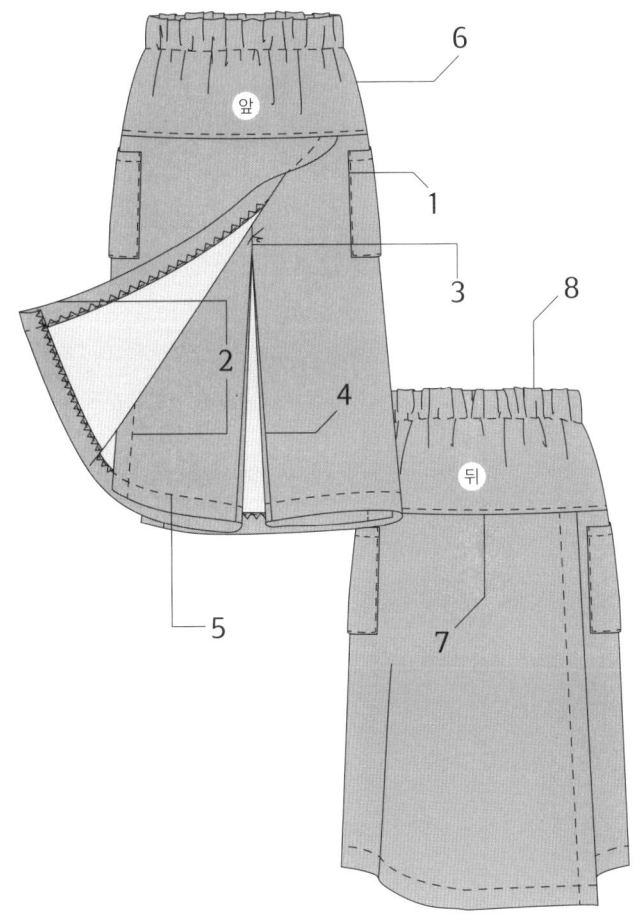

※ 재단 배치도

· 지정 이외의 시접은 1cm
· ▦ 부분에 소잉심지를 붙인다
· ∿∿ 표시된 부분은 지그재그봉제 또는 오버록 처리한다
· 주머니는 직접 제도하여 사용한다
· 팬츠1·2의 밑단 시접 주는 방법 P.63 참고

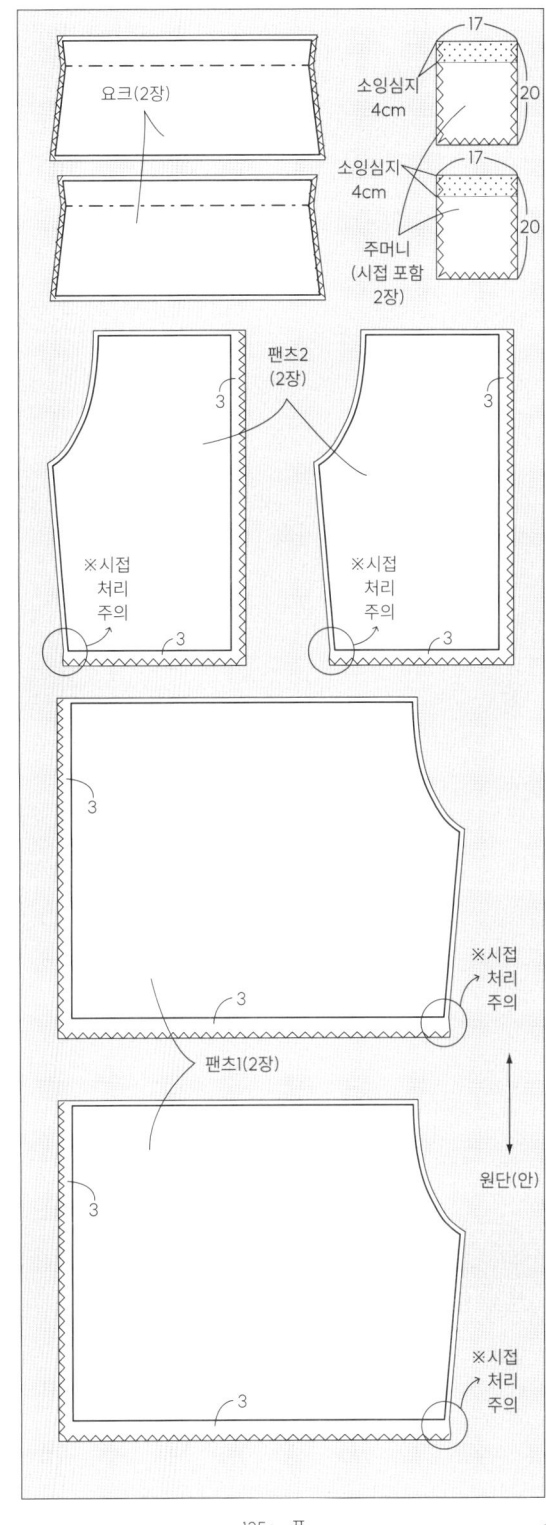

❋ 만드는 방법

· 치수가 기재되어 있지 않은 곳은 1cm로 봉합합니다.

1 주머니를 만들어 팬츠1에 단다

※주머니 겉에서 상침한다

※주머니를 총 2개 만든다

※반대쪽 팬츠1도 ⑤~⑥과정과 같은 방법으로 만든다

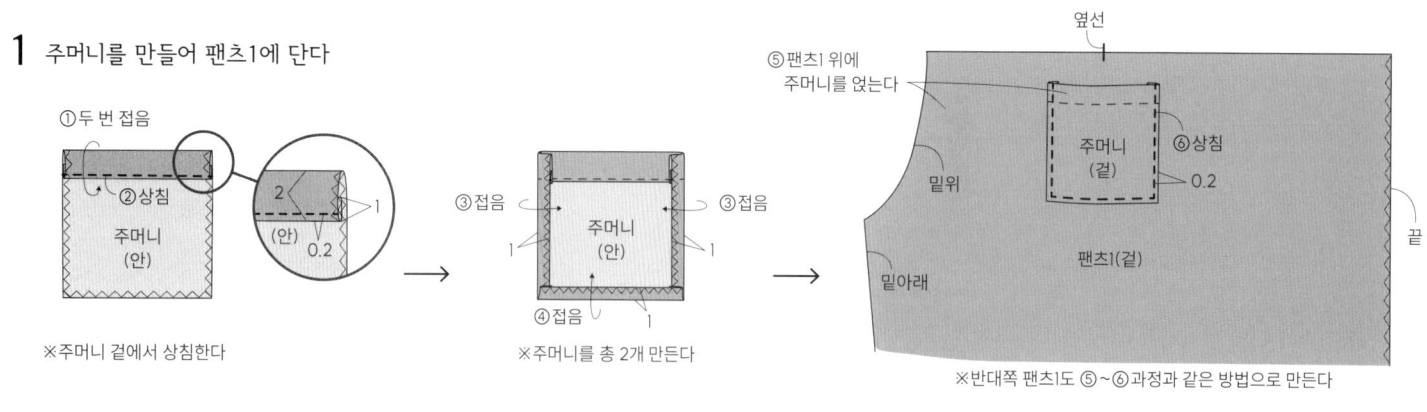

2 팬츠1의 끝과 팬츠2의 옆선을 정리한다

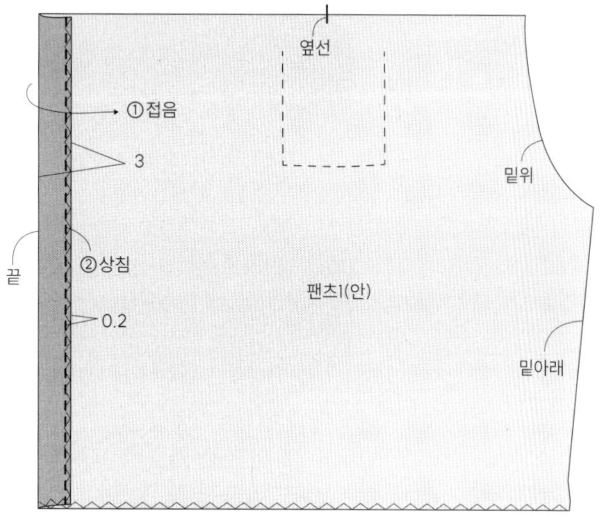

※팬츠1 겉에서 상침한다
※반대쪽 팬츠1도 ①~②과정과 같은 방법으로 만든다

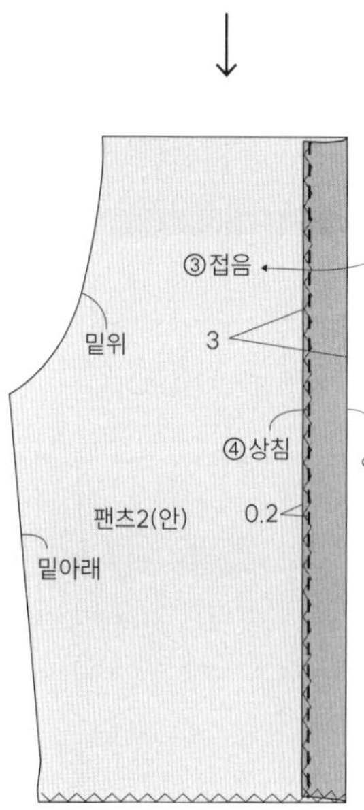

※팬츠2 겉에서 상침한다
※반대쪽 팬츠2도 ③~④과정과 같은 방법으로 만든다

3 팬츠의 밑위를 봉합한다

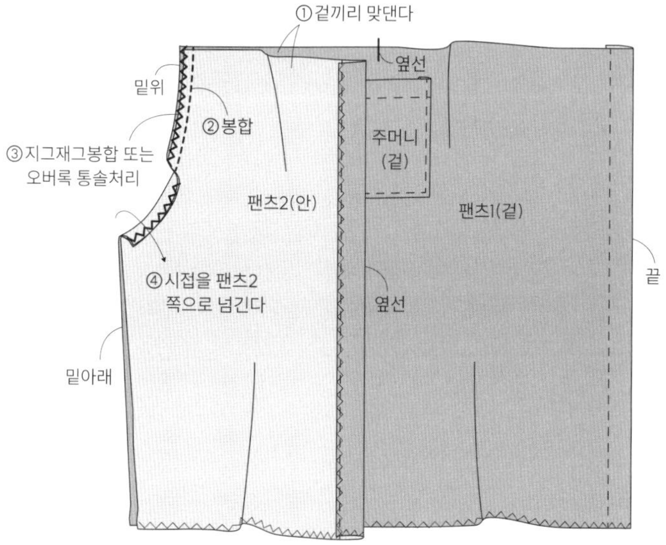

※반대쪽 팬츠1·2의 밑위도 ①~④과정과 같은 방법으로 만든다

4 팬츠의 밑아래 둘레를 봉합한다

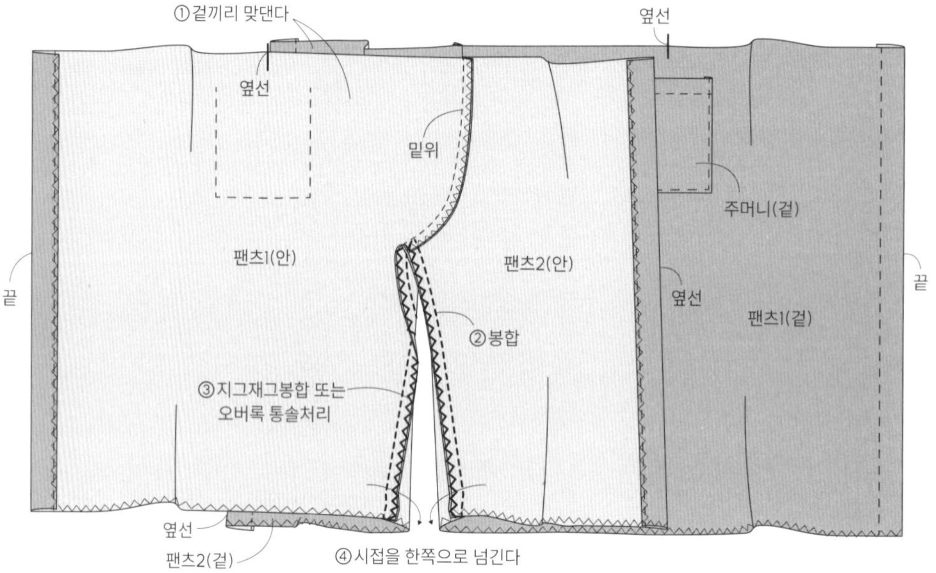

5 팬츠의 밑단을 정리한다

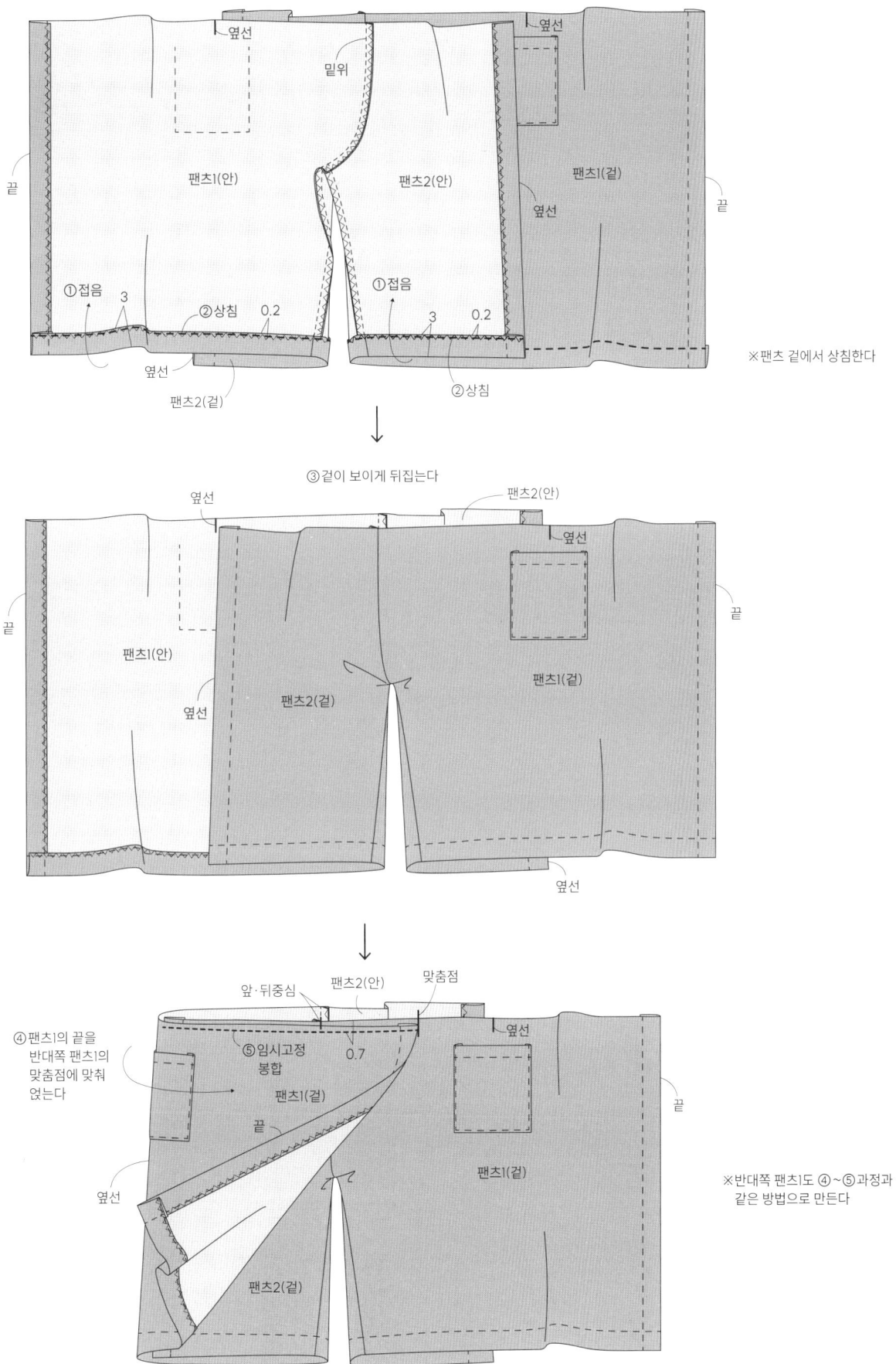

D 치마바지 skirt pants

6 요크의 옆선을 봉합한다

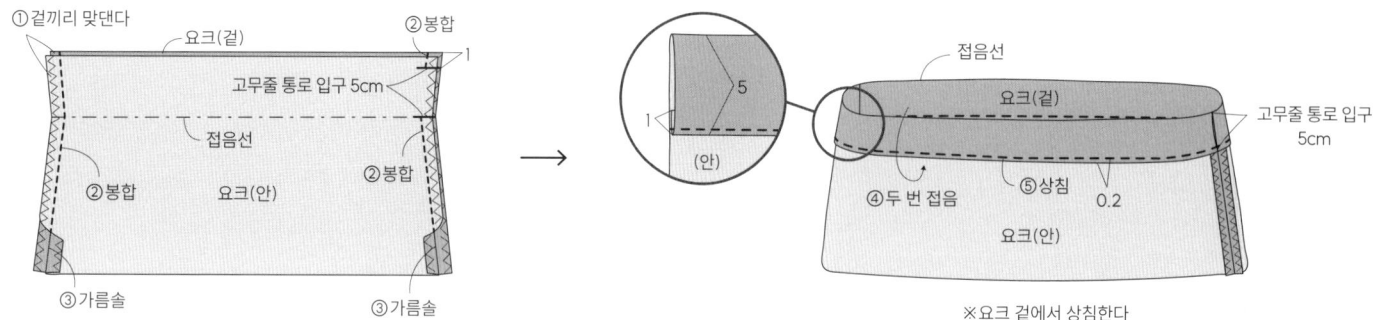

7 팬츠에 요크를 연결한다

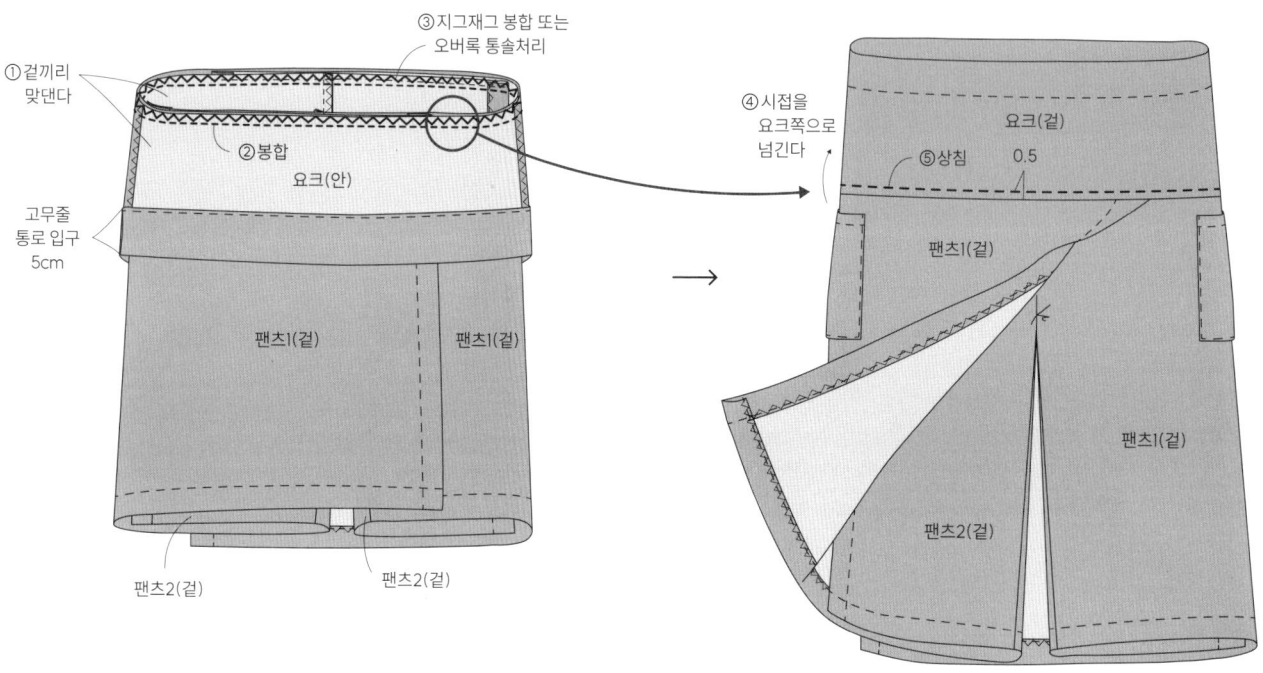

8 요크에 고무줄을 통과시킨다

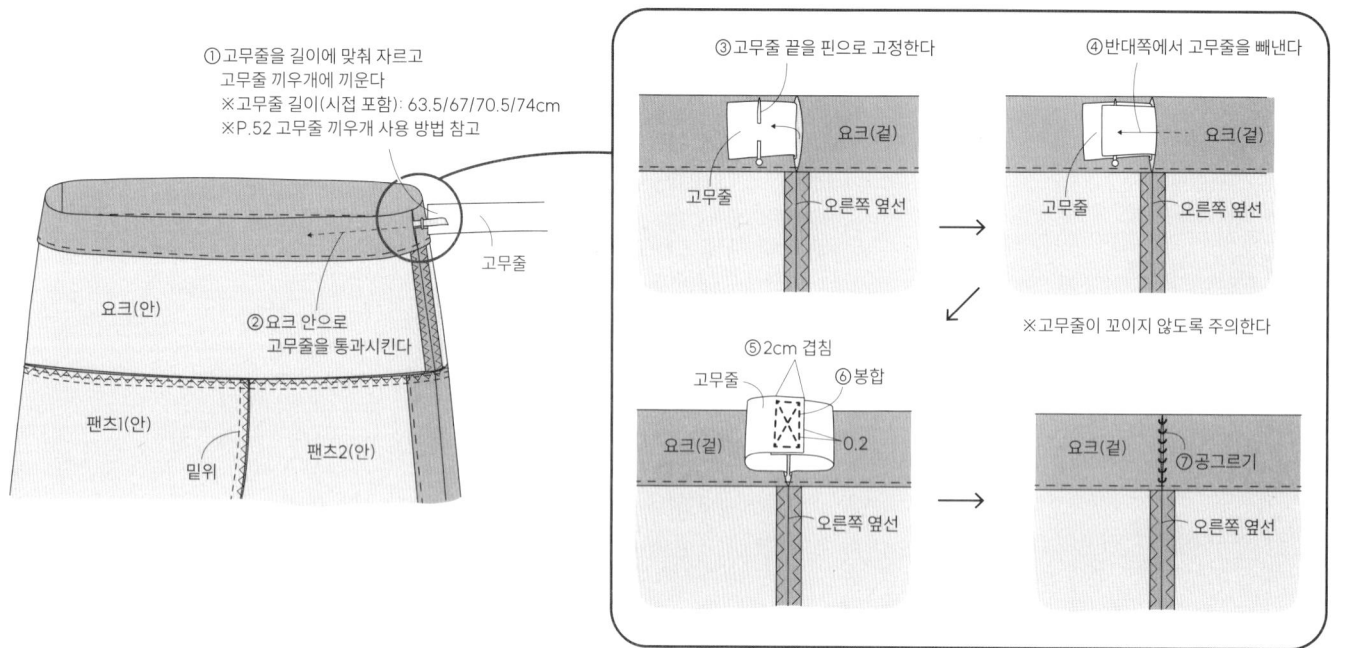

D 치마바지 skirt pants

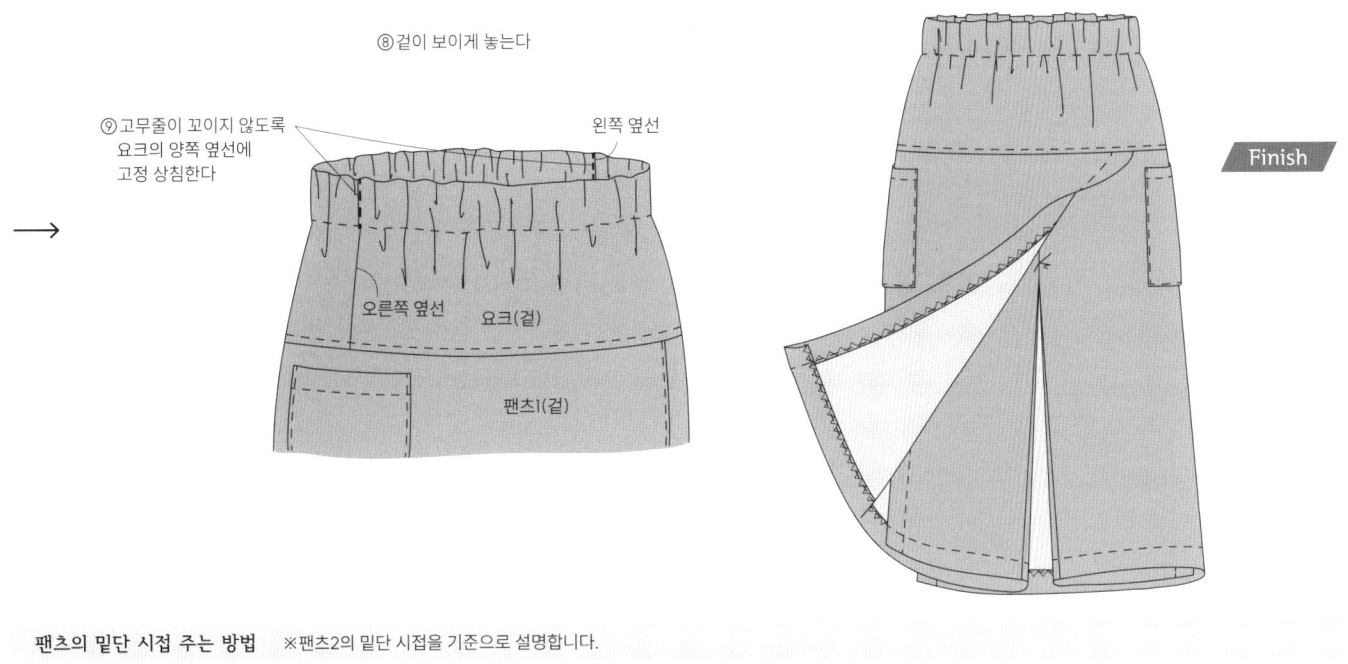

⑧ 겉이 보이게 놓는다
⑨ 고무줄이 꼬이지 않도록 요크의 양쪽 옆선에 고정 상침한다
왼쪽 옆선
오른쪽 옆선
요크(겉)
팬츠1(겉)
Finish

팬츠의 밑단 시접 주는 방법
※팬츠2의 밑단 시접을 기준으로 설명합니다.

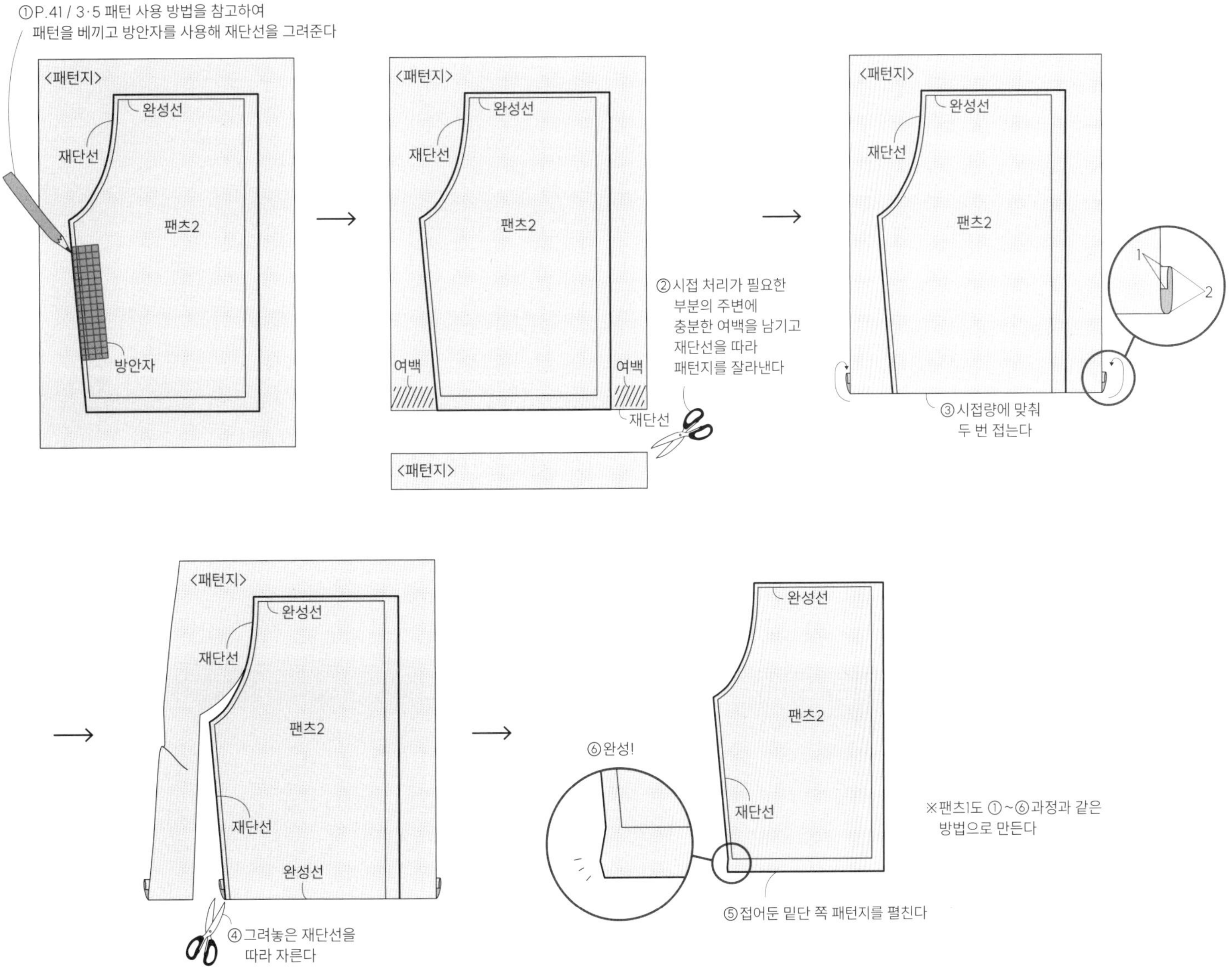

① P.41 / 3·5 패턴 사용 방법을 참고하여 패턴을 베끼고 방안자를 사용해 재단선을 그려준다

〈패턴지〉 완성선 재단선 팬츠2 방안자

② 시접 처리가 필요한 부분의 주변에 충분한 여백을 남기고 재단선을 따라 패턴지를 잘라낸다

〈패턴지〉 완성선 재단선 팬츠2 여백 재단선

③ 시접량에 맞춰 두 번 접는다

④ 그려놓은 재단선을 따라 자른다

⑤ 접어둔 밑단 쪽 패턴지를 펼친다

⑥ 완성!

※ 팬츠1도 ①~⑥과정과 같은 방법으로 만든다

E 둥근 칼라 원피스

photo page. 10

※ 완성 사이즈(cm)

사이즈 분류	55 size	66 size	77 size	88 size
옷길이	109.5	111.5	113.5	115.5
가슴둘레	115	119.5	124	128.5
소매길이	43	43.5	44.5	45

※ 재료

사이즈 분류	55 size	66 size	77 size	88 size
겉감 142cm폭	360cm	360cm	405cm	405cm
소잉심지 54cm폭	90cm	90cm	90cm	90cm
소잉테이프 심지 1.2cm폭	1팩	1팩	1팩	1팩
단추 1.3cm폭	5개	5개	5개	5개

※ 패턴

- 패턴 면수 … D면의 [E] 패턴, A면의 [S] 패턴을 사용합니다.
- 실물 패턴 … 앞몸판, 뒷몸판, 앞스커트, 뒷스커트, 겉칼라, 안칼라, 소매, 옆선 주머니(S작품과 공통 패턴)
- 참고 사항 … 1. 옆선 주머니는 [S. 노칼라 롱 재킷]의 옆선 주머니와 공통 패턴으로 사용합니다.

※ 만드는 순서

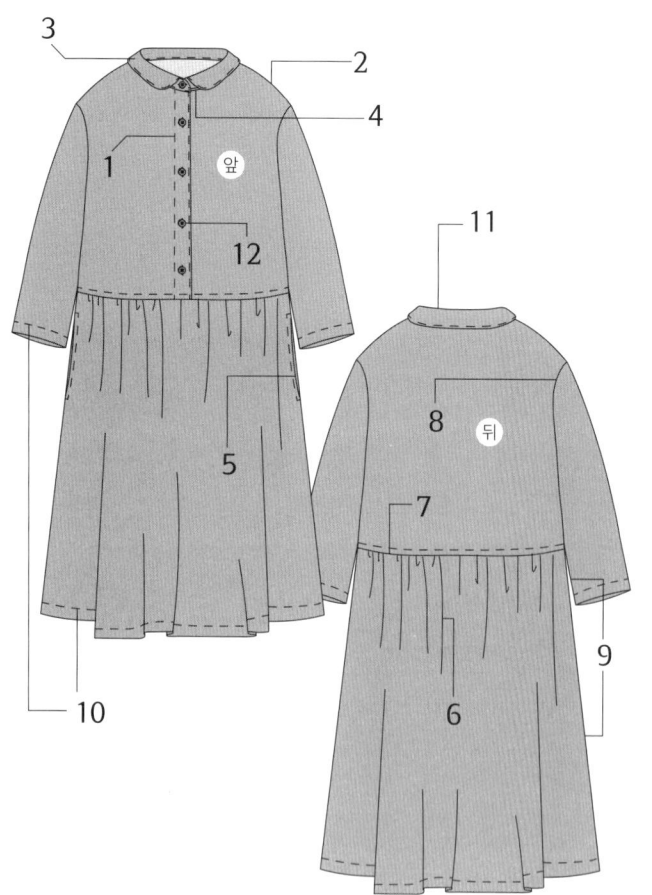

※ 재단 배치도

- 지정 이외의 시접은 1cm
- ⋮⋮⋮ 부분에 소잉심지를 붙인다
- ▨ 부분에 소잉테이프 심지를 붙인다
- ∿∿ 표시된 부분은 지그재그봉제 또는 오버록 처리한다
- 소매의 밑단 시접 주는 방법 P.68 참고

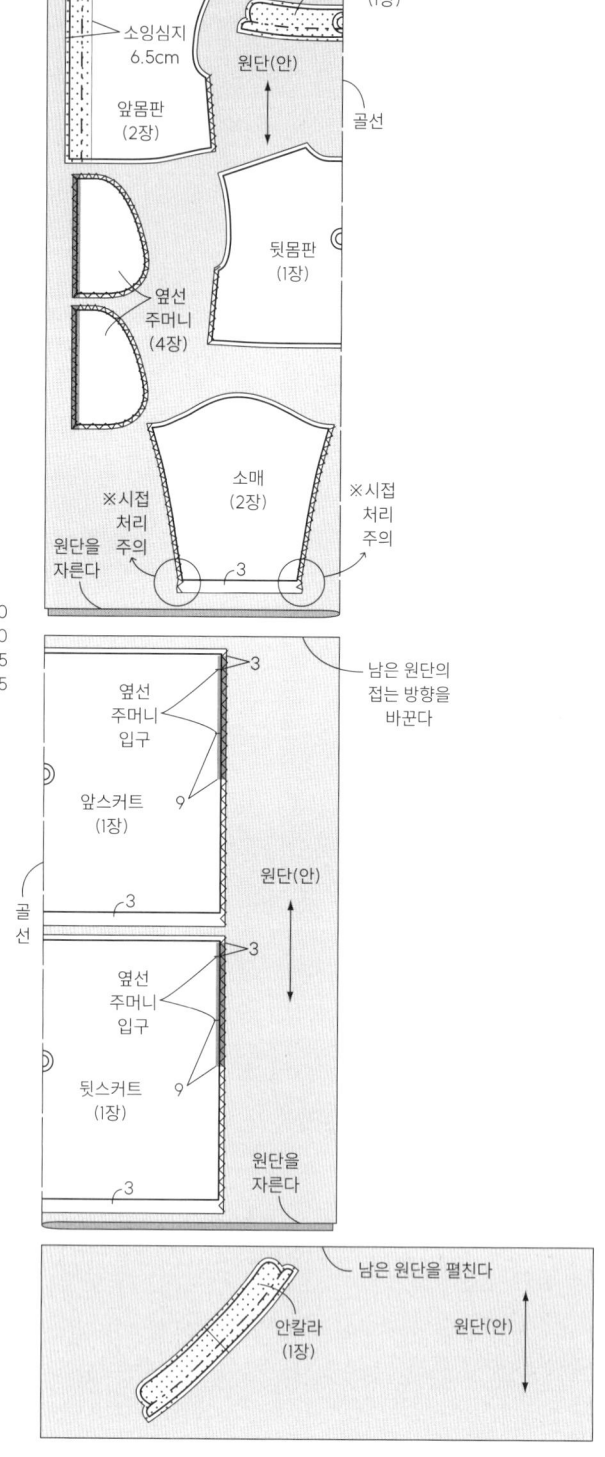

E 둥근 칼라 원피스 round collar dress

❈ 만드는 방법
· 치수가 기재되어 있지 않은 곳은 1cm로 봉합합니다.

1 앞몸판의 앞끝을 정리한다 (P.56 / **1**-①~② 참고)

2 몸판의 어깨를 봉합한다

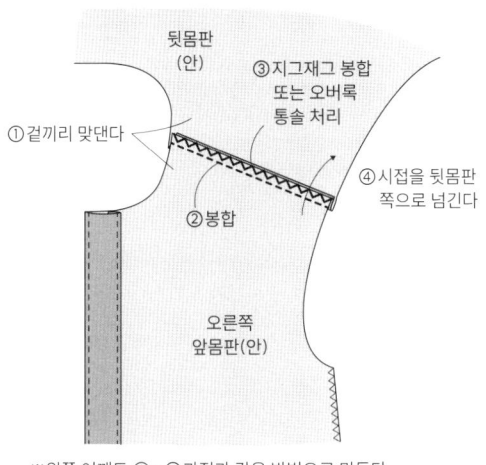

3 칼라를 만든다

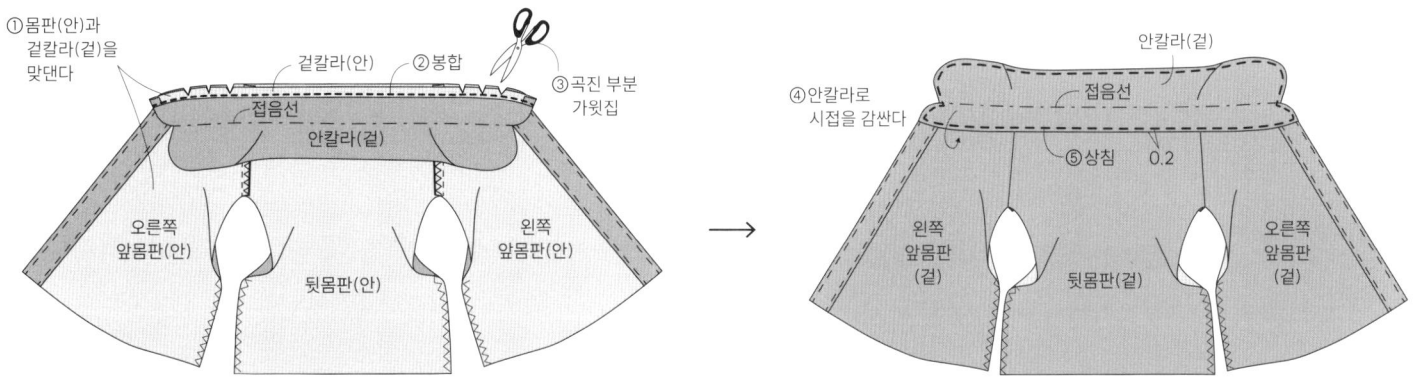

4 몸판에 칼라를 단다

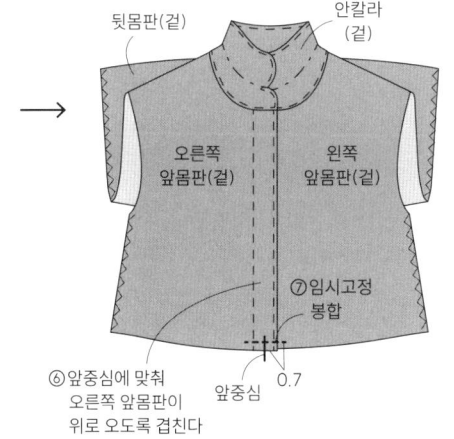

5 스커트에 옆선 주머니를 단다

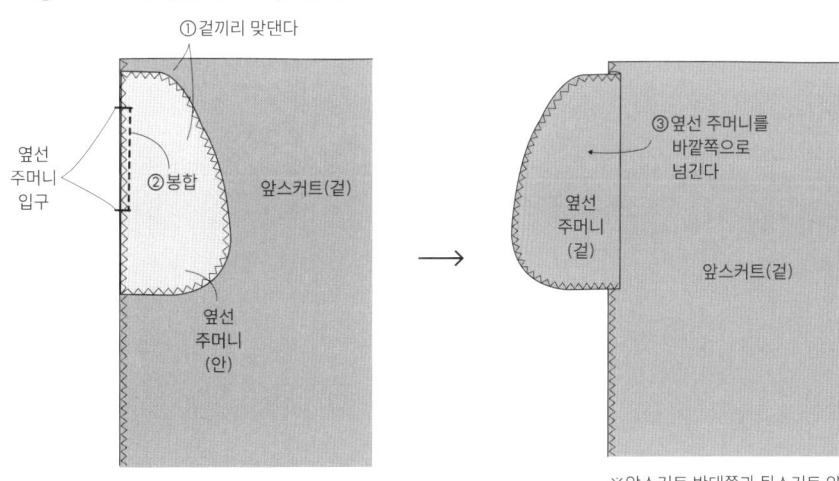

6 스커트의 주름을 잡는다

7 스커트에 몸판을 연결한다

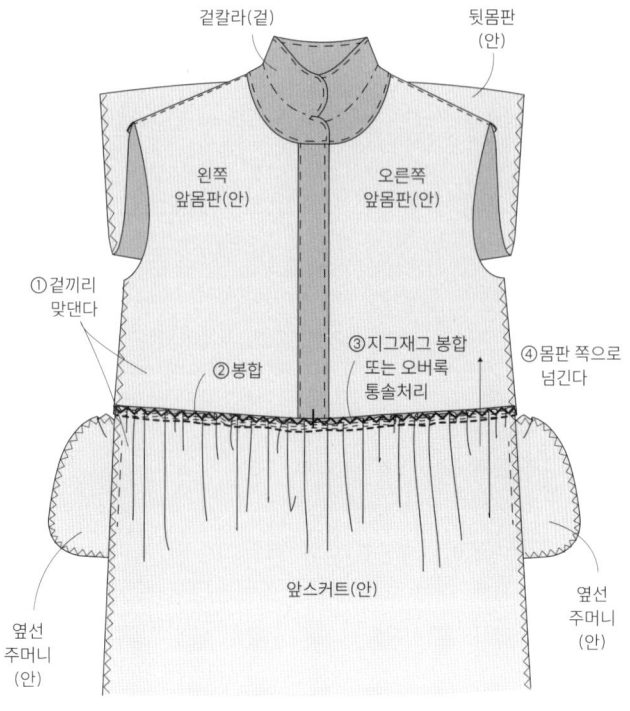

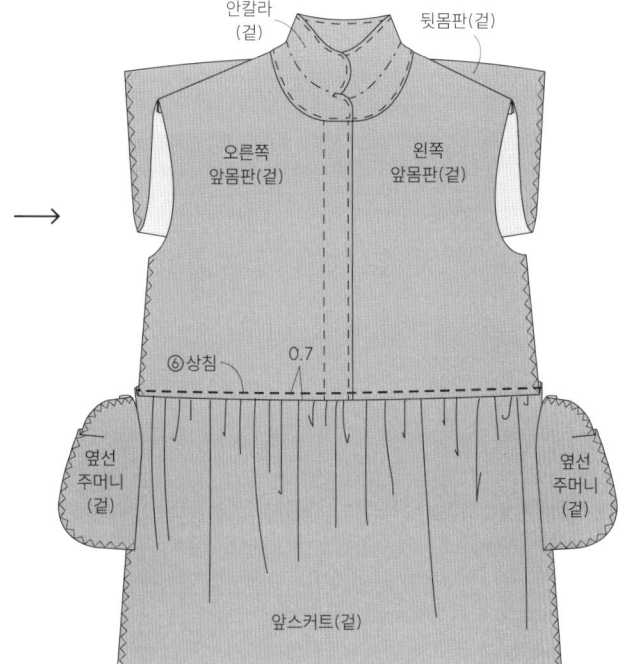

8 몸판에 소매를 단다 (P.51 / 3-①~④ 참고)

9 몸판과 소매의 옆선을 한 번에 이어서 봉합한다

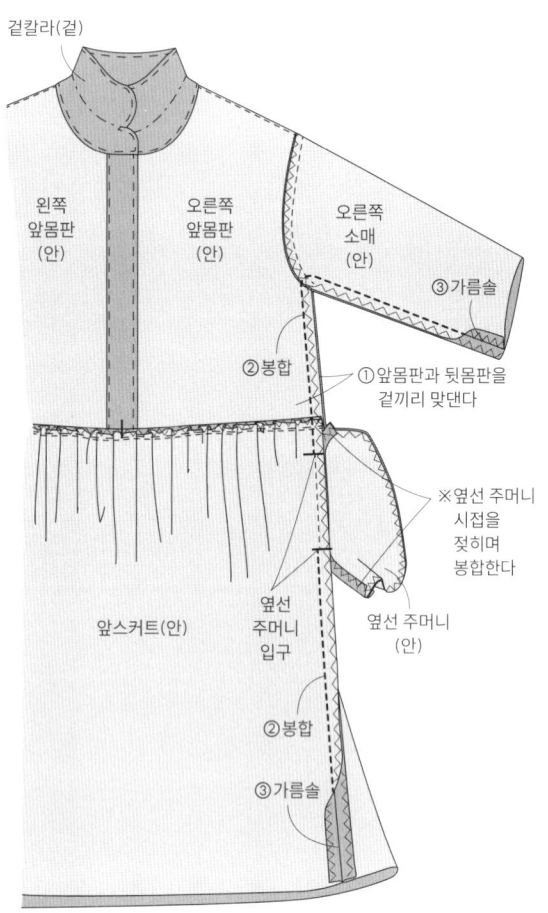

E 둥근 칼라 원피스 round collar dress

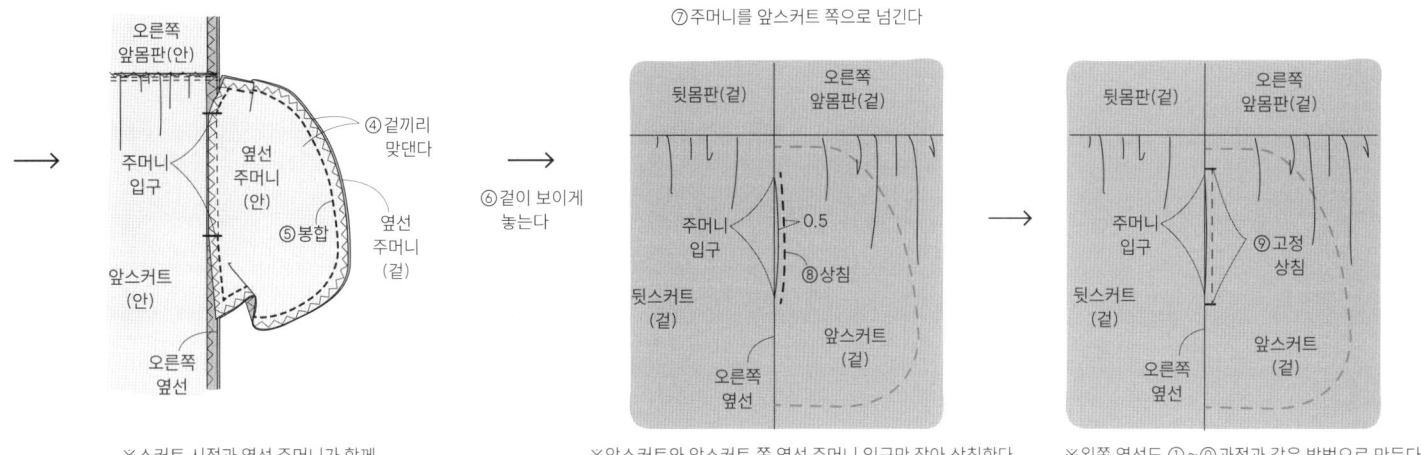

10 스커트와 소매의 밑단을 정리한다

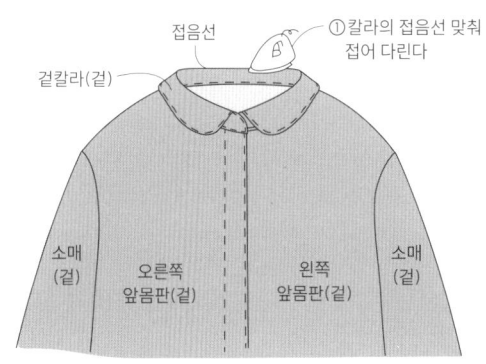

11 칼라를 정리한다

12 앞몸판과 칼라에 단춧구멍을 뚫고, 단추를 단다

E 둥근 칼라 원피스 round collar dress

Finish

소매의 밑단 시접 주는 방법 ※소매의 밑단 시접을 기준으로 설명합니다.

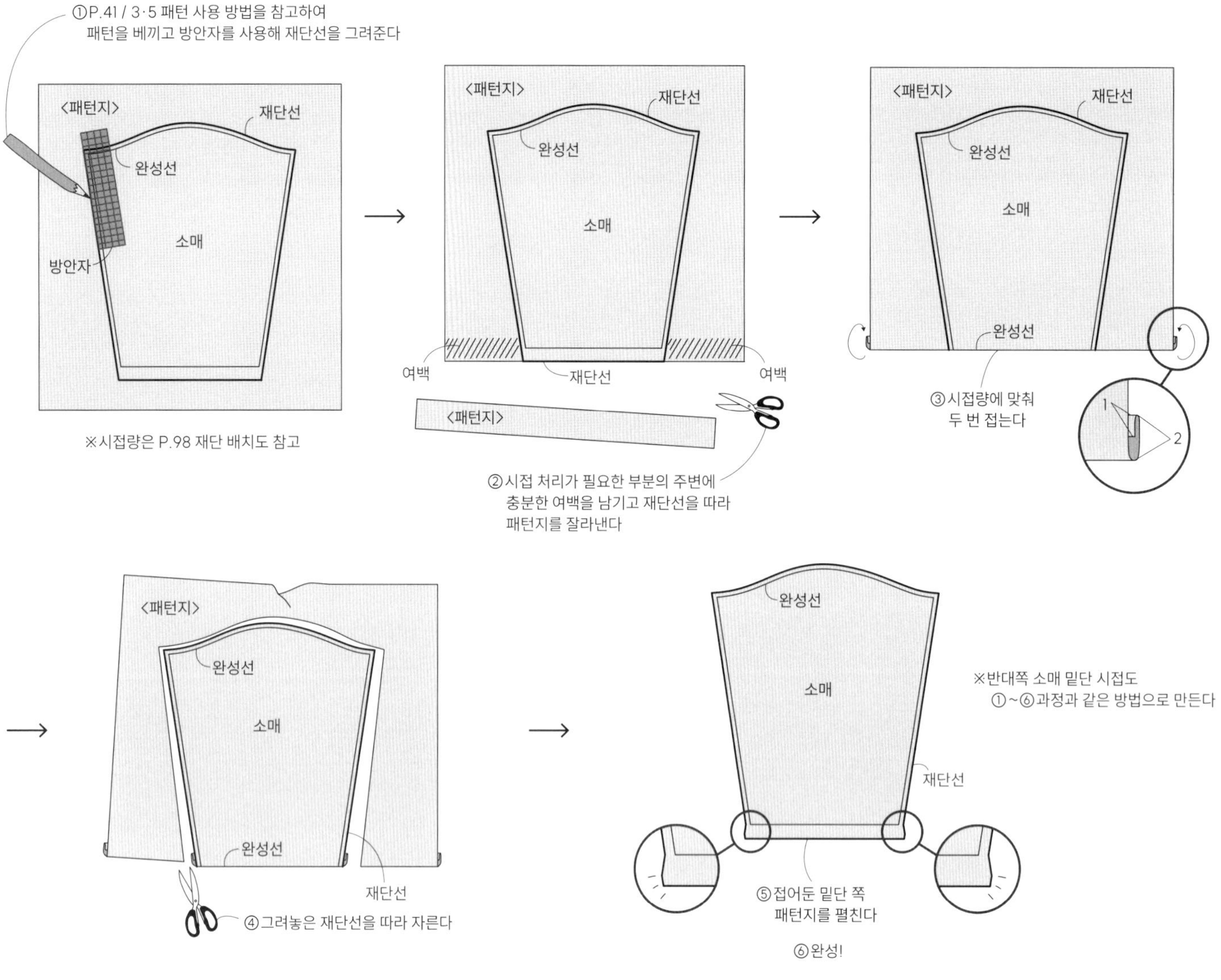

① P.41 / 3·5 패턴 사용 방법을 참고하여 패턴을 베끼고 방안자를 사용해 재단선을 그려준다

〈패턴지〉 재단선 완성선 소매 방안자
※시접량은 P.98 재단 배치도 참고

〈패턴지〉 재단선 완성선 소매
여백 재단선 여백
② 시접 처리가 필요한 부분의 주변에 충분한 여백을 남기고 재단선을 따라 패턴지를 잘라낸다

〈패턴지〉 재단선 완성선 소매 완성선
③ 시접량에 맞춰 두 번 접는다

〈패턴지〉 완성선 소매 완성선 재단선
④ 그려놓은 재단선을 따라 자른다

완성선 소매 재단선
⑤ 접어둔 밑단 쪽 패턴지를 펼친다
⑥ 완성!

※반대쪽 소매 밑단 시접도 ①~⑥과정과 같은 방법으로 만든다

F 휠 프레임 토트백

photo page. 11

※ 완성 사이즈(cm)

사이즈	가로	세로	폭
one size	34	24	12

※ 재료

원단 & 부재료	소요량
겉감 116cm폭	45cm
안감 140cm폭	45cm
(안감) 소잉심지 54cm폭	90cm
(겉감) 가방심지 52cm폭	90cm
(겉감)접착 톡톡솜 2호 90cm폭	90cm
(겉감) 솜고정용 접착테이프 심지 2.5cm폭	1팩
지퍼 3.3cm폭	50cm
토트백 가방스트랩	1개
휠 프레임 24cm길이	1쌍
워셔블 매직테이프	1개

※ 패턴

· 패턴 면수 … A면의 [F] 패턴을 사용합니다.
· 실물 패턴 … 겉앞몸판, 겉뒷몸판, 안앞몸판, 안뒷몸판
· 참고 사항 … 1. 지퍼막음감, 안주머니는 실물 패턴이 수록되어 있지 않으므로 재단 배치에 기재된 치수를 확인한 후, 직접 제도하여 사용합니다.

※ 만드는 순서

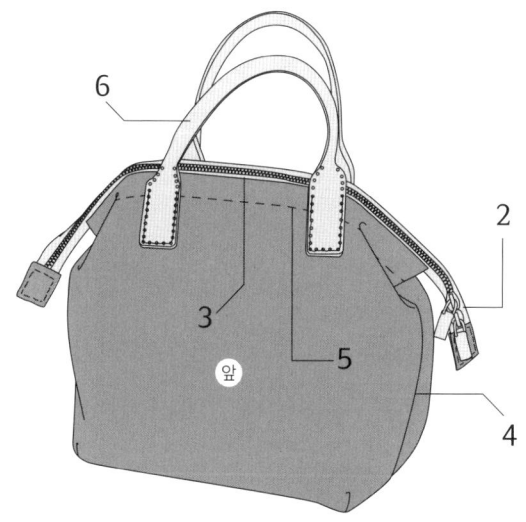

※ 재단 배치도

· 지정 이외의 시접은 1cm
· ▦ 부분에 소잉심지를 붙인다
· ▦ 부분에 가방심지를 붙인다
· ∿∿ 표시된 부분은 지그재그봉제 또는 오버록 처리한다
· 지퍼 막음감, 안주머니는 직접 제도하여 사용한다

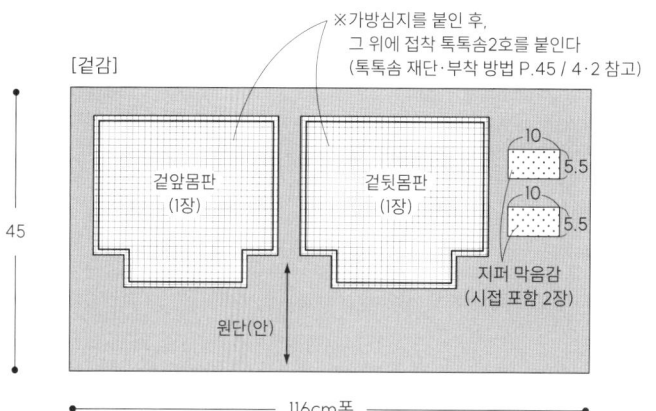

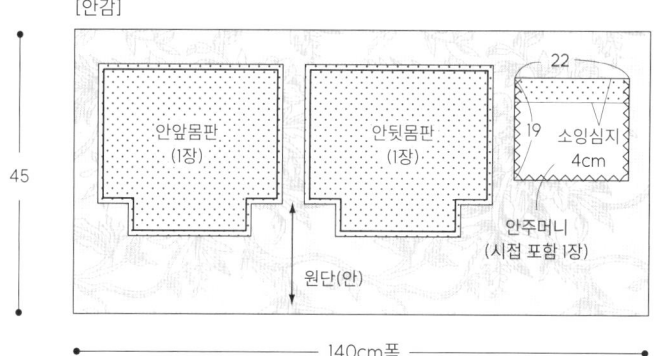

※ 만드는 방법

· 치수가 기재되어 있지 않은 곳은 1cm로 봉합합니다.

1 안주머니를 만들어 안앞몸판에 단다

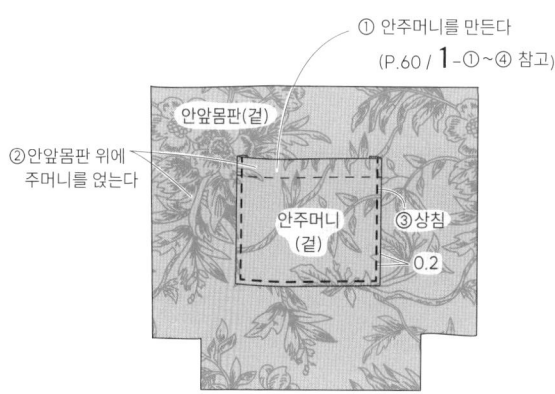

2 지퍼를 만든다

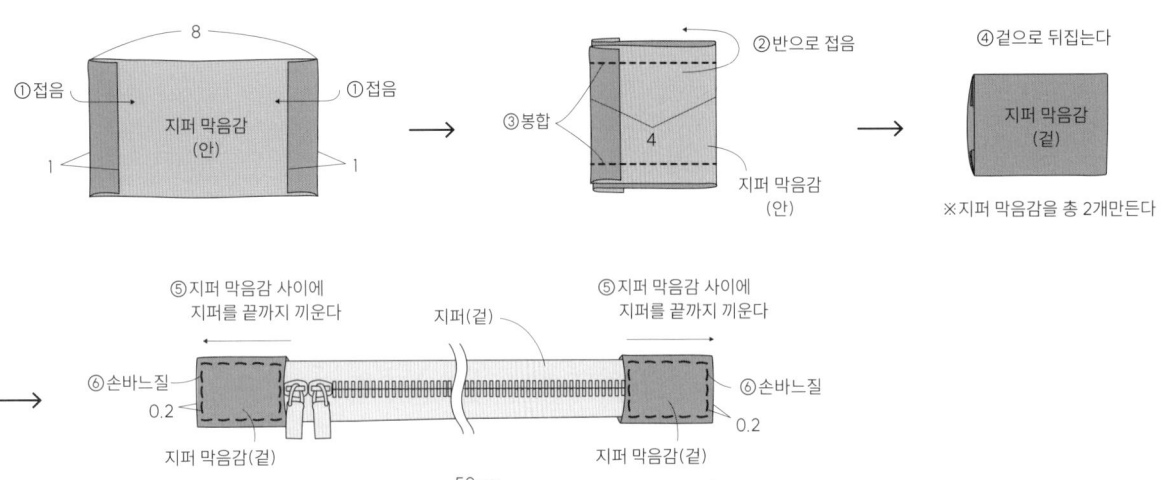

3 겉·안몸판에 지퍼를 단다

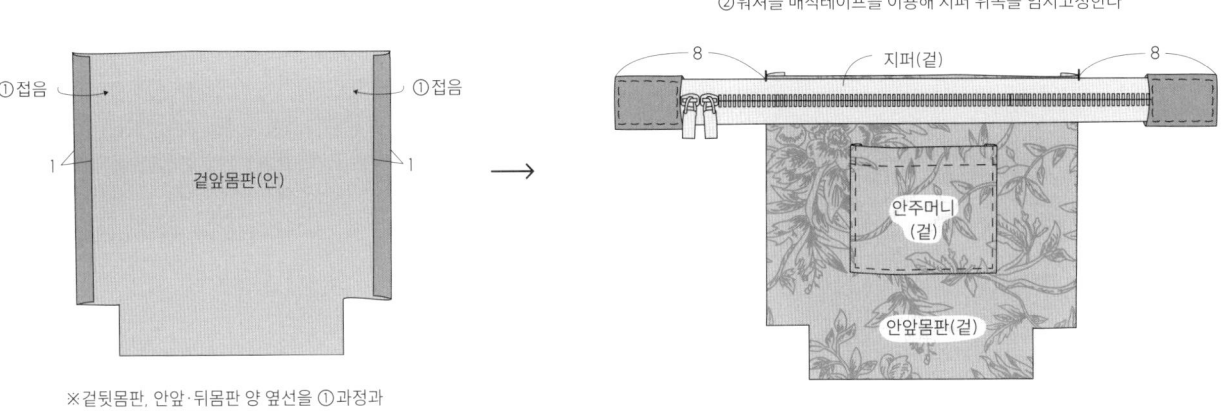

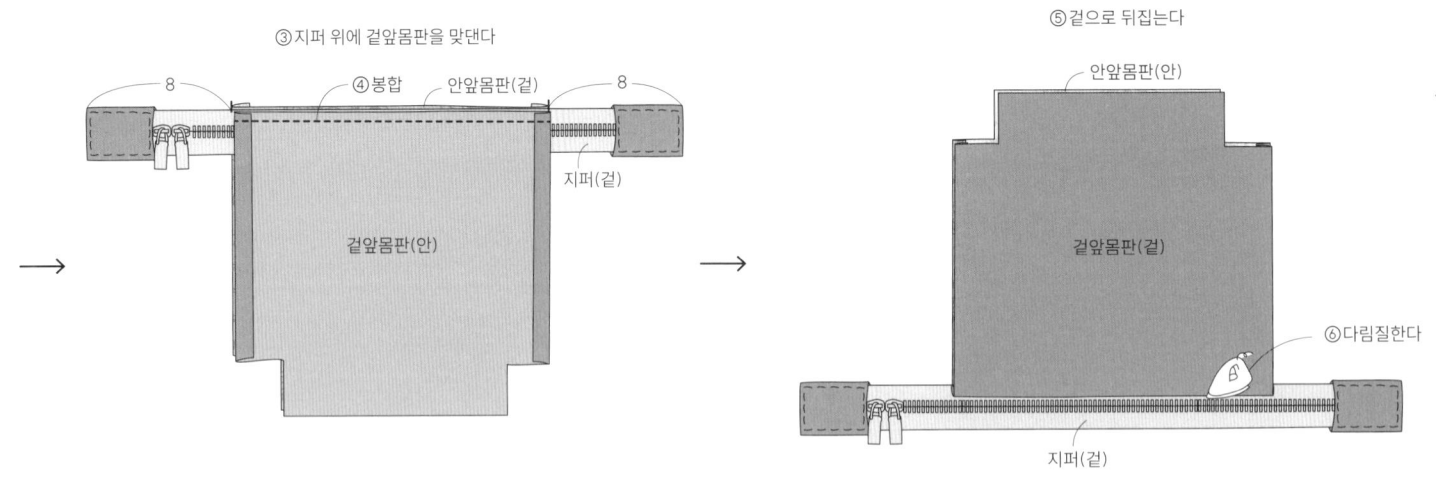

4 겉·안몸판을 연결한다

※미리 접어놓은 몸판 양 옆선 시접은
프레임 통로 2cm 제외하고 펼친상태에서 봉합한다

※4곳 모두 ⑥과정과 같은 방법으로 만든다

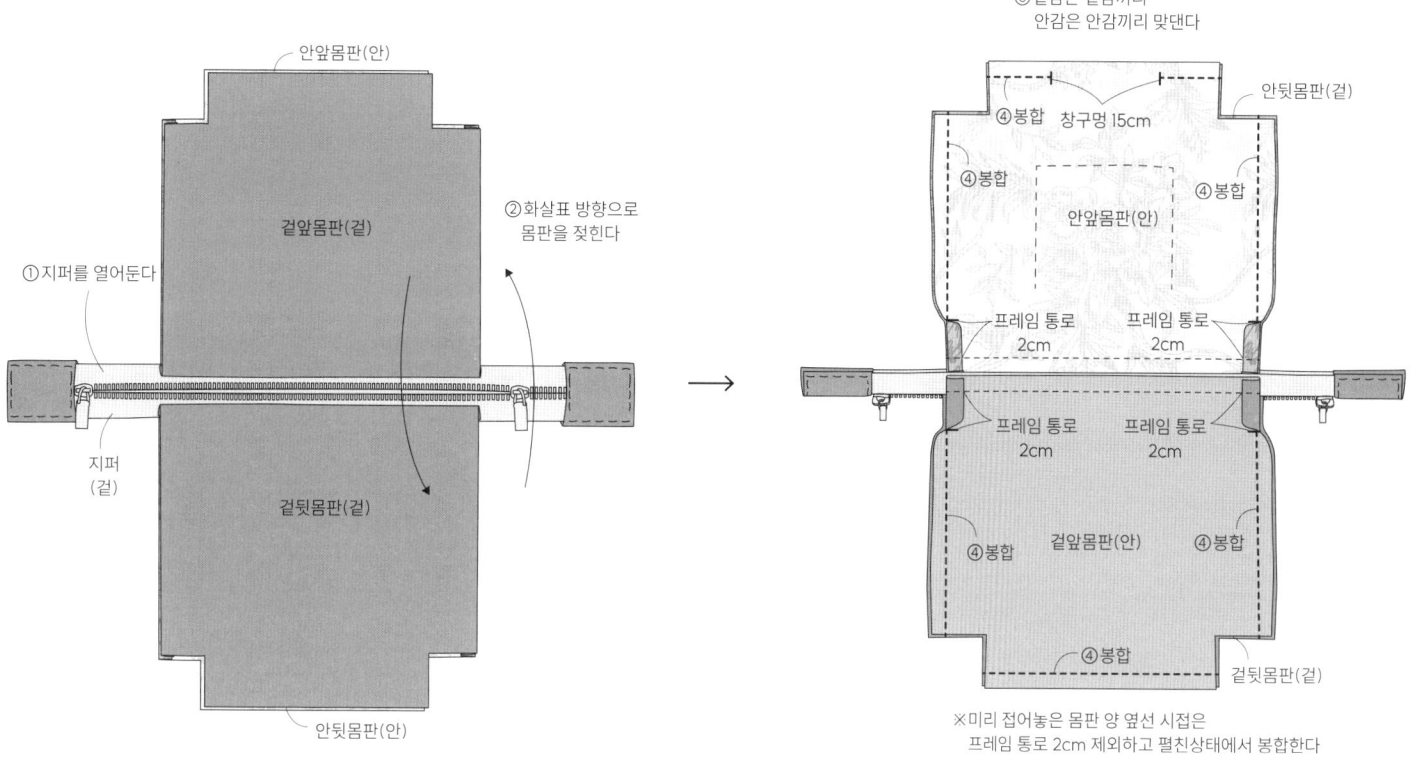

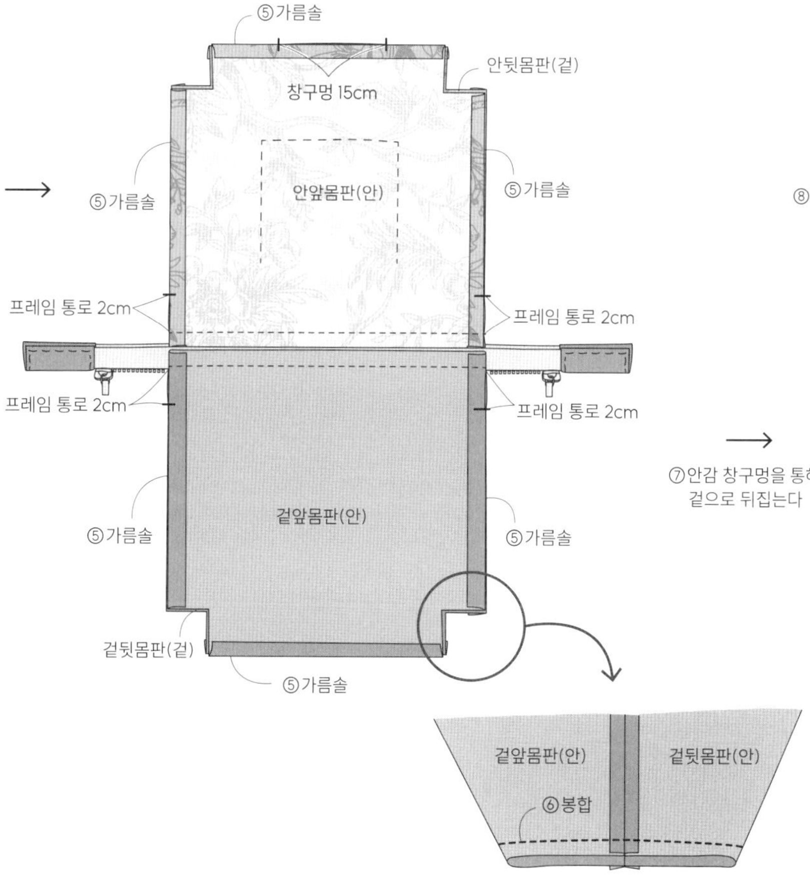

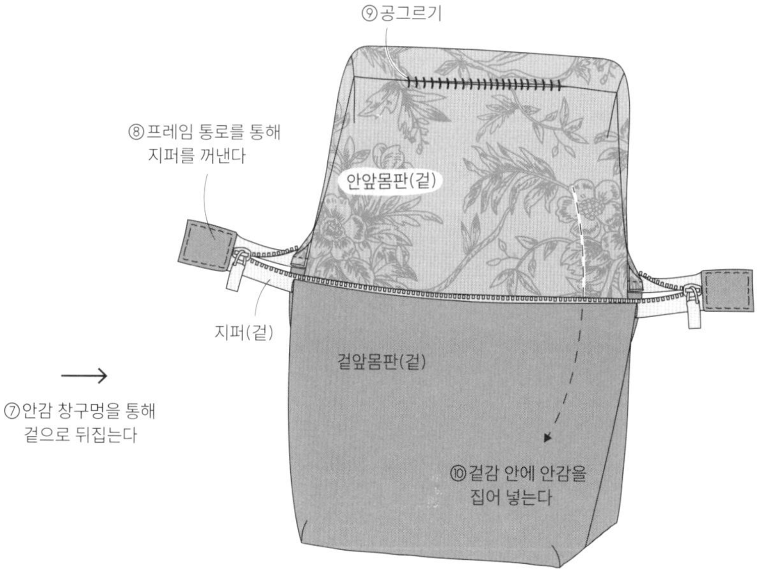

F 휠 프레임 토트백 wheel frame tote bag

5 몸판 입구에 프레임을 넣는다

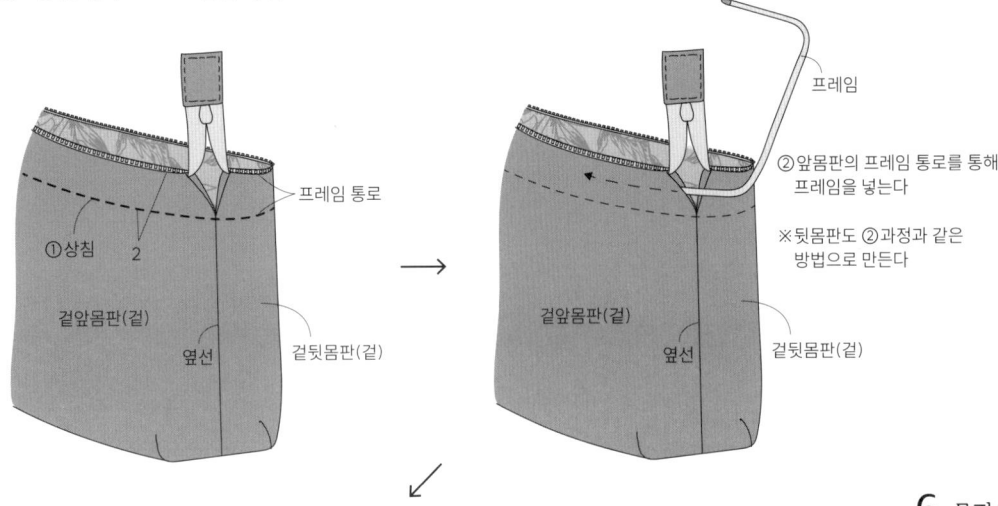

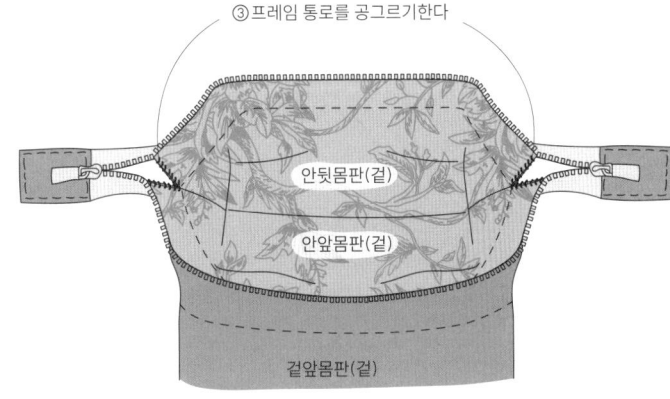

6 몸판에 가방 스트랩을 단다

※겉뒷몸판도 ①~②과정과 같은 방법으로 만든다

Finish

G 타이 블라우스

photo page. 12

※ 완성 사이즈(cm)

사이즈 분류	55 size	66 size	77 size	88 size
옷길이	66.5	68.5	70.5	72.5
가슴둘레	113	117	121	125
소매길이	46	46.5	47	48

※ 재료

사이즈 분류	55 size	66 size	77 size	88 size
겉감 110cm폭	315cm	315cm	315cm	315cm
소잉심지 54cm폭	180cm	180cm	180cm	180cm
고무줄 1.5cm폭	1팩	1팩	1팩	1팩
단추 1.1cm폭	5개	5개	5개	5개

※ 패턴

· 패턴 면수 … B면의 [G] 패턴을 사용합니다.
· 실물 패턴 … 앞몸판, 뒷몸판, 칼라, 소매

※ 만드는 순서

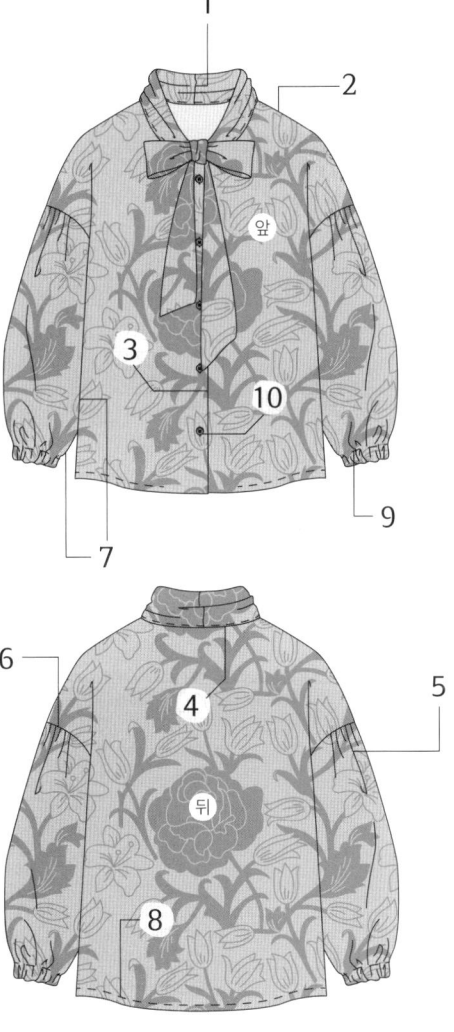

※ 재단 배치도

· 지정 이외의 시접은 1cm
· ▨ 부분에 소잉심지를 붙인다
· ∿∿ 표시된 부분은 지그재그봉제 또는 오버록 처리한다

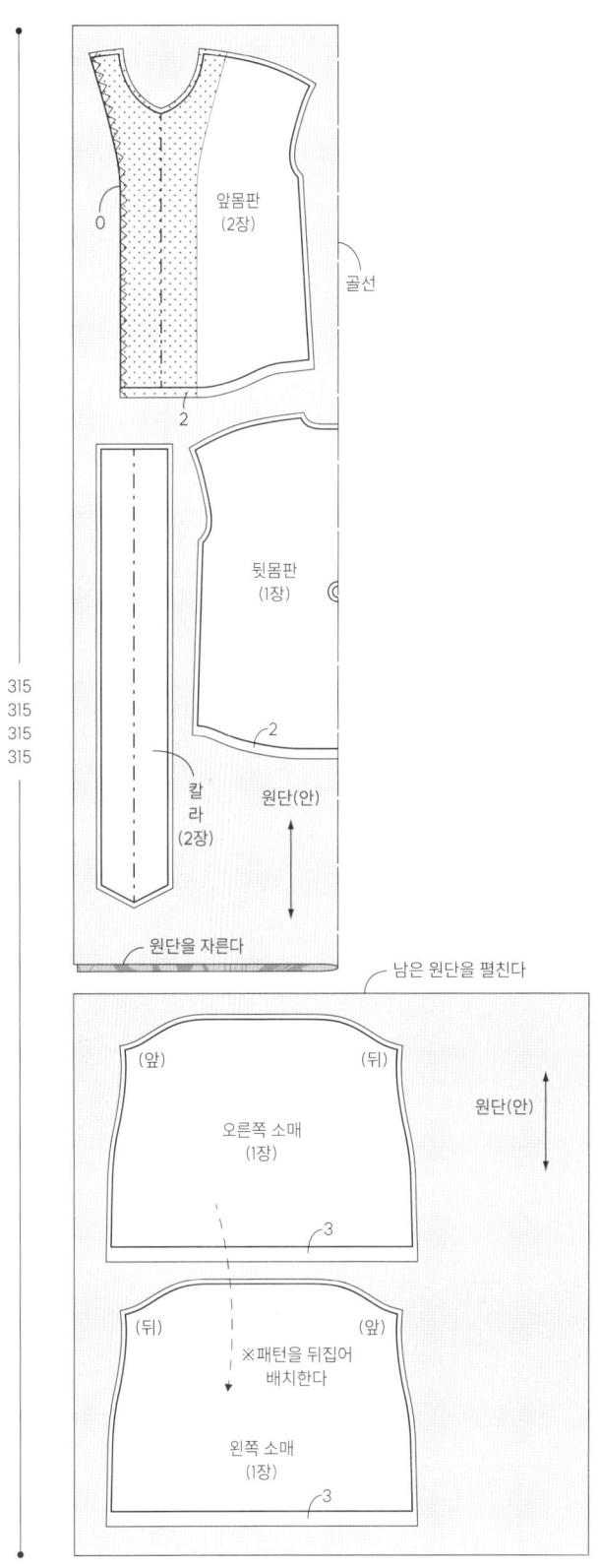

※ 만드는 방법

· 치수가 기재되어 있지 않은 곳은 1cm로 봉합합니다.

1 칼라를 만든다

2 몸판의 어깨를 봉합한다 (P.65 / 2-①~④ 참고)

3 앞몸판의 앞끝을 정리한다

※왼쪽 앞몸판도 ①~⑪과정과 같은 방법으로 만든다

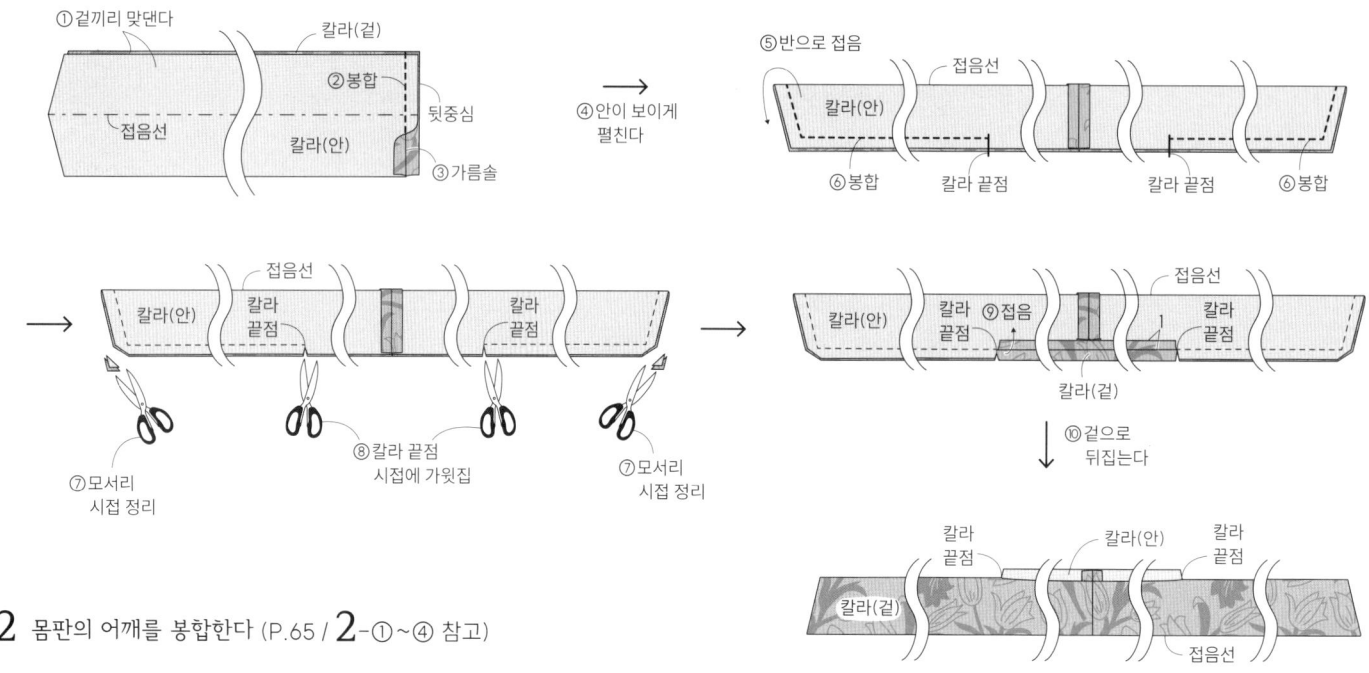

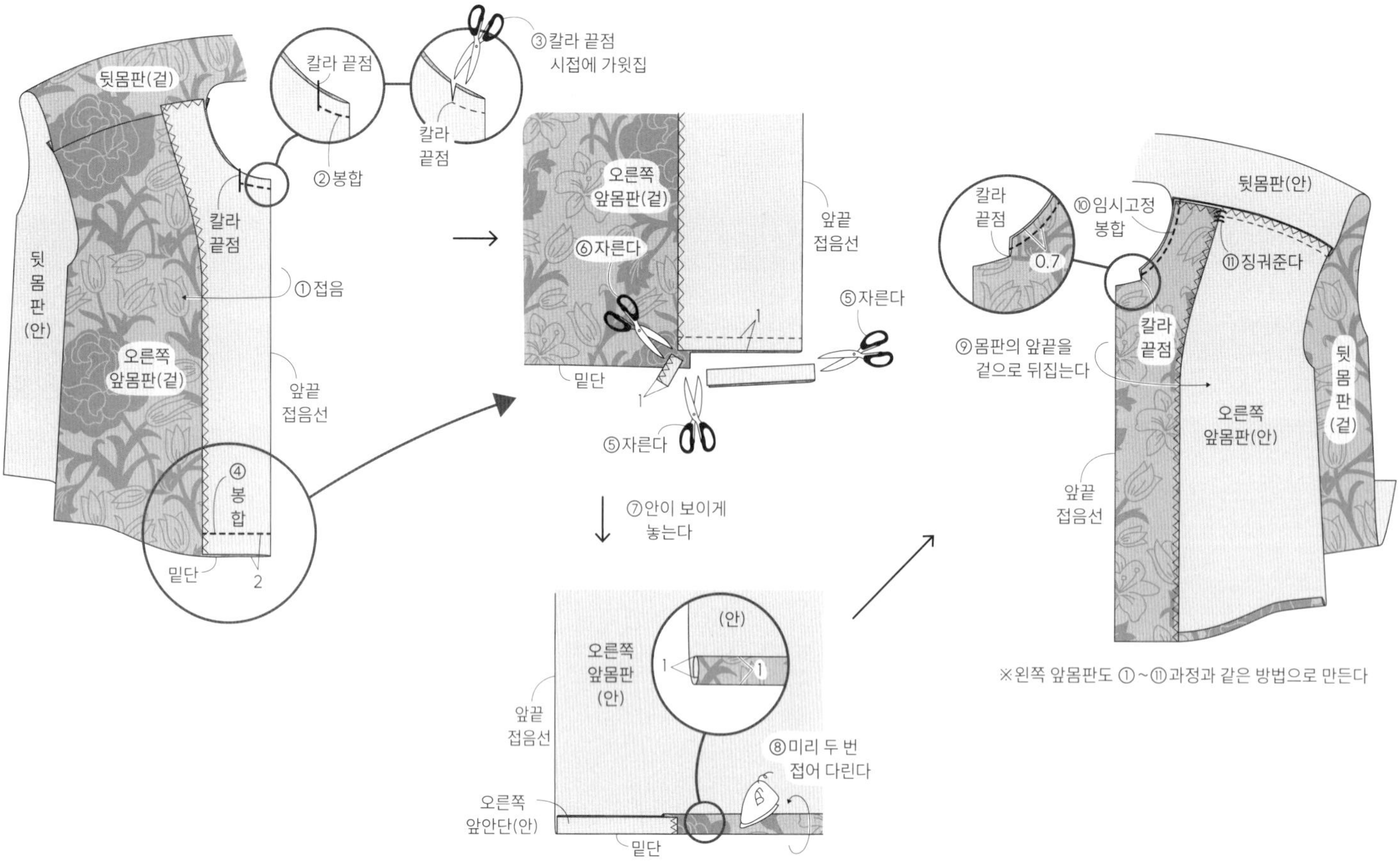

G 타이 블라우스 tie blouse

4 몸판에 칼라를 단다

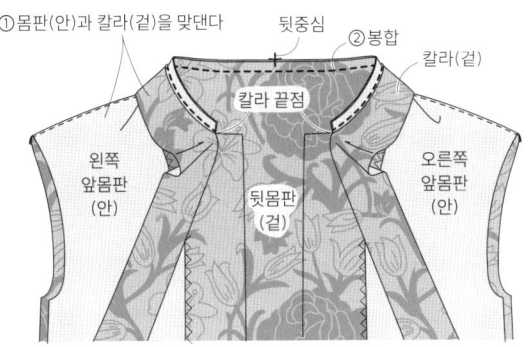
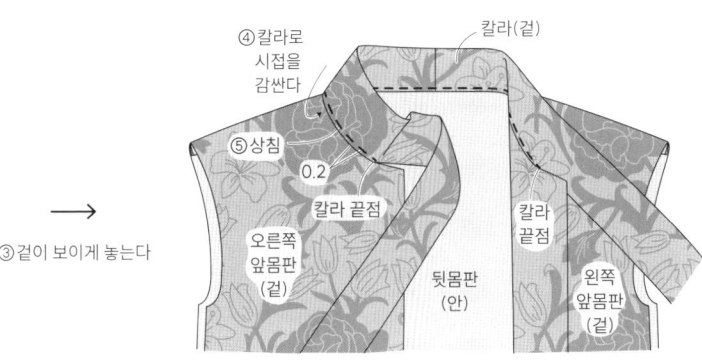

5 소매를 만든다

※P.46 / 4·3 주름 잡는 방법 참고

6 몸판에 소매를 단다

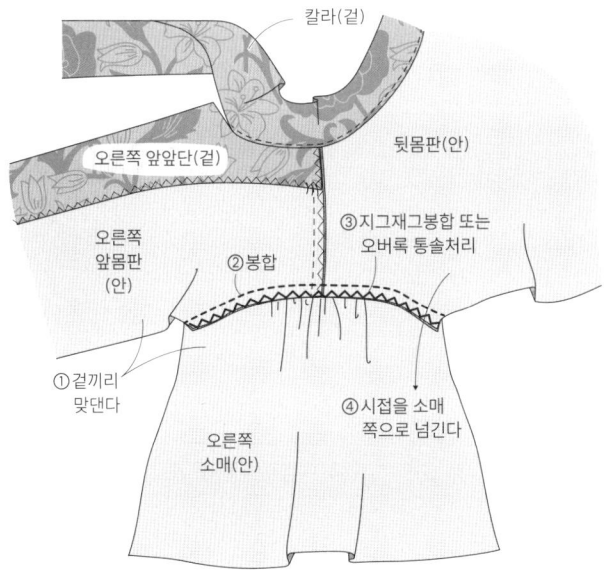

※왼쪽 암홀 둘레도 ①~④과정과 같은 방법으로 만든다

7 몸판과 소매의 옆선을 한 번에 이어서 봉합한다
(P.51 / **4**-①~④ 참고)

8 몸판의 밑단을 정리한다

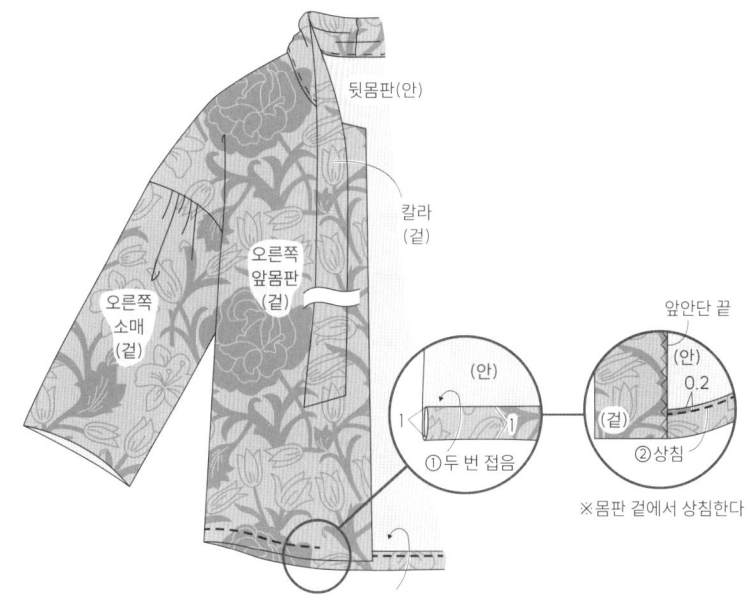

9 소매의 밑단에 고무줄을 통과시킨다 (P.52 / 6-①~⑨ 참고)

※고무줄 길이(한쪽 소매 기준, 시접 포함) : 22.5/23/23.5/24cm

10 앞몸판에 단춧구멍을 뚫고, 단추를 단다 (P.52 / **7**-① 참고)

Finish

H 턱 스커트

photo page. 13

❋ 완성 사이즈(cm)

사이즈 분류	55 size	66 size	77 size	88 size
옷길이	80.5	81.5	82.5	83.5
엉덩이둘레	116.5	120.5	125	130

❋ 재료

사이즈 분류	55 size	66 size	77 size	88 size
겉감 114cm폭	270cm	270cm	270cm	270cm
소잉심지 54cm폭	90cm	90cm	90cm	90cm
고무줄 3cm폭	1팩	1팩	1팩	1팩

❋ 패턴

- 패턴 면수 … C면의 [H] 패턴을 사용합니다.
- 실물 패턴 … 앞스커트(위), 앞스커트(아래), 뒷스커트(위), 뒷스커트(아래), 앞허리벨트, 뒤허리벨트
- 참고 사항 … 1. 앞스커트, 뒷스커트 패턴은 맞춤점(■)을 기준으로 위, 아래가 분리되어 있으니 패턴을 이어서 한 장으로 연결해 주세요.

❋ 만드는 순서

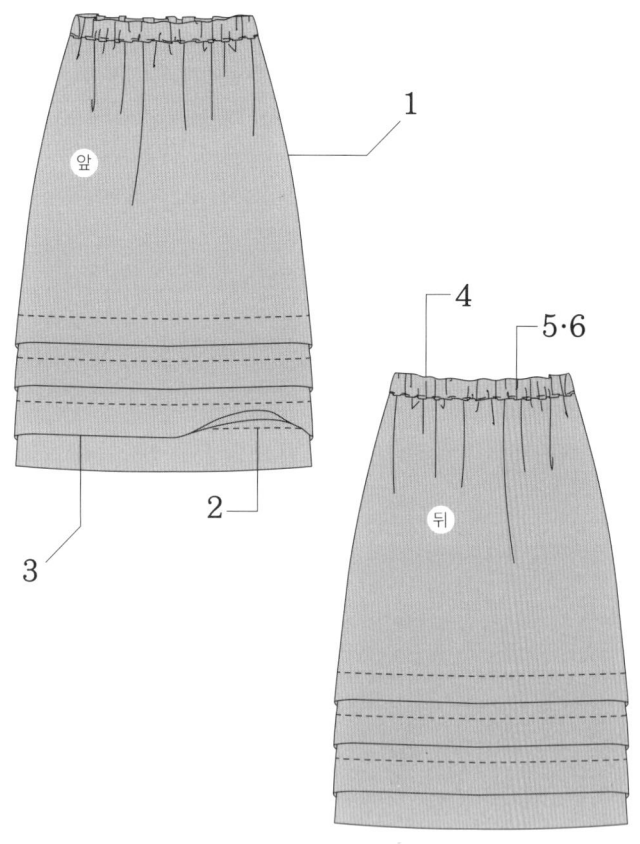

❋ 재단 배치도

- 지정 이외의 시접은 1cm
- ▦ 부분에 소잉심지를 붙인다
- ⋈ 표시된 부분은 지그재그봉제 또는 오버록 처리한다

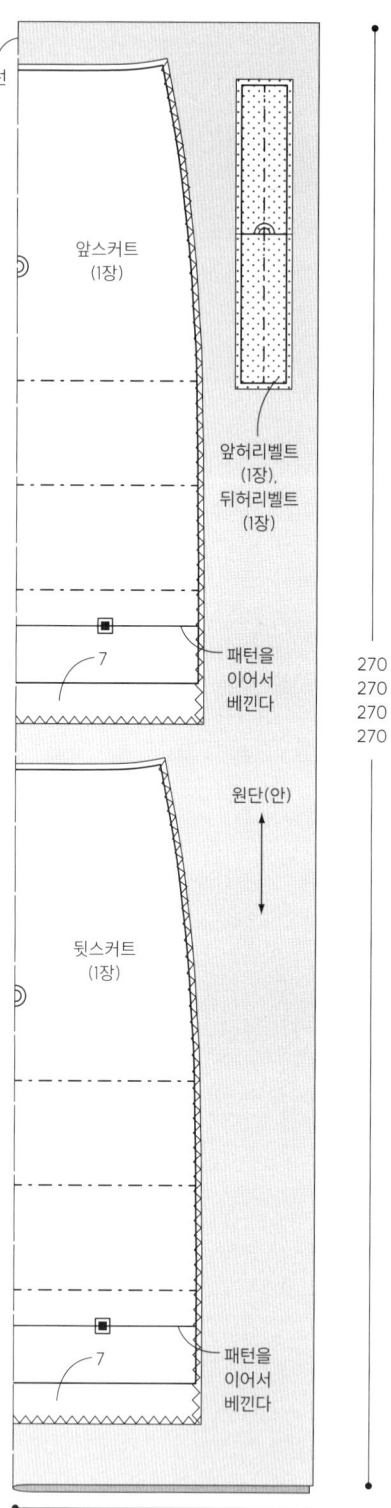

H 턱 스커트 tuck skirt

※ 만드는 방법
· 치수가 기재되어 있지 않은 곳은 1cm로 봉합합니다.

1 스커트의 옆선을 봉합한다

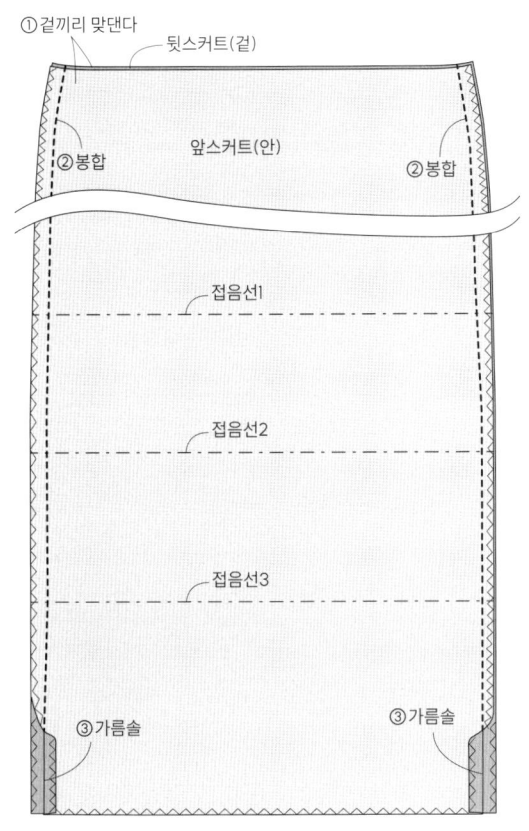

2 스커트의 밑단을 정리한다

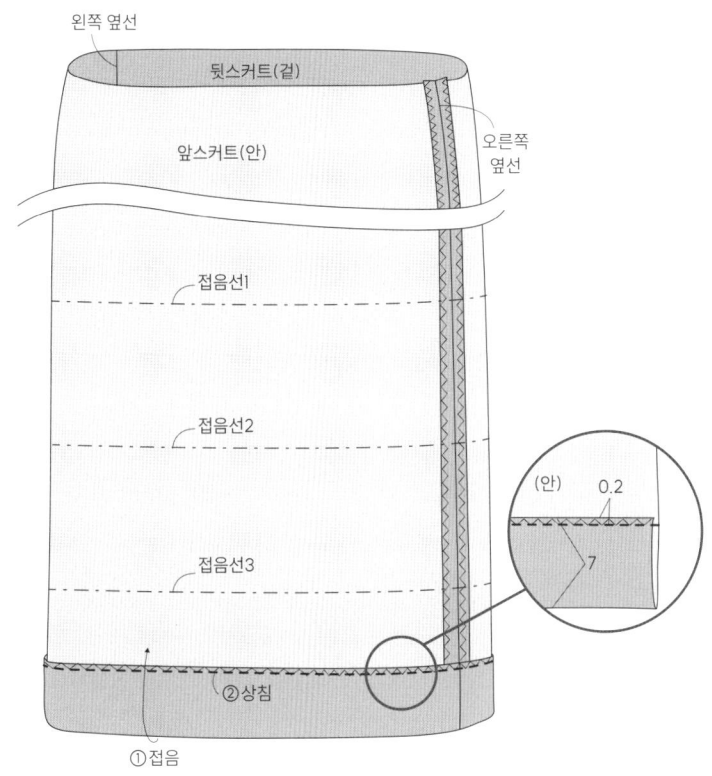

3 스커트의 턱을 만든다

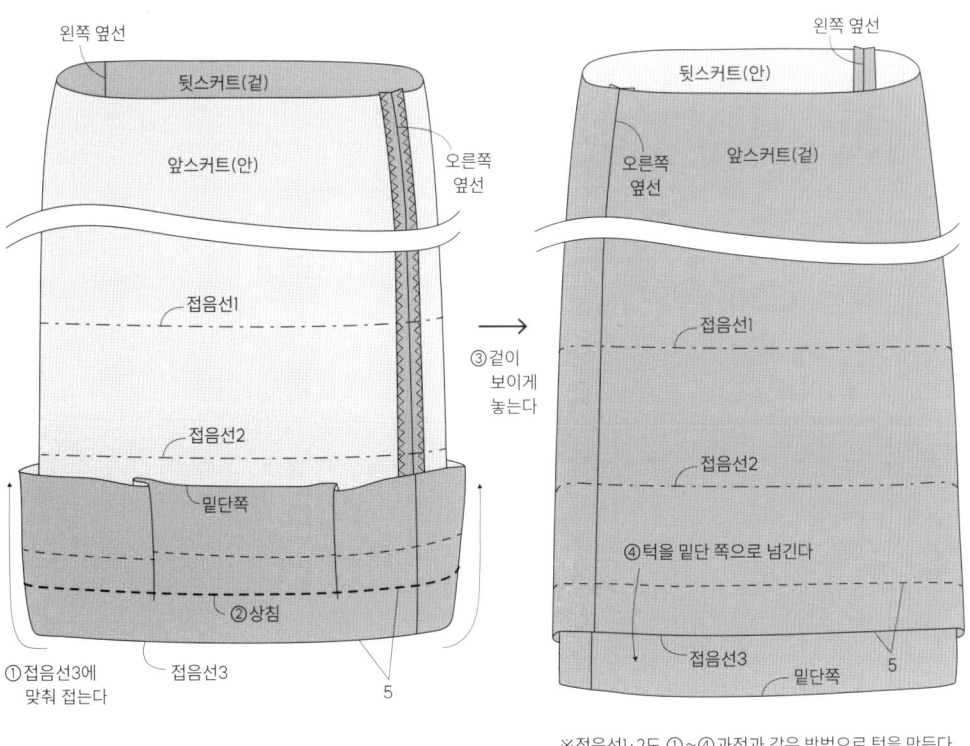

※접음선1·2도 ①~④과정과 같은 방법으로 턱을 만든다

4 허리벨트를 만든다

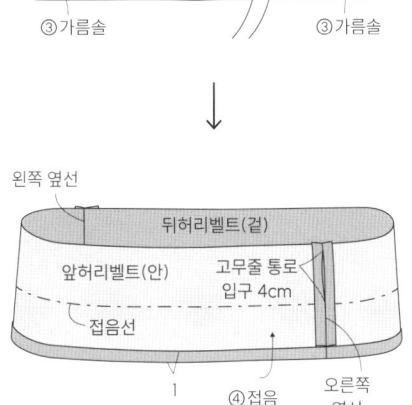

H 턱 스커트 tuck skirt

5 스커트에 허리벨트를 단다

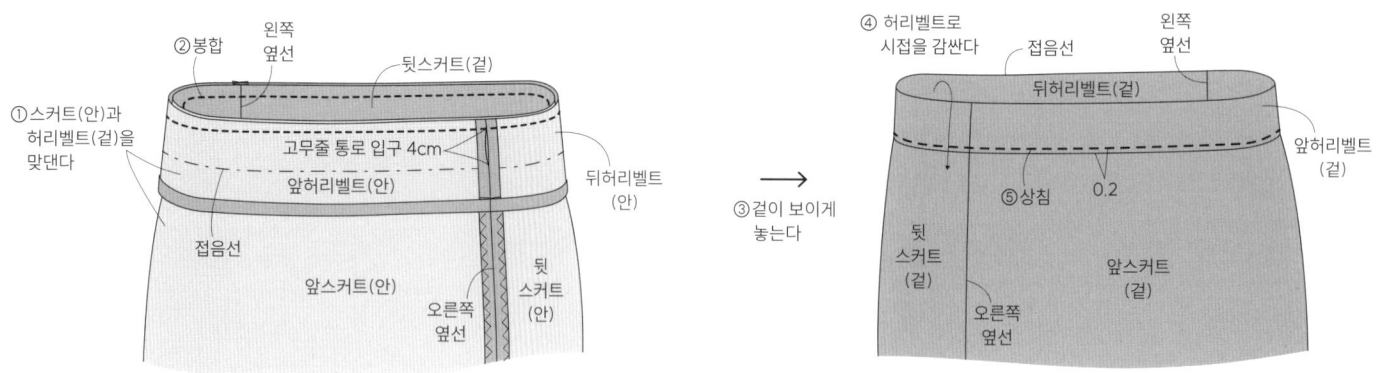

6 허리벨트에 고무줄을 통과시킨다

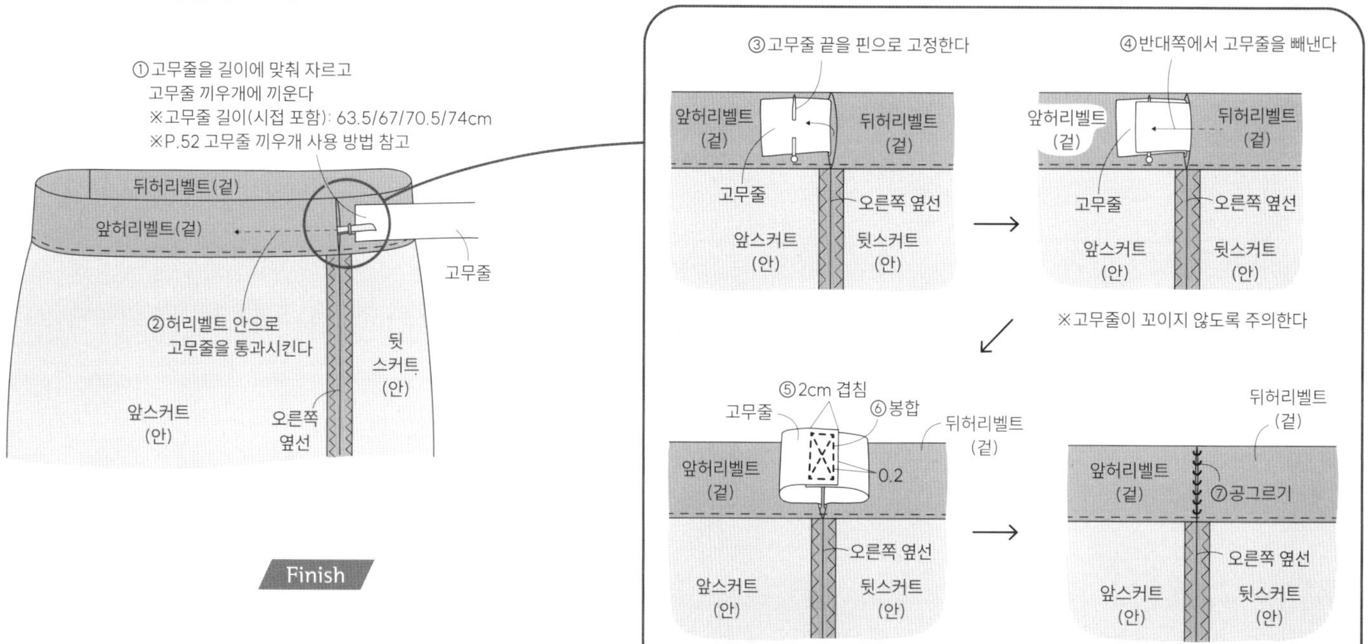

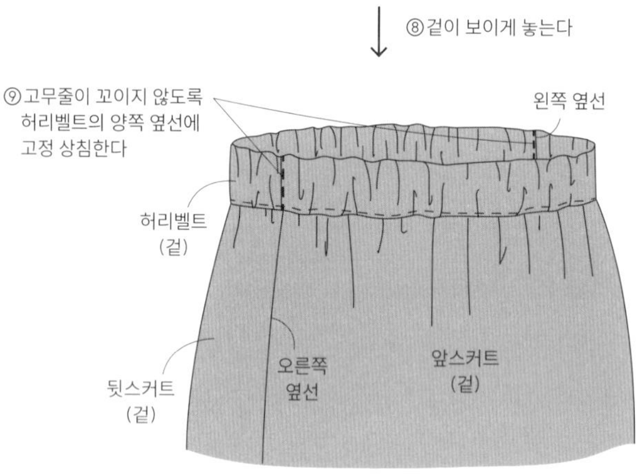

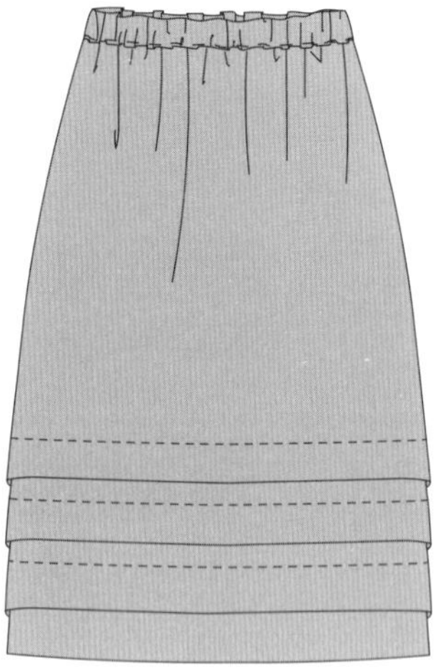

I 레이어드 턱 원피스

photo page. 15

※ 완성 사이즈(cm)

사이즈 분류	55 size	66 size	77 size	88 size
옷길이	106	107.5	109	111
가슴둘레	100.5	104.5	108.5	112.5

※ 재료

사이즈 분류	55 size	66 size	77 size	88 size
겉감 108cm폭	315cm	315cm	360cm	360cm
소잉심지 54cm폭	20cm	20cm	20cm	20cm
소잉테이프 심지 1.2cm폭	1팩	1팩	1팩	1팩

※ 패턴

- 패턴 면수 … B면의 [I] 패턴, A면의 [S] 패턴을 사용합니다.
- 실물 패턴 … 앞몸판(위), 앞몸판(아래), 뒷몸판, 뒤안단, 옆선 주머니(S작품과 공통 패턴)
- 참고 사항 … 1. 앞몸판 패턴은 맞춤점(■)을 기준으로 위, 아래가 분리되어 있으니 패턴을 이어서 한 장으로 연결해 주세요.
  2. 목둘레 안바이어스천, 암홀 둘레 안바이어스천, 어깨끈감은 실물 패턴이 수록되어 있지 않으므로 재단 배치도에 기재된 치수를 확인한 후, 직접 제도하여 사용합니다.
  3. 옆선 주머니는 [S. 노칼라 롱 재킷]의 옆선 주머니와 공통 패턴으로 사용합니다.
  4. 뒷몸판 패턴의 턱 방향은 원단(겉) 기준으로 표시되어 있습니다.

※ 재단 배치도

- 지정 이외의 시접은 1cm
- ⋯ 부분에 소잉심지를 붙인다
- ▨ 부분에 소잉테이프 심지를 붙인다
- ∿ 표시된 부분은 지그재그봉제 또는 오버록 처리한다
- 뒷몸판 패턴의 턱 방향은 원단(겉) 기준이므로 원단을 재단 후, 원단(겉)에 표시한다
- 목둘레 안바이어스천, 암홀 둘레 안바이어스천, 어깨끈감은 직접 제도하여 사용한다
- 왼쪽에서부터 55/66/77/88 사이즈

※ 만드는 순서

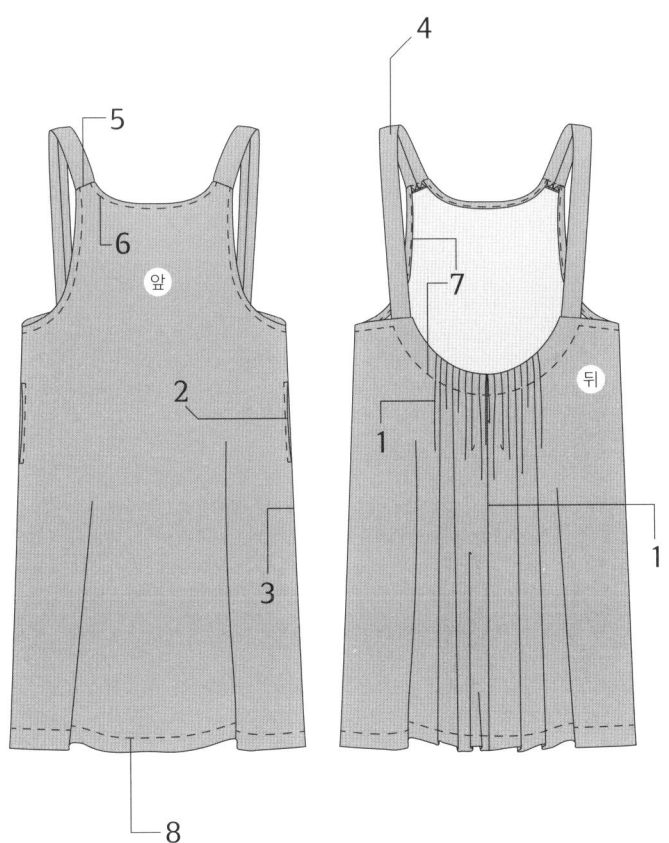

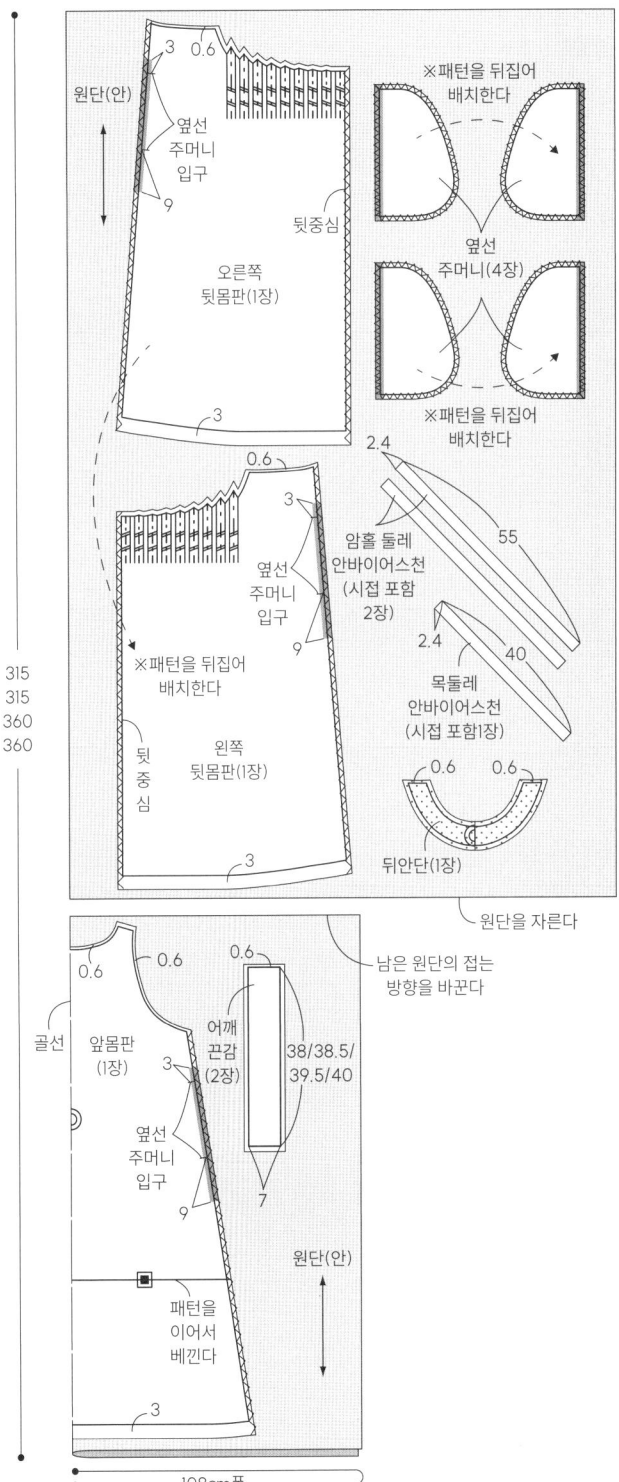

레이어드 턱 원피스 layered tuck dress

※ 만드는 방법
- 치수가 기재되어 있지 않은 곳은 1cm로 봉합합니다.
- 목둘레 안바이어스천, 암홀 둘레 안바이어스천은 필요한 길이보다 여유있게 기재되어 있습니다. 다는 곳의 길이에 맞춰 여분을 잘라서 사용해 주세요.

1 뒷몸판의 턱을 만든다

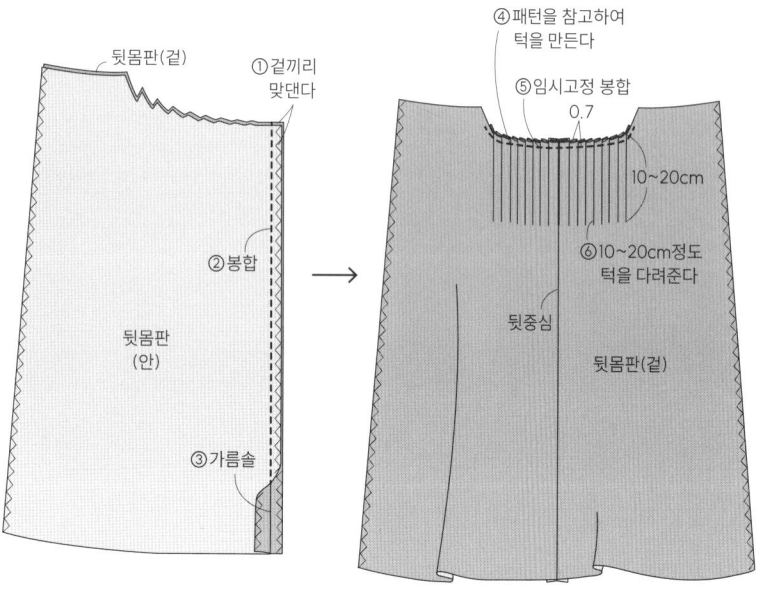

※P.46 / 4·4 턱 표시와 만드는 방법 참고

2 몸판에 옆선 주머니를 단다

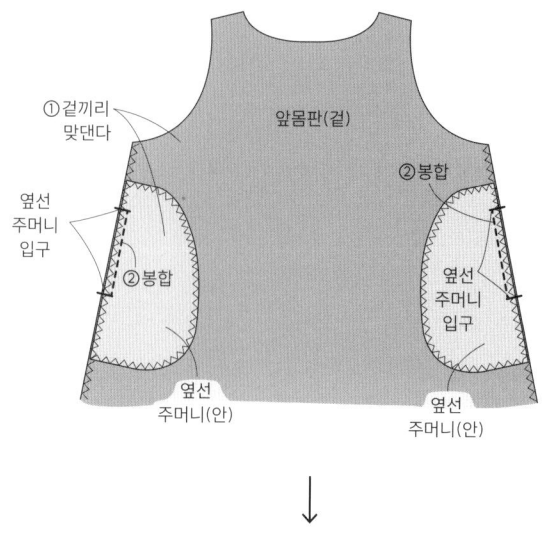

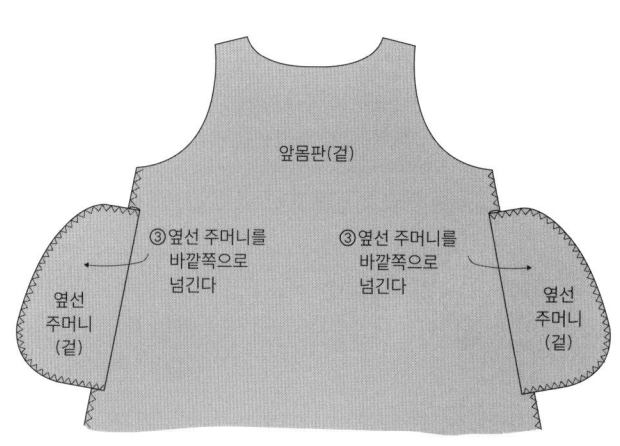

※뒷몸판의 옆선도 ①~③과정과 같은 방법으로 만든다

3 몸판의 옆선을 봉합한다

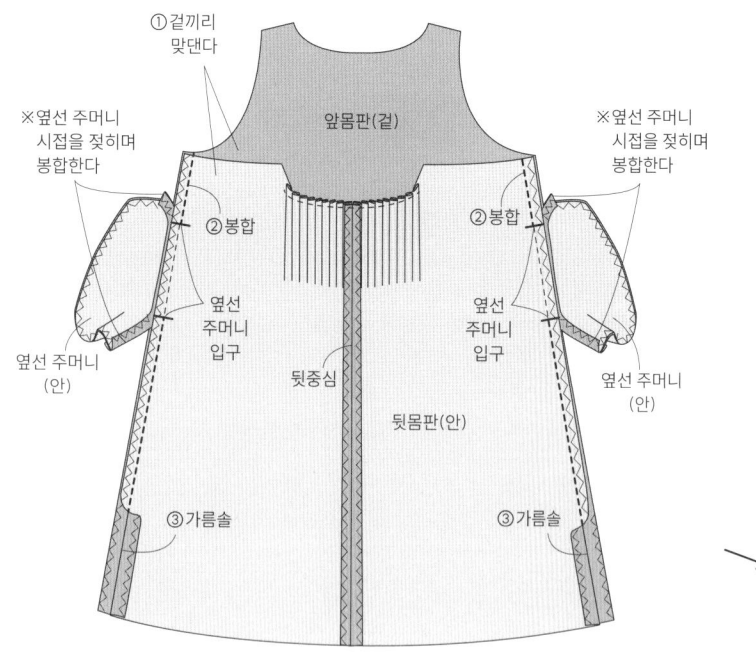

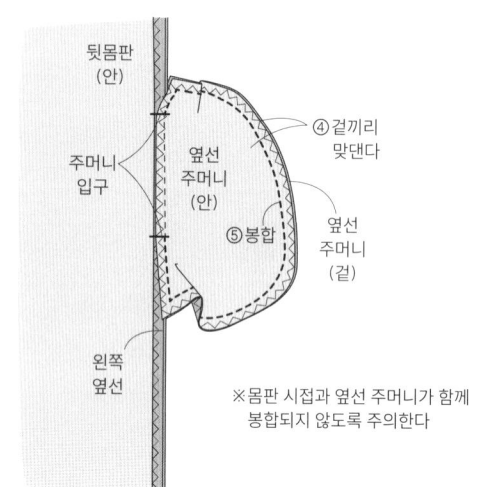

※몸판 시접과 옆선 주머니가 함께 봉합되지 않도록 주의한다

| 레이어드 턱 원피스 layered tuck dress

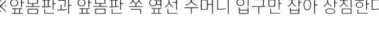

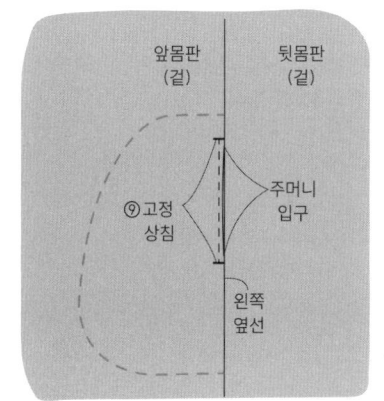

4 어깨끈감을 만든다

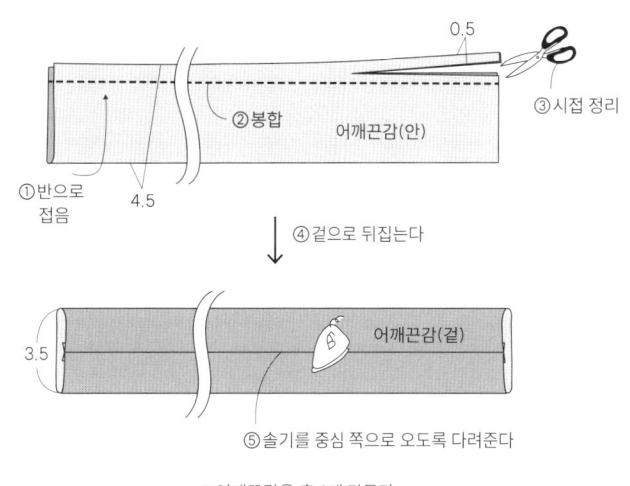

5 몸판에 어깨끈감을 단다

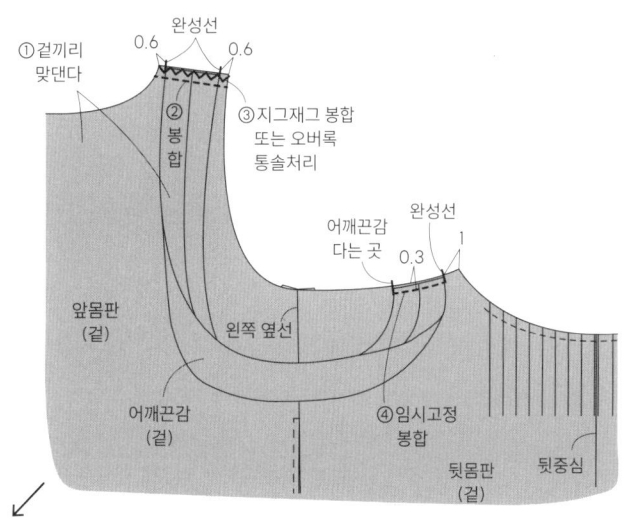

※어깨 끈감이 꼬이지 않도록 주의한다

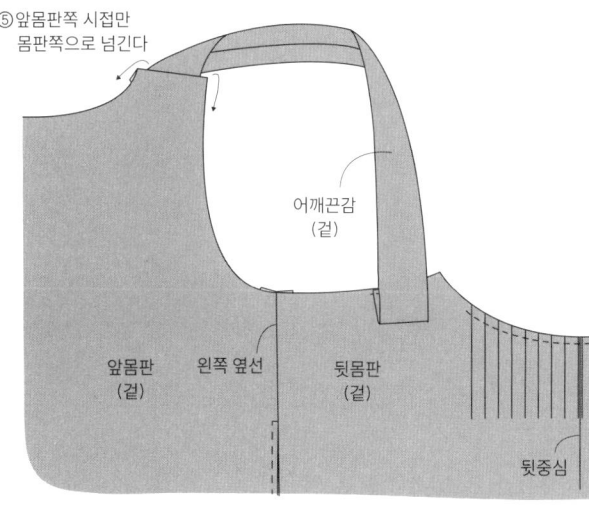

6 앞몸판의 목둘레를 안바이어스 처리한다

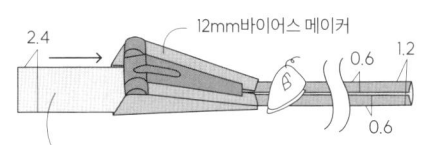

레이어드 턱 원피스 layered tuck dress

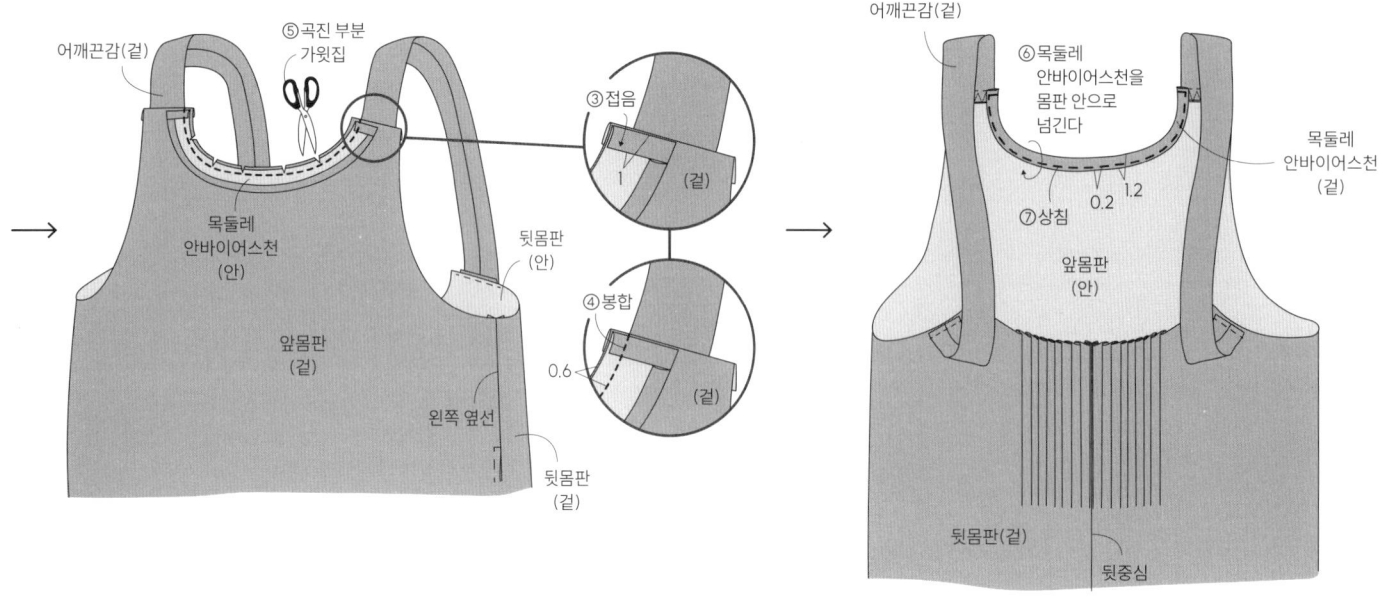

7 뒷몸판에 뒤안단을 달고, 몸판의 암홀둘레를 안바이어스 처리한다

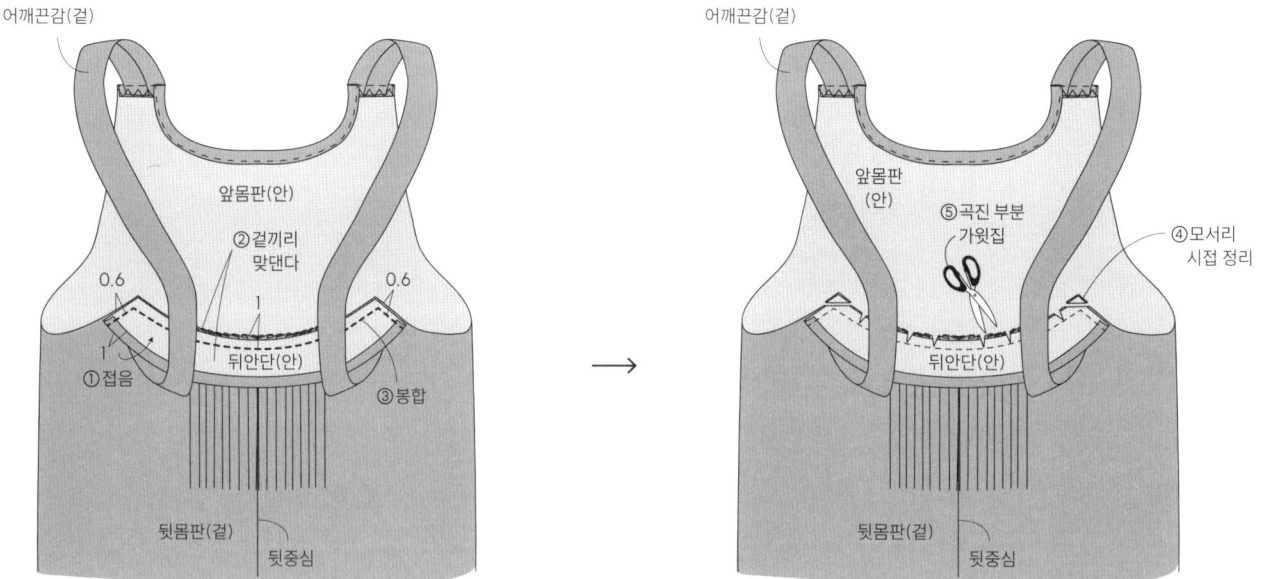

| 레이어드 턱 원피스 layered tuck dress

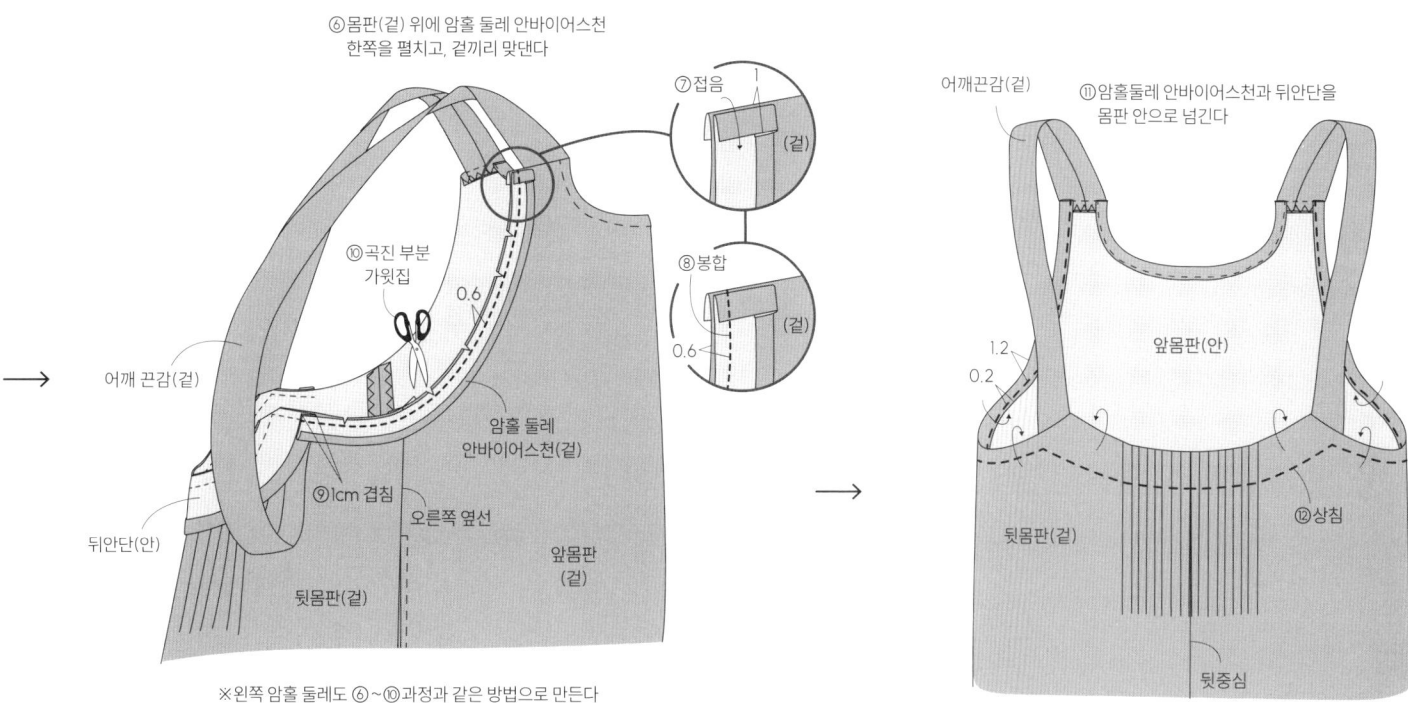

8 몸판의 밑단을 정리한다 (P.67 / **10**-②~③ 참고)

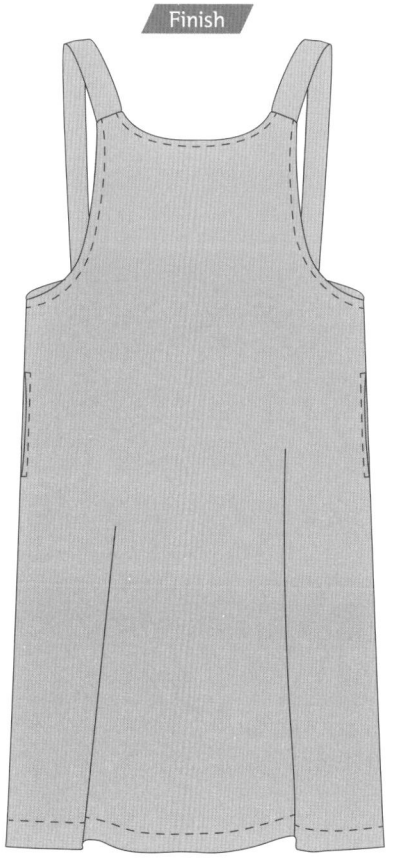

J 리넨 두건

photo page. 16

※ 완성 사이즈(cm)

사이즈 분류	S	M	L
머리둘레	62	63.5	65
크라운높이	14	14.5	15
챙길이	11.5	11.5	11.5

※ 재료

사이즈 분류	S	M	L
겉감 108cm폭	90cm	90cm	90cm
안감 105cm폭	45cm	45cm	45cm
소잉심지 54cm폭	135cm	135cm	135cm

※ 패턴

- 패턴 면수 … B면의 [J] 패턴을 사용합니다.
- 실물 패턴 … 겉크라운, 안크라운, 겉챙감, 안챙감
- 참고 사항 … 1. 끈감은 실물 패턴이 수록되어 있지 않으므로 재단 배치도에 기재된 치수를 확인한 후, 직접 제도하여 사용합니다.

※ 재단 배치도

- 지정 이외의 시접은 1cm
- [:::] 부분에 소잉심지를 붙인다
- 끈감은 직접 제도하여 사용한다

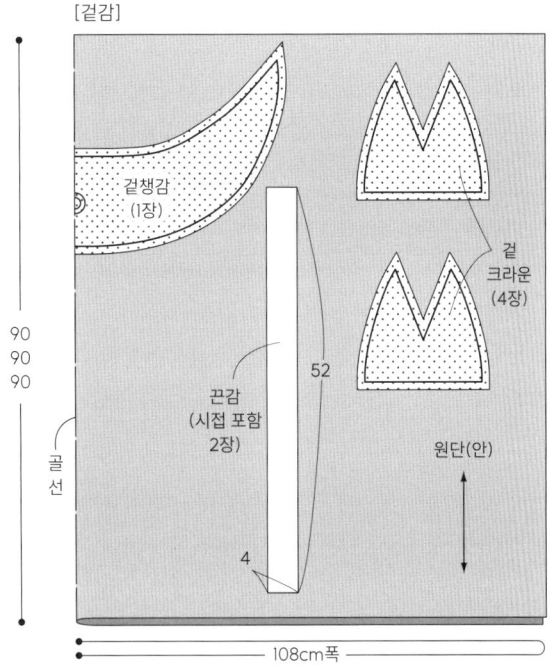

※ 만드는 순서

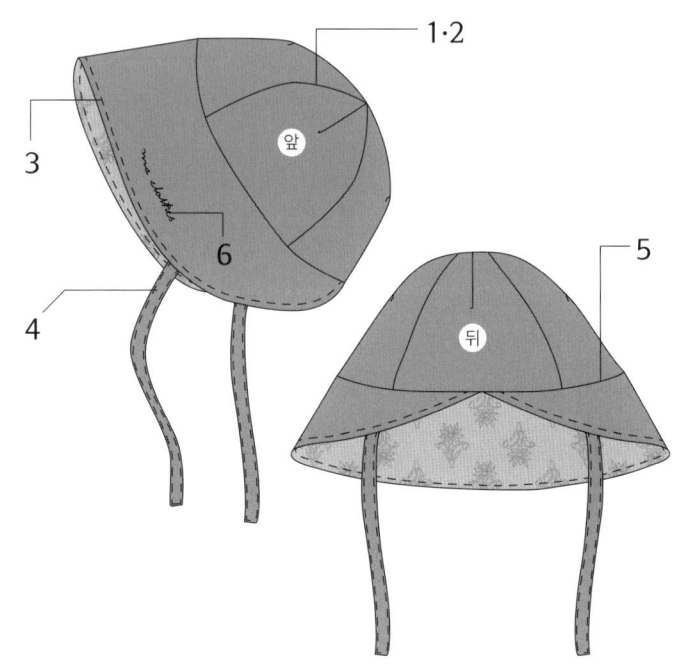

※ 만드는 방법

- 치수가 기재되어 있지 않은 곳은 1cm로 봉합합니다.

1 겉크라운을 만든다 (P.54 / 1-①~⑩ 참고)

2 안크라운을 만든다 (P.54 / 2-①~④ 참고)

3 챙감을 만든다

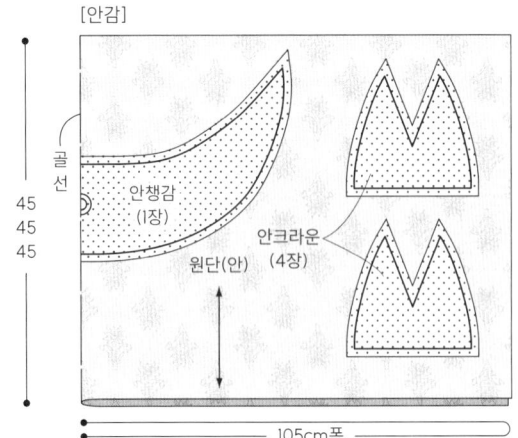

J 리넨 두건 linen bandana

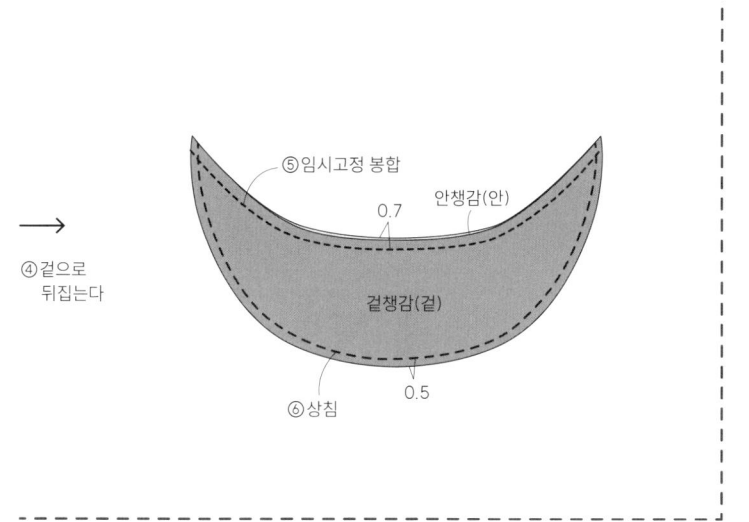

4 끈감을 만들어 챙감에 단다

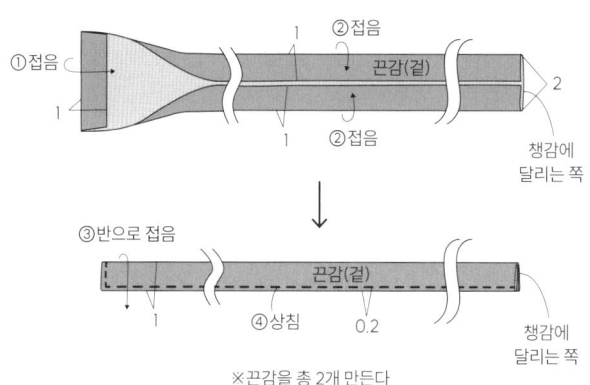

※끈감을 총 2개 만든다

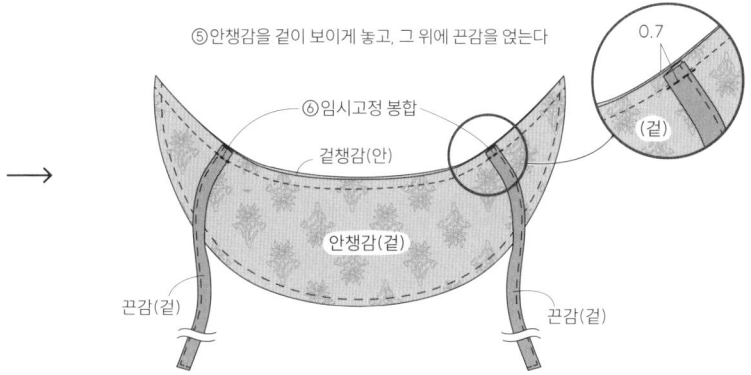

5 크라운과 챙감을 연결한다 (P.55 / 4-①~⑨ 참고)

6 챙감에 자수를 놓는다

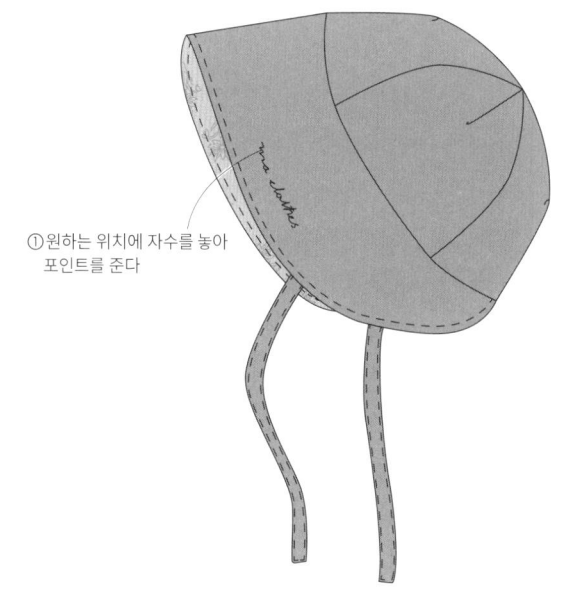

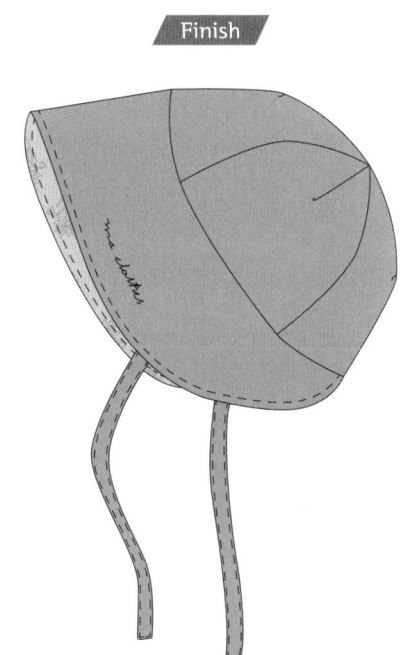

K 민소매 주름 원피스

photo page. 17

※ 완성 사이즈(cm)

사이즈 분류	55 size	66 size	77 size	88 size
옷길이	115.5	117.5	119	121
가슴둘레	96.5	101	105.5	109.5

※ 재료

사이즈 분류	55 size	66 size	77 size	88 size
겉감 110cm폭	450cm	450cm	450cm	450cm
소잉심지 54cm폭	45cm	45cm	90cm	90cm
단추 1.3cm폭	5개	5개	5개	5개

※ 패턴

· 패턴 면수 … B면의 [K] 패턴을 사용합니다.
· 실물 패턴 … 앞몸판, 뒷몸판
· 참고 사항 … 1. 앞스커트, 뒷스커트, 목둘레 안바이어스천, 암홀 둘레 안바이어스천은
　　　　　　　　실물 패턴이 수록되어 있지 않으므로 재단 배치도에 기재된 치수를 확인한 후,
　　　　　　　　직접 제도하여 사용합니다.

※ 만드는 순서

※ 재단 배치도

· 지정 이외의 시접은 1cm
· ▦ 부분에 소잉심지를 붙인다
· ᘁᘁ 표시된 부분은 지그재그봉제 또는 오버록 처리한다
· 앞스커트, 뒷스커트, 목둘레 안바이어스천,
　암홀 둘레 안바이어스천은 직접 제도하여 사용한다
· 왼쪽에서부터 55/66/77/88 사이즈

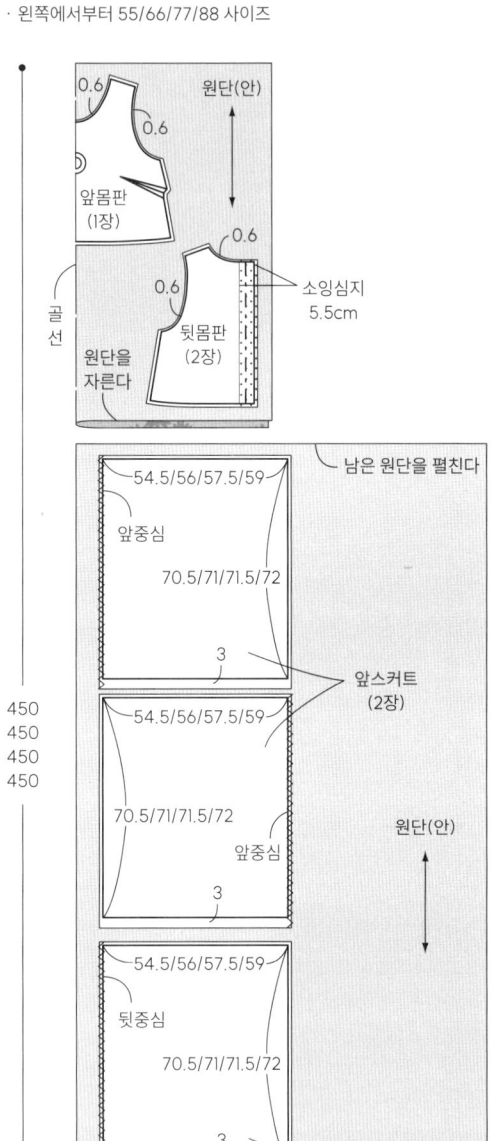

K 민소매 주름 원피스 sleeveless shirring dress

※ 만드는 방법
- 치수가 기재되어 있지 않은 곳은 1cm로 봉합합니다.
- 목둘레 안바이어스천, 암홀 둘레 안바이어스천은 필요한 길이보다 여유 있게 기재되어 있습니다. 다는 곳의 길이에 맞춰 여분을 잘라서 사용해 주세요.

1 앞몸판의 다트를 만든다

2 몸판의 어깨를 봉합한다 (P.65 / **2**-①~④ 참고)

3 뒷몸판의 뒤끝을 정리하고, 목둘레를 안바이어스 처리한다

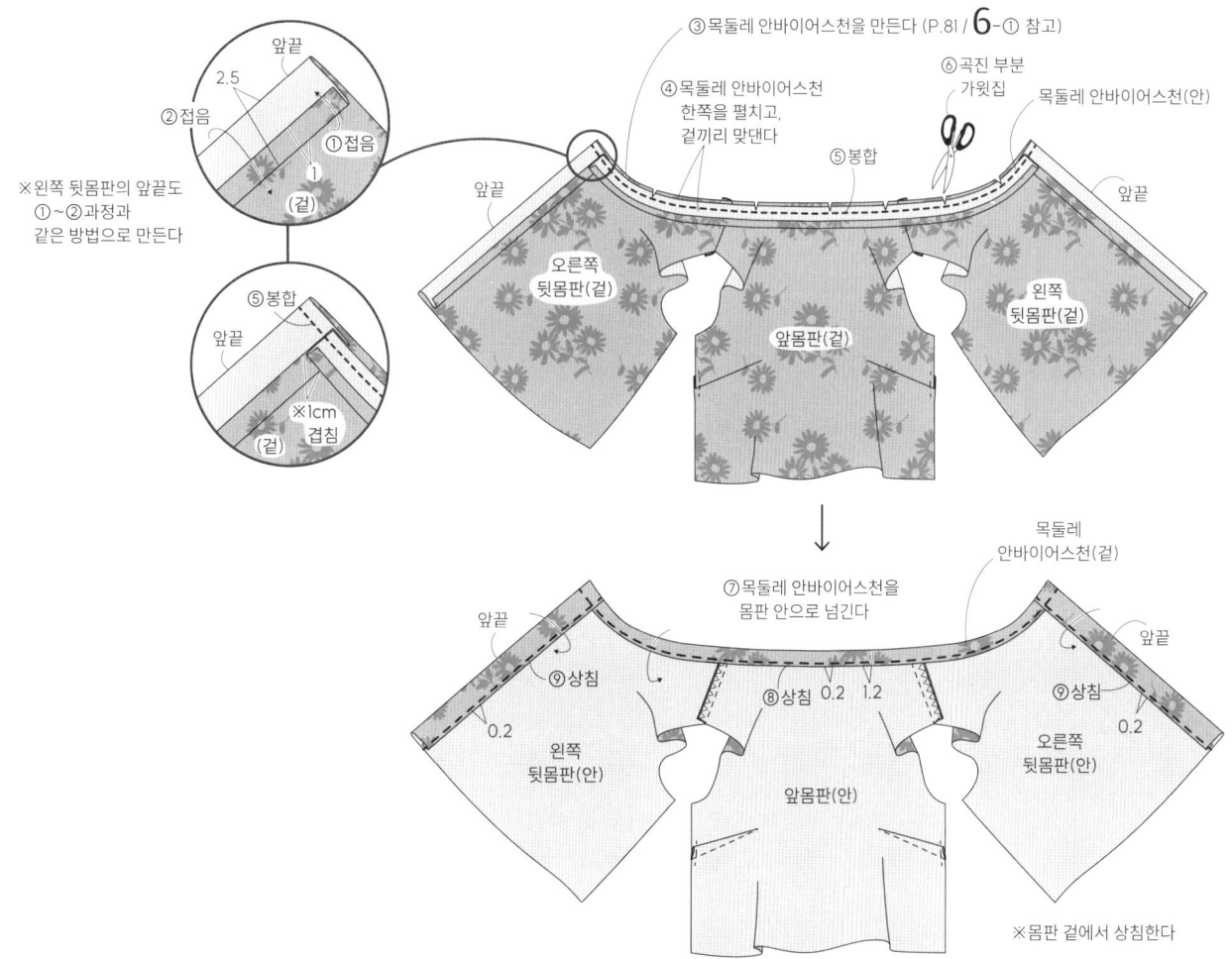

K 민소매 주름 원피스 sleeveless shirring dress

4 스커트의 주름을 잡는다

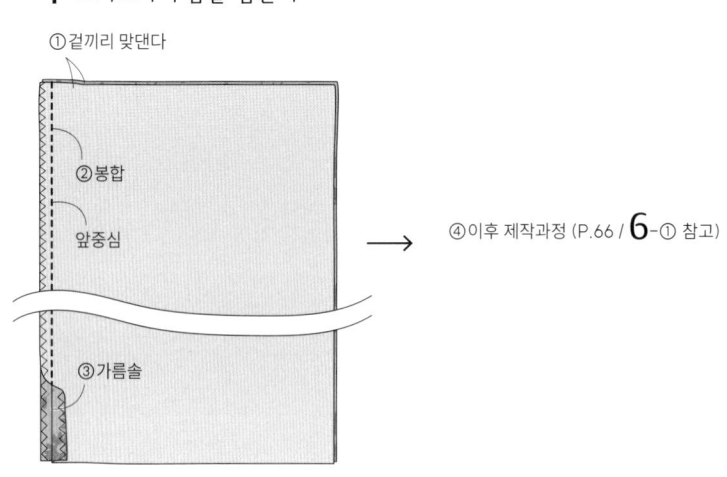

→ ④이후 제작과정 (P.66 / **6**-① 참고)

5 스커트에 몸판을 연결한다 (P.66 / **7**-①~⑥ 참고)

6 몸판의 옆선을 봉합한다

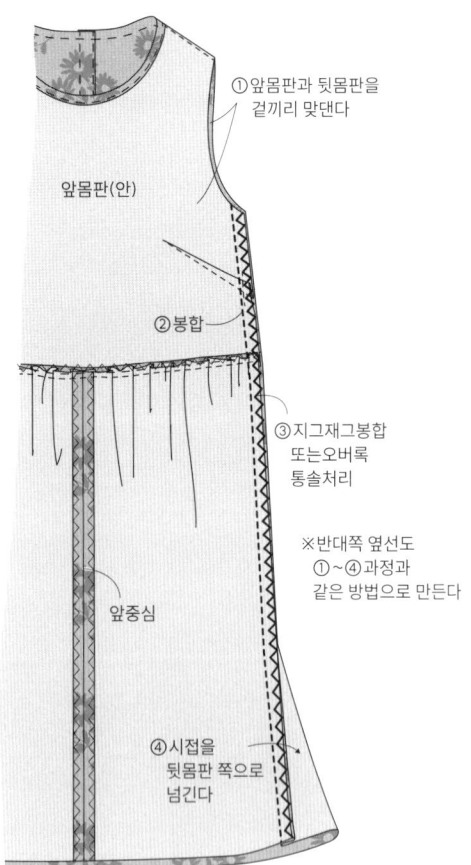

7 몸판의 암홀둘레를 안바이어스 처리한다

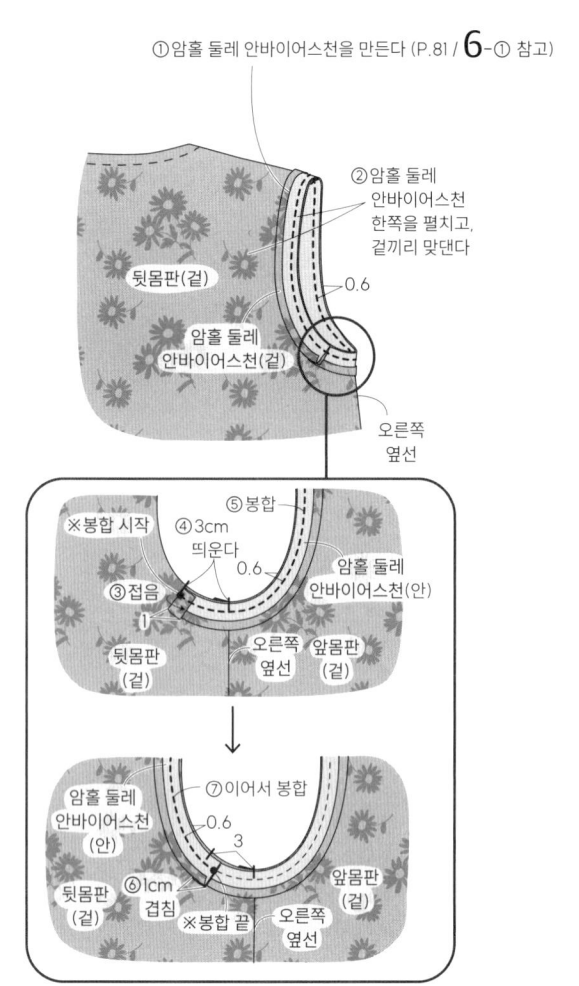

K 민소매 주름 원피스 sleeveless shirring dress

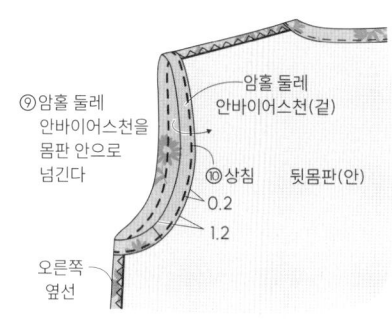

8 스커트의 밑단을 정리한다 (P.67 / **10**-②~③ 참고)

9 뒷몸판에 단춧구멍을 뚫고, 단추를 단다

L. 턱 노칼라 재킷

photo page. 19

※ 완성 사이즈(cm)

사이즈 분류	55 size	66 size	77 size	88 size
옷길이	100	102	104	106
가슴둘레	107.5	112	117	122
소매길이	58	59	60	61

※ 재료

사이즈 분류	55 size	66 size	77 size	88 size
겉감 140cm폭	315cm	315cm	315cm	315cm
소잉심지 54cm폭	135cm	135cm	135cm	135cm
소잉테이프 심지 1.2cm폭	1팩	1팩	1팩	1팩
단추 1.8cm폭	5개	5개	5개	5개
싸개단추 1.8cm폭	1개	1개	1개	1개

※ 패턴

- 패턴 면수 … C면의 [L] 패턴, A면의 [S] 패턴을 사용합니다.
- 실물 패턴 … 앞몸판(위), 앞몸판(아래), 뒷몸판(위), 뒷몸판(아래), 앞안단(위), 앞안단(아래), 뒤안단, 소매, 옆선 주머니(S작품과 공통 패턴)
- 참고 사항 … 1. 앞몸판, 뒷몸판, 앞안단 패턴은 맞춤점(■)을 기준으로 위, 아래가 분리되어 있으니 패턴을 이어서 한 장으로 연결해 주세요.
  2. 옆선 주머니는 [S. 노칼라 롱 재킷]의 옆선 주머니와 공통 패턴으로 사용합니다.

※ 재단 배치도

- 지정 이외의 시접은 1cm
- ⋯ 부분에 소잉심지를 붙인다
- ■ 부분에 소잉테이프 심지를 붙인다
- ∿ 표시된 부분은 지그재그봉제 또는 오버록 처리한다

※ 만드는 순서

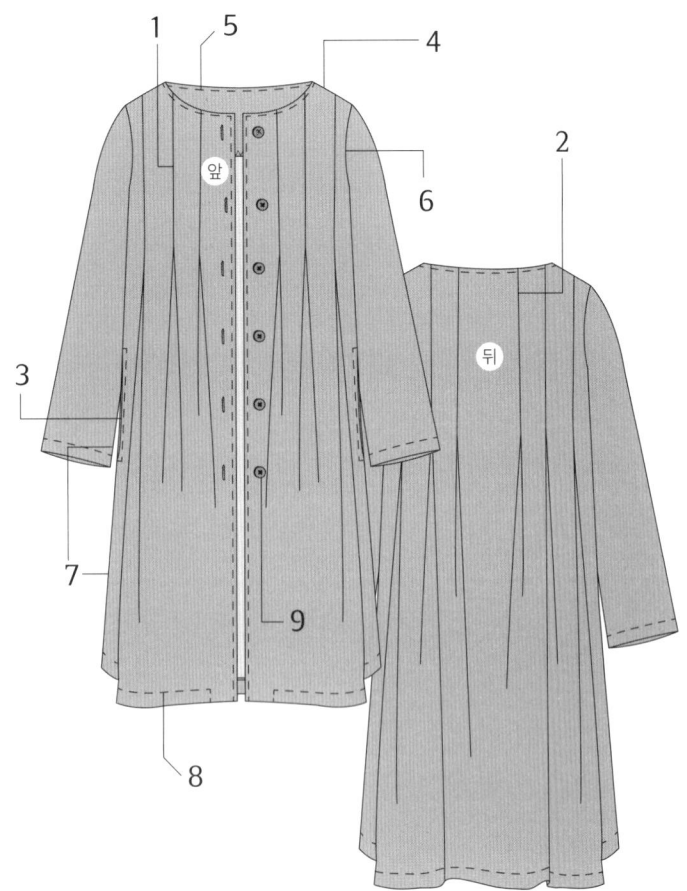

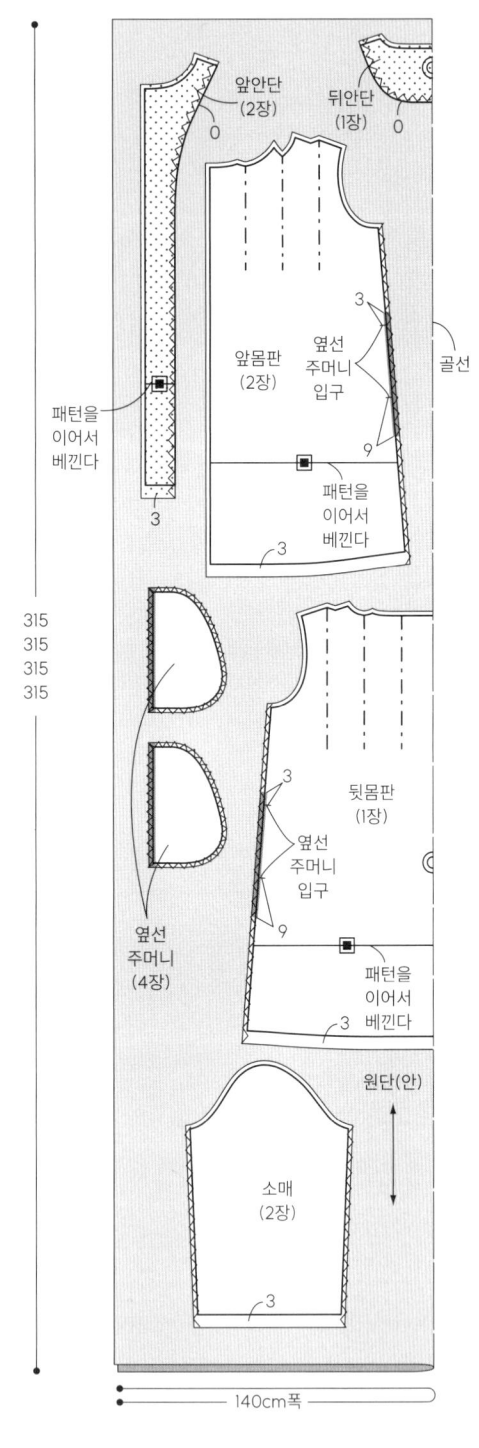

L. 턱 노칼라 재킷 tuck collarless jacket

※ 만드는 방법
· 치수가 기재되어 있지 않은 곳은 1cm로 봉합합니다.

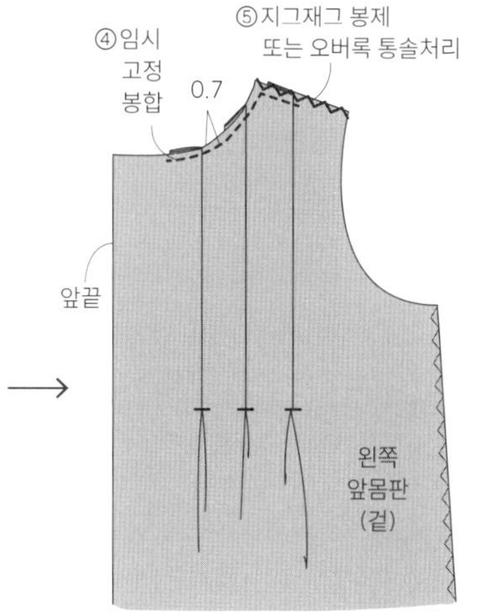

1 앞몸판에 턱을 만든다

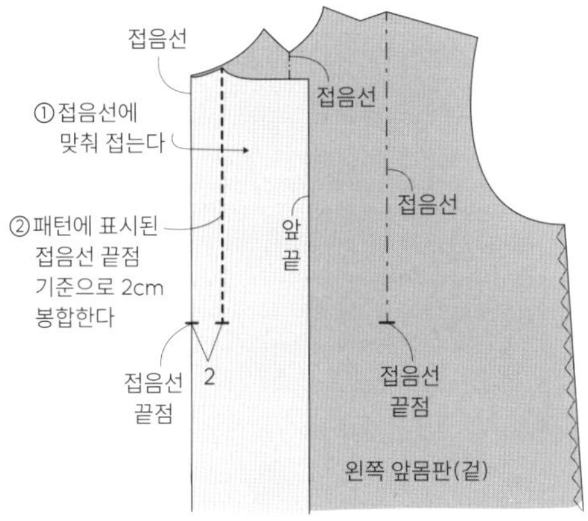

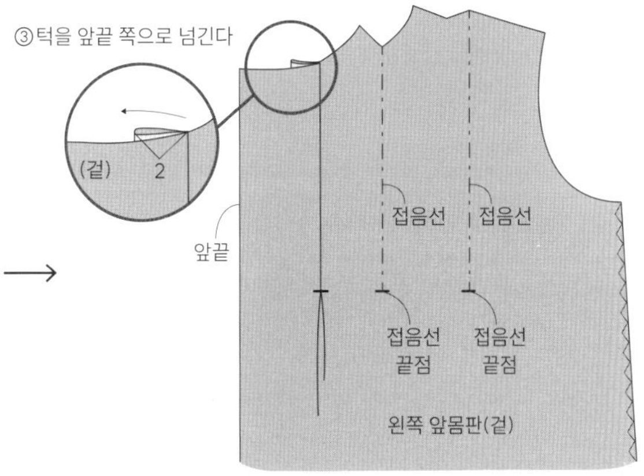

2 뒷몸판에 턱을 만든다

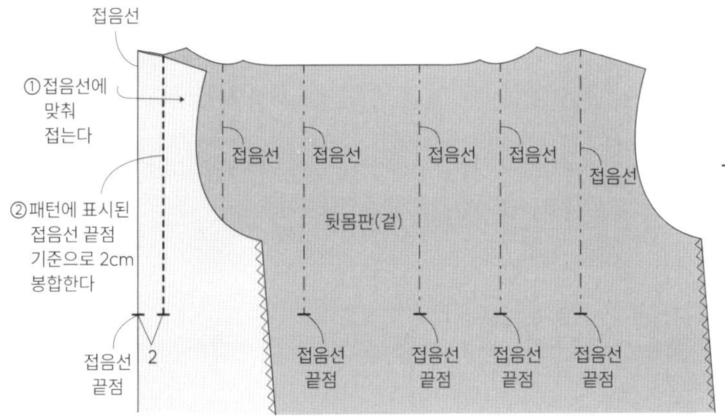

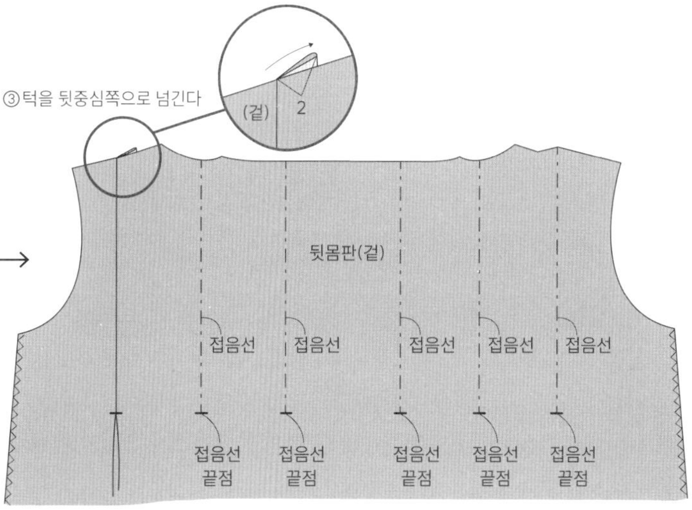

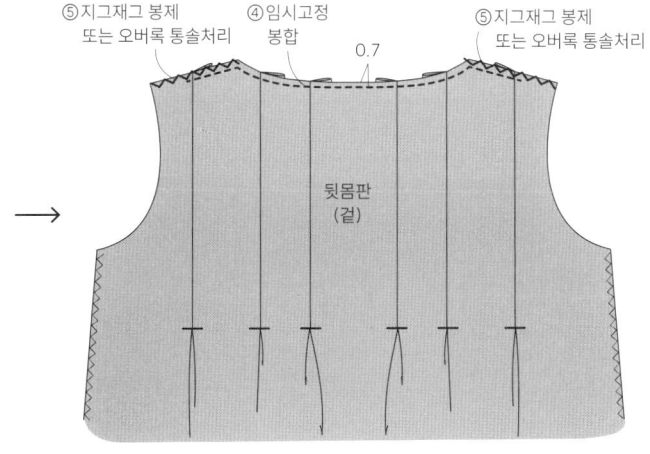

3 몸판에 옆선 주머니를 단다 (P.80 / 2-①~③ 참고)

4 몸판과 안단의 어깨를 봉합한다 (P.50 / 1-①~⑥ 참고)

I. 턱 노칼라 재킷 tuck collarless jacket

5 몸판에 안단을 단다

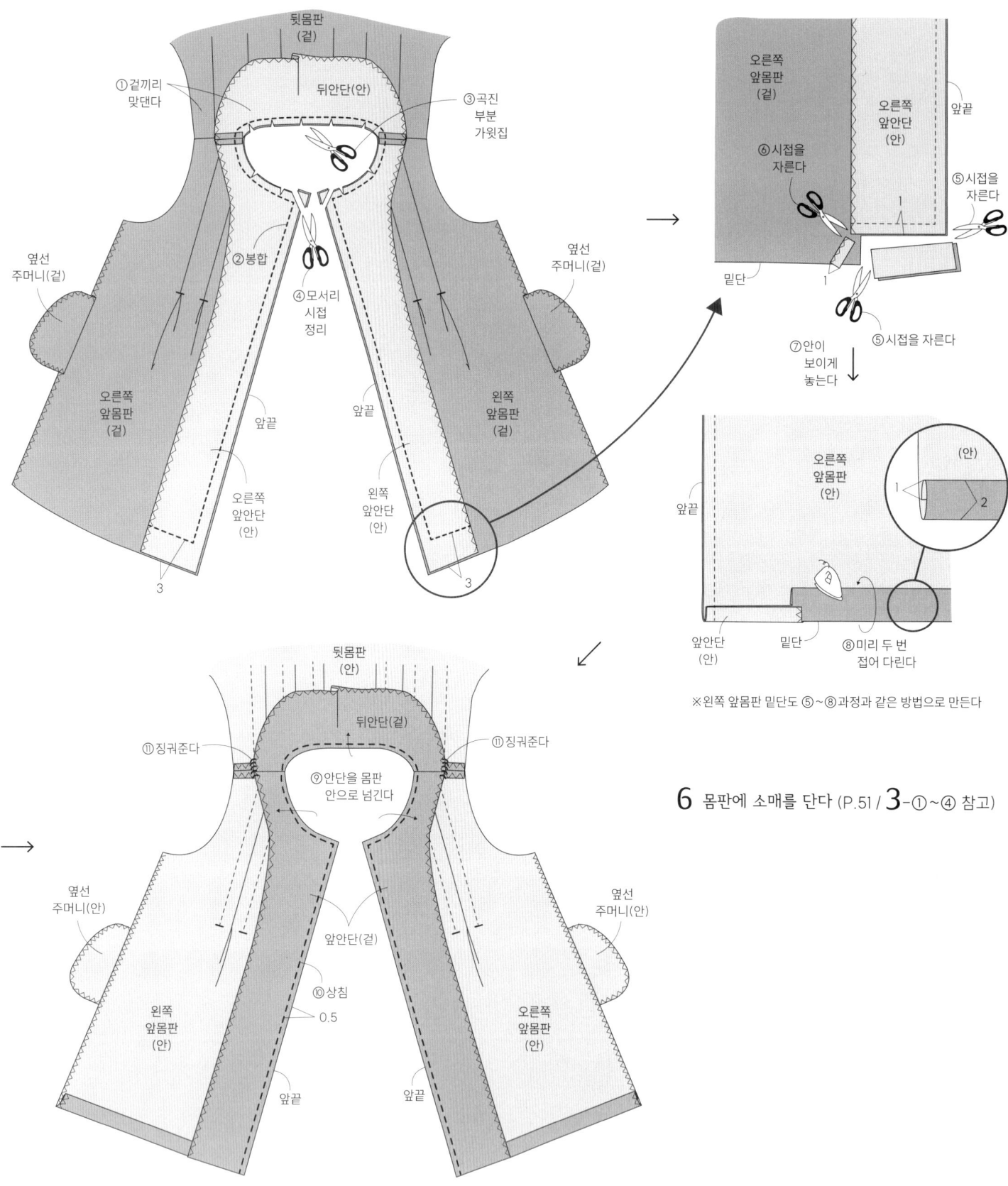

6 몸판에 소매를 단다 (P.51 / 3-①~④ 참고)

L. 턱 노칼라 재킷 tuck collarless jacket

7 몸판과 소매의 옆선을 한 번에 이어서 봉합한다

8 몸판과 소매의 밑단을 정리한다

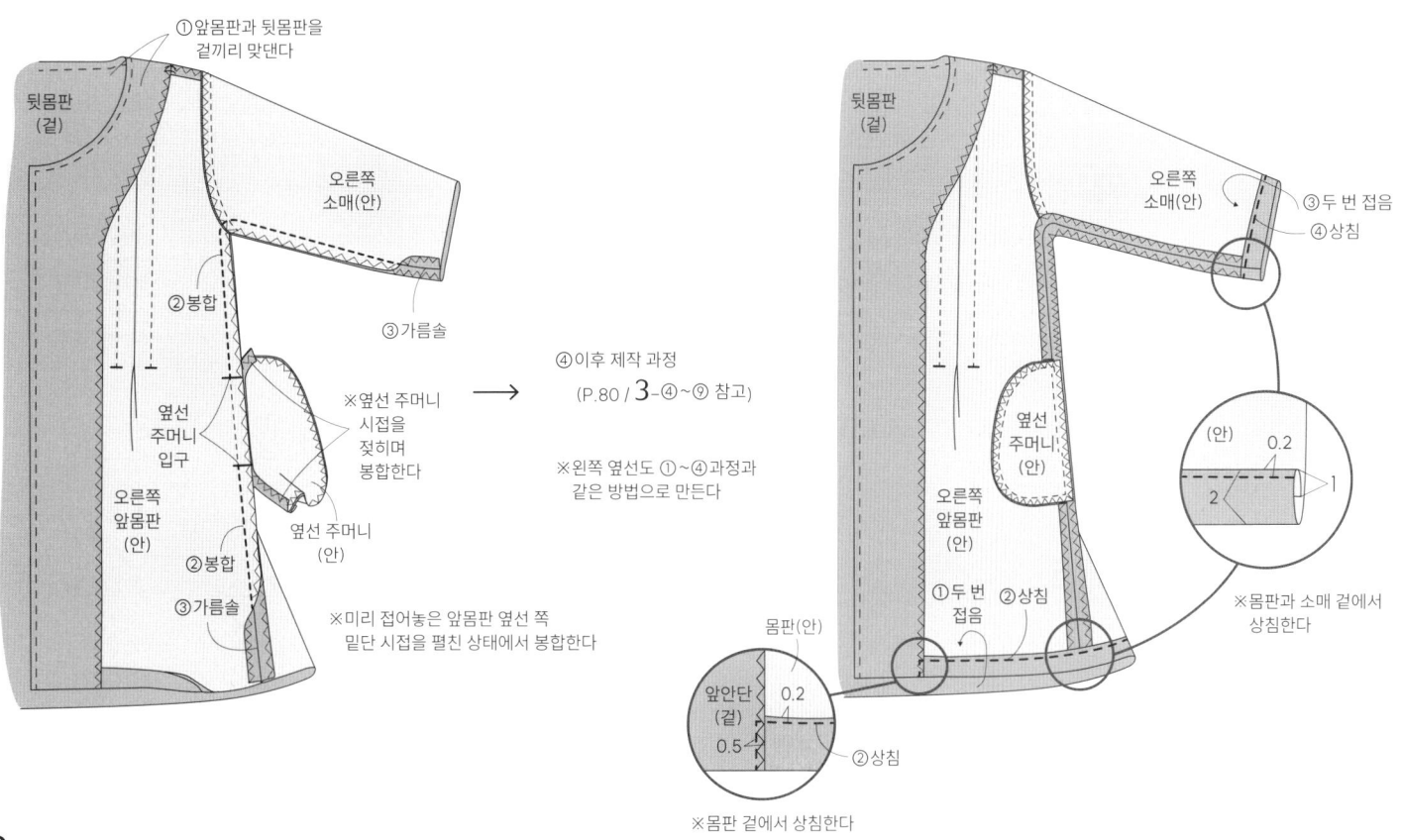

9 앞몸판에 단춧구멍을 뚫고, 단추를 단다

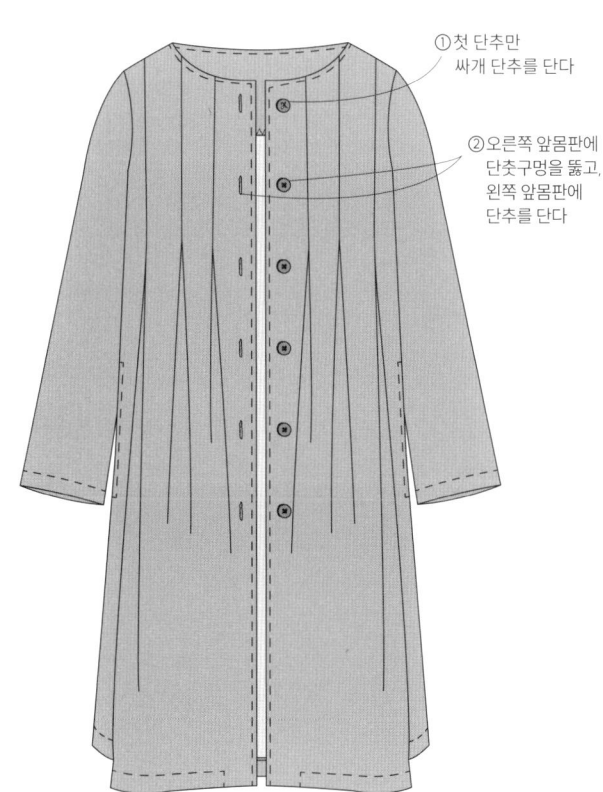

M 숄더백

photo page. 20

※ 완성 사이즈(cm)

사이즈	가로	세로
one size	34.5	46.5

※ 패턴

- 패턴 면수 … D면의 [M] 패턴을 사용합니다.
- 실물 패턴 … 겉앞몸판, 겉뒷몸판, 안앞몸판, 안뒷몸판

※ 재단 배치도

- 지정 이외의 시접은 1cm
- ░ 부분에 커버링심지를 붙인다

※ 재료

원단 & 부재료	소요량
겉감 110cm폭	90cm
안감 110cm폭	90cm
커버링심지 53cm폭	135cm
가죽 끈 1.5cm폭	47cm
양면징 0.6cm폭	4쌍

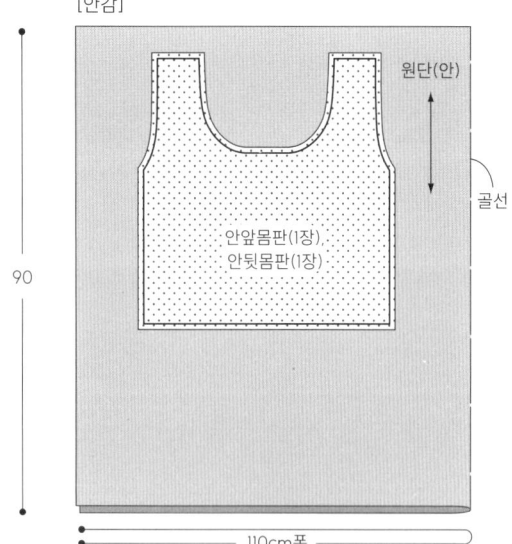

※ 만드는 순서

※ 만드는 방법

- 치수가 기재되어 있지 않은 곳은 1cm로 봉합합니다.

1 겉몸판을 만든다

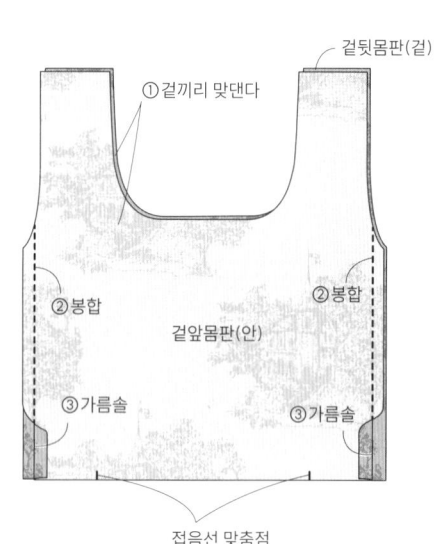

→

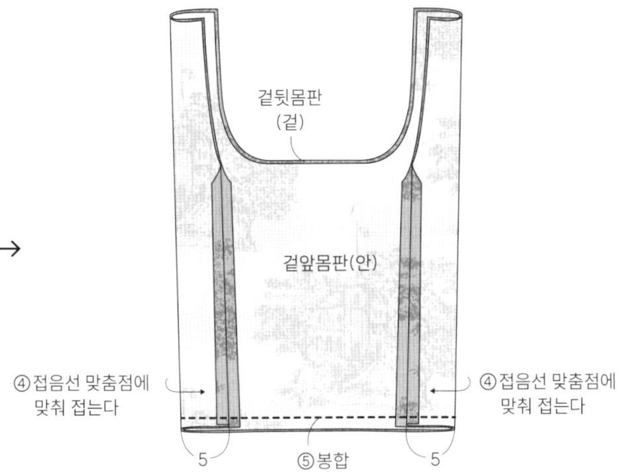
겉뒷몸판
(겉)
겉앞몸판(안)
④접음선 맞춤점에
맞춰 접는다
④접음선 맞춤점에
맞춰 접는다
5
⑤봉합
5

2 안몸판을 만든다

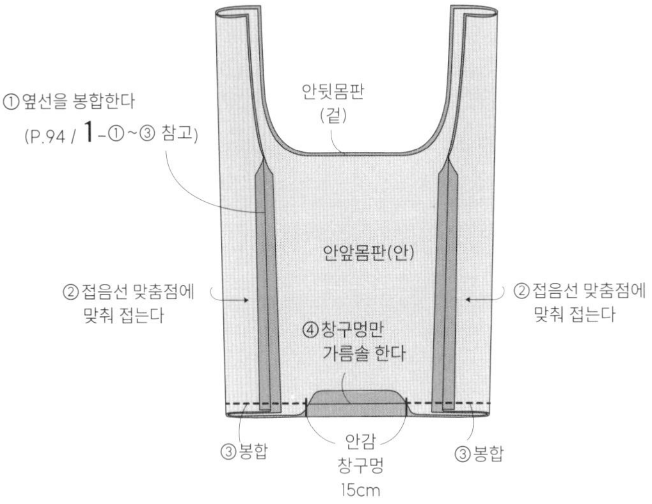
①옆선을 봉합한다
(P.94 / 1-①~③ 참고)
안뒷몸판
(겉)
안앞몸판(안)
②접음선 맞춤점에
맞춰 접는다
②접음선 맞춤점에
맞춰 접는다
④창구멍만
가름솔 한다
③봉합
안감
창구멍
15cm
③봉합

3 겉·안몸판을 연결한다

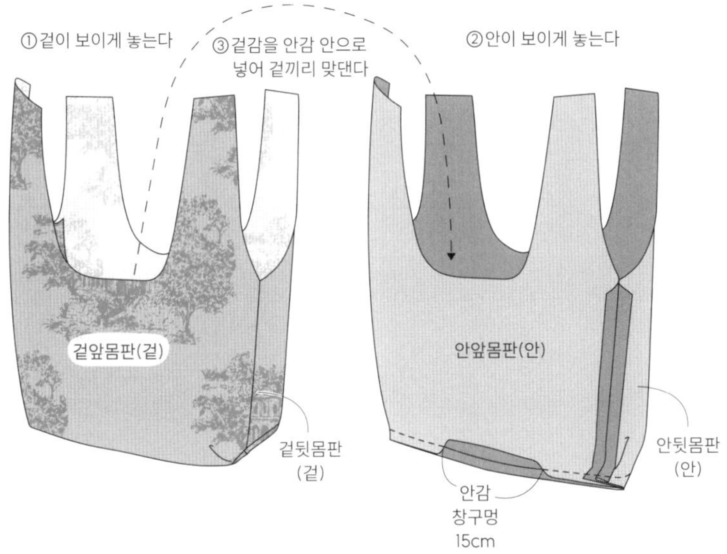
①겉이 보이게 놓는다
③겉감을 안감 안으로
넣어 겉끼리 맞댄다
②안이 보이게 놓는다
겉앞몸판(겉)
겉뒷몸판
(겉)
안앞몸판(안)
안뒷몸판
(안)
안감
창구멍
15cm

→

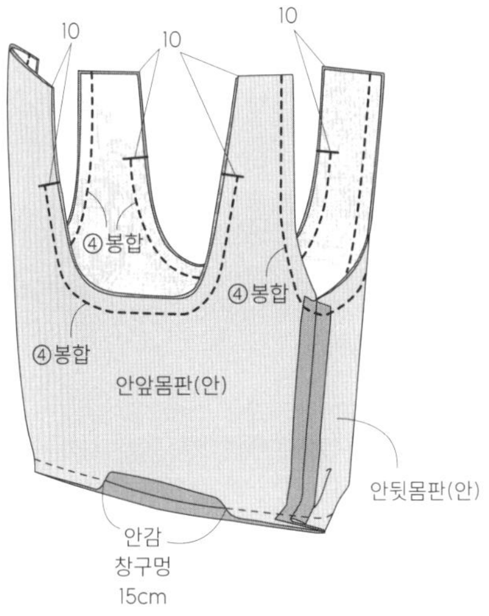
10
10
10
④봉합
④봉합
④봉합
안앞몸판(안)
안뒷몸판(안)
안감
창구멍
15cm

→

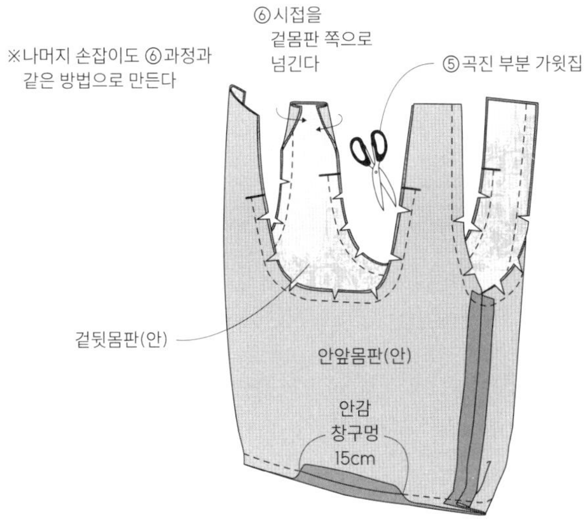
※나머지 손잡이도 ⑥과정과
같은 방법으로 만든다
⑥시접을
겉몸판 쪽으로
넘긴다
⑤곡진 부분 가윗집
겉뒷몸판(안)
안앞몸판(안)
안감
창구멍
15cm

→

⑦창구멍을 통해
겉으로 뒤집는다

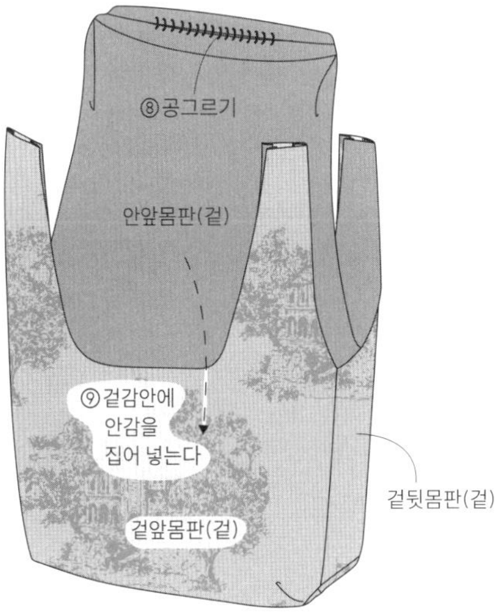
⑧공그르기
안앞몸판(겉)
⑨겉감안에
안감을
집어 넣는다
겉뒷몸판(겉)
겉앞몸판(겉)

M 숄더백 shoulder bag

4 몸판의 손잡이를 연결한다

5 몸판 입구에 맞주름을 만든다

6 손잡이에 가죽끈을 단다

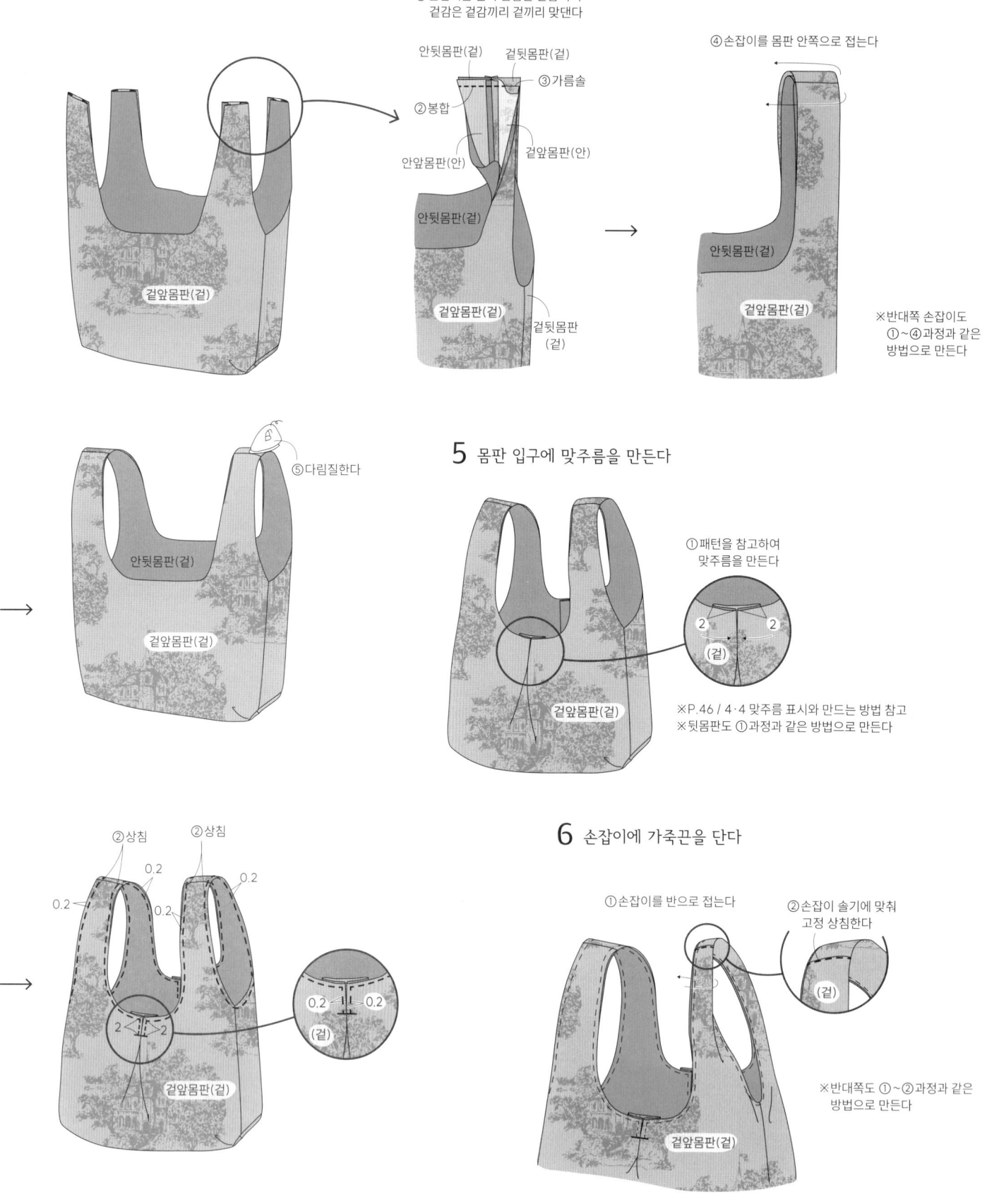

M 숄더백 shoulder bag

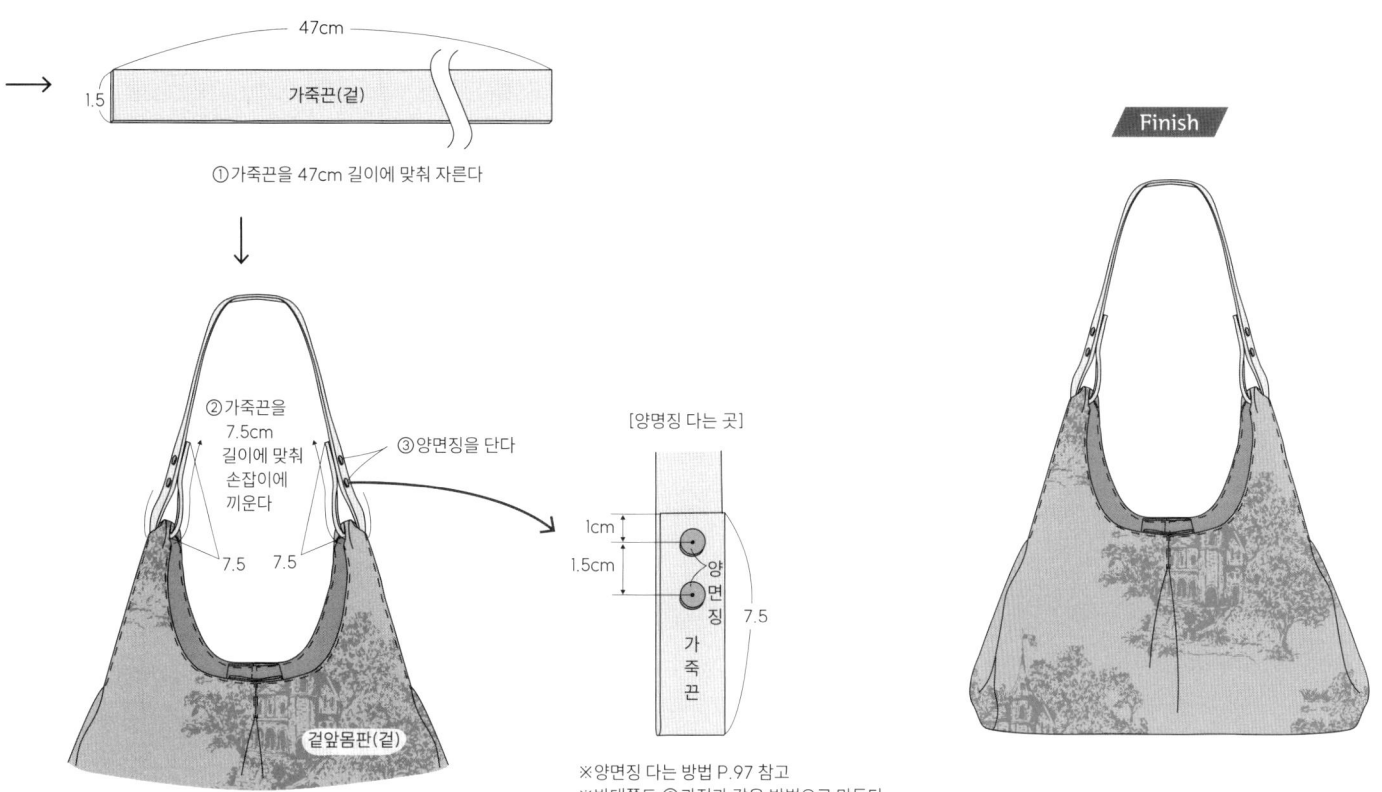

양면징 다는 방법

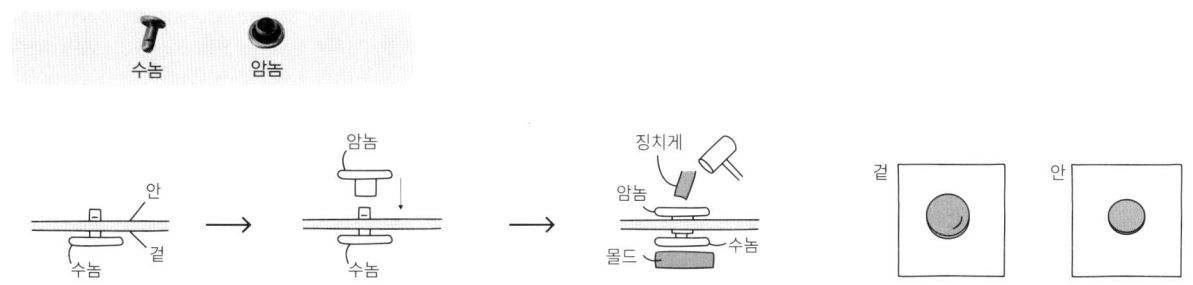

N 타이 원피스

photo page. 21

※ 완성 사이즈(cm)

사이즈 분류	55 size	66 size	77 size	88 size
옷길이	112	114	116	117.5
가슴둘레	113	117	121	125
소매길이	46	46.5	47	48

※ 재료

사이즈 분류	55 size	66 size	77 size	88 size
겉감 125cm폭	360cm	360cm	405cm	405cm
소잉심지 54cm폭	270cm	270cm	270cm	270cm
고무줄 0.8cm폭	1팩	1팩	1팩	1팩
단추 1.5cm폭	8개	8개	8개	8개

※ 패턴

- 패턴 면수 … B면의 [N] 패턴을 사용합니다.
- 실물 패턴 … 앞몸판(위), 앞몸판(아래), 뒷몸판(위), 뒷몸판(아래), 칼라, 소매
- 참고 사항 … 1. 앞몸판, 뒷몸판 패턴은 맞춤점(■)을 기준으로 위, 아래가 분리되어 있으니 패턴을 이어서 한 장으로 연결해 주세요.
  2. 앞몸판 패턴의 단추사이즈는 [G. 타이 블라우스] 작품 기준이므로 그 위치에 맞춰 1.5cm 폭의 단추와 단춧구멍을 표시하여 사용해 주세요.

※ 만드는 순서

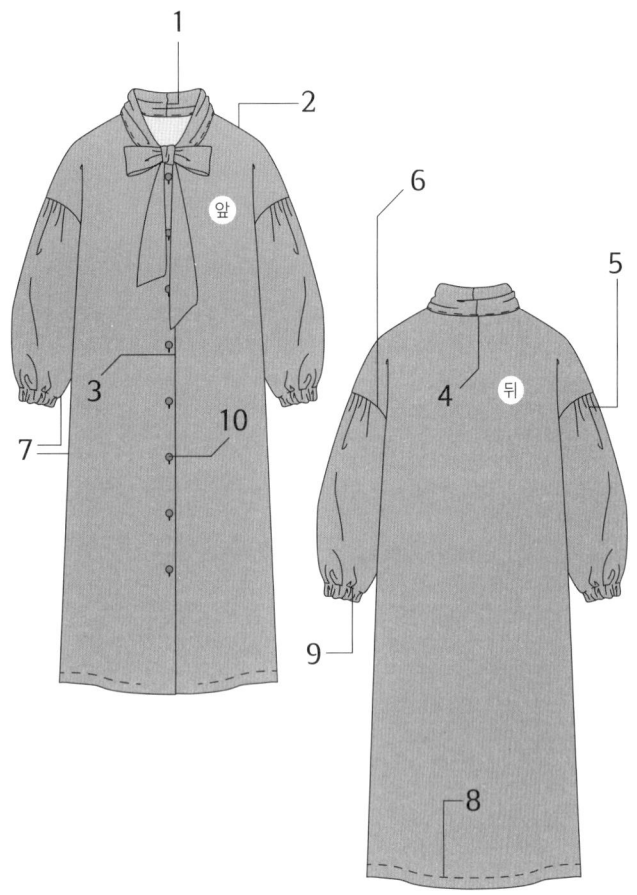

※ 재단 배치도

- 지정 이외의 시접은 1cm
- ░░ 부분에 소잉심지를 붙인다
- ∿∿ 표시된 부분은 지그재그봉제 또는 오버록 처리한다

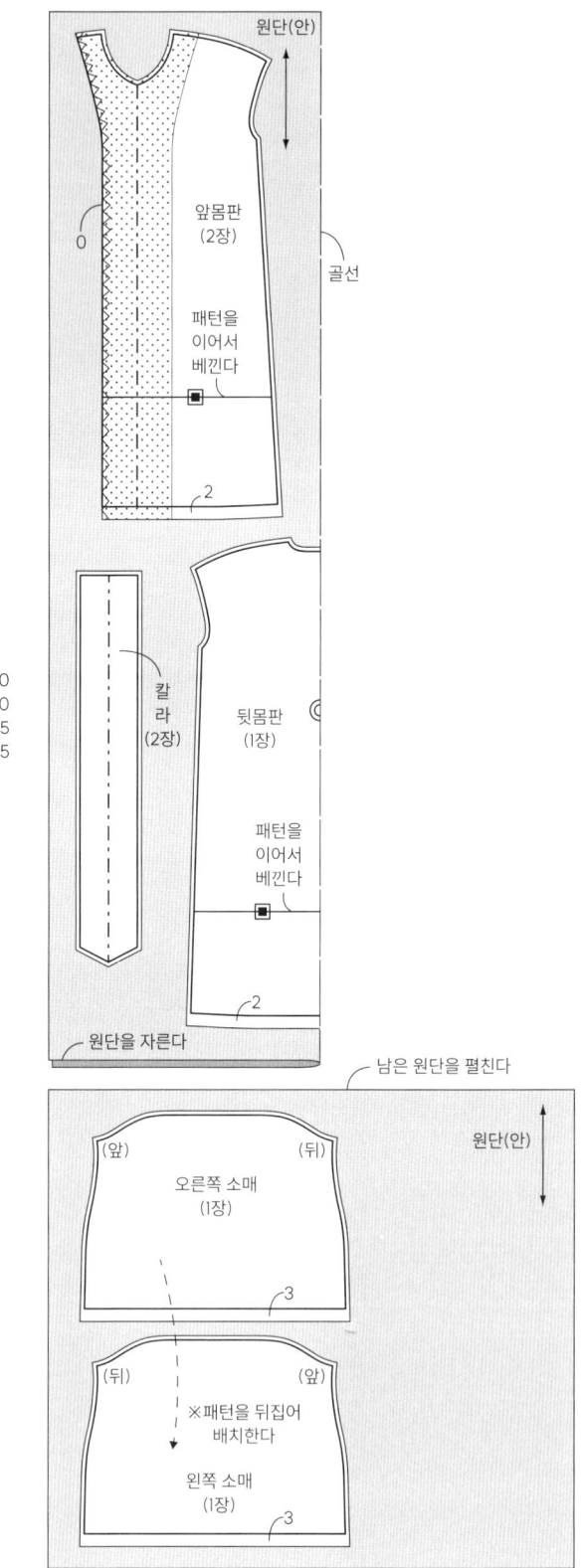

N 타이 원피스 tie dress

※ 만드는 방법
· 치수가 기재되어 있지 않은 곳은 1cm로 봉합합니다.

1 칼라를 만든다 (P.74 / 1-①~⑩ 참고)

2 몸판의 어깨를 봉합한다 (P.65 / 2-①~④ 참고)

3 앞몸판의 앞끝을 정리한다 (P.74 / 3-①~⑪ 참고)

4 몸판에 칼라를 단다 (P.75 / 4-①~⑤ 참고)

5 소매를 만든다 (P.75 / 5-① 참고)

6 몸판에 소매를 단다 (P.75 / 6-①~④ 참고)

7 몸판과 소매의 옆선을 한 번에 이어서 봉합한다 (P.51 / 4-①~④ 참고)

8 몸판의 밑단을 정리한다 (P.75 / 8-①~② 참고)

9 소매의 밑단에 고무줄을 통과시킨다 (P.52 / 6-①~⑨ 참고)
※고무줄 길이(한쪽 소매 기준, 시접 포함) : 22.5/23/23.5/24cm

10 앞몸판에 단춧구멍을 뚫고, 단추를 단다 (P.52 / 7-① 참고)

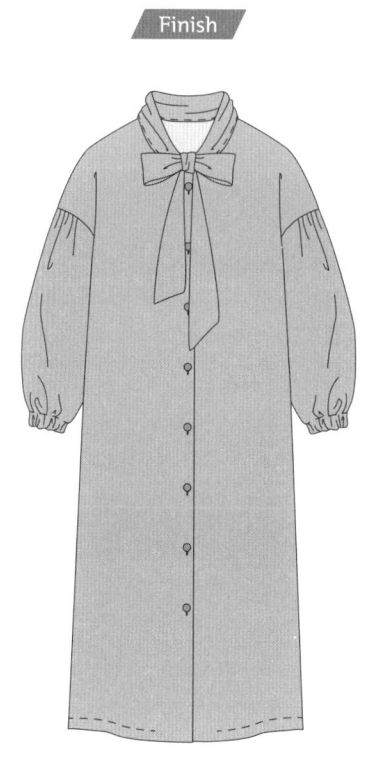
Finish

O 레이어드 속치마

photo page. 22

※ 완성 사이즈(cm)

사이즈 분류	55 size	66 size	77 size	88 size
옷길이	83.5	85	86.5	88
엉덩이둘레	115.5	120.5	125	130

※ 재료

사이즈 분류	55 size	66 size	77 size	88 size
겉감 110cm폭	270cm	270cm	270cm	270cm
소잉심지 54cm폭	90cm	90cm	90cm	90cm
고무줄 3cm폭	1팩	1팩	1팩	1팩

※ 패턴

· 패턴 면수 … C면의 [O] 패턴을 사용합니다.
· 실물 패턴 … 앞스커트, 뒷스커트, 앞프릴감, 뒷프릴감, 앞허리벨트, 뒤허리벨트

※ 만드는 순서

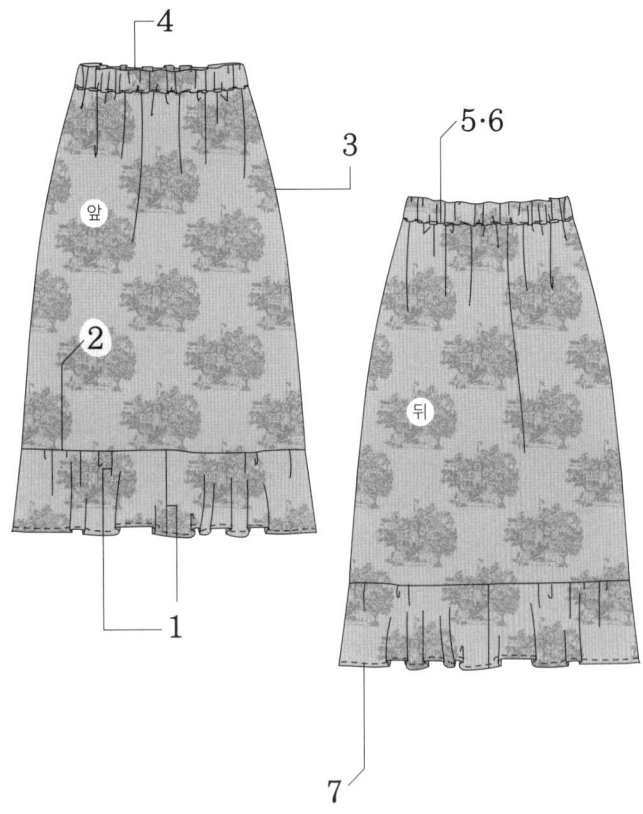

※ 재단 배치도

· 지정 이외의 시접은 1cm
· ▒ 부분에 소잉심지를 붙인다
· ∿∿ 표시된 부분은 지그재그봉제 또는 오버록 처리한다

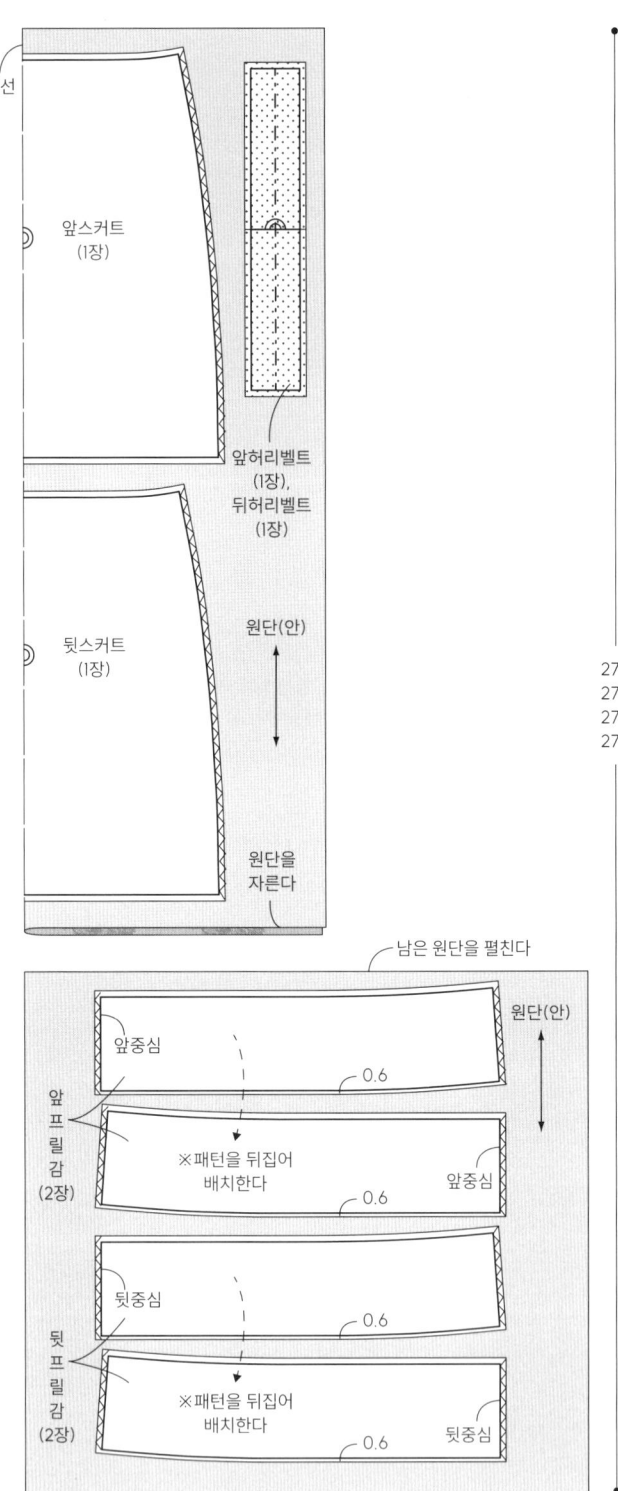

0 레이어드 속치마 layered underskirt

※ 만드는 방법
· 치수가 기재되어 있지 않은 곳은 1cm로 봉합합니다.

1 프릴감을 만든다

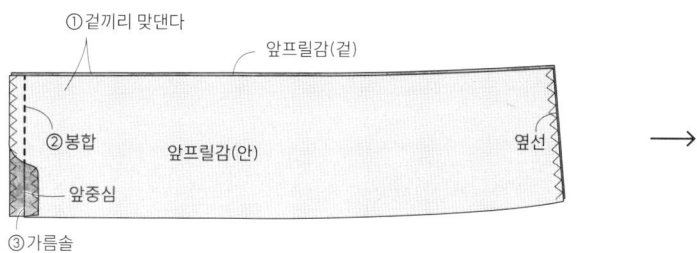
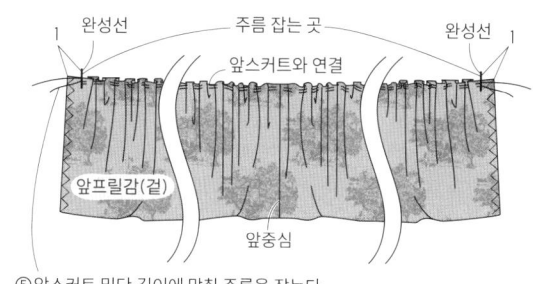

2 스커트 밑단에 프릴감을 단다

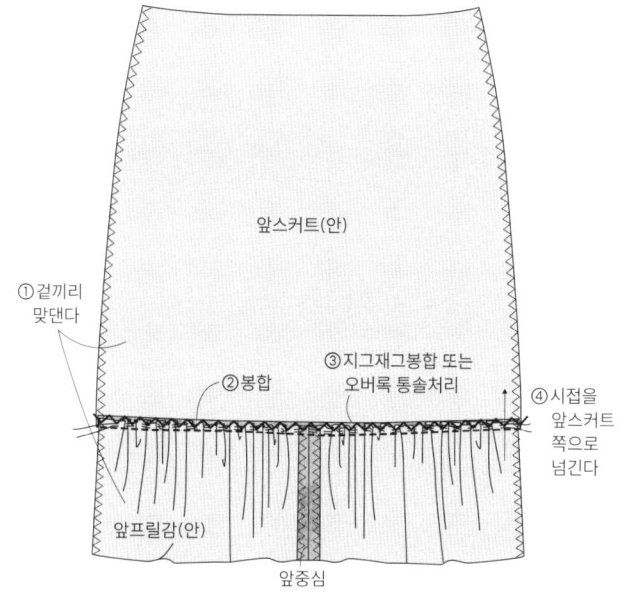

※봉합 후, 주름 잡기용 실은 제거한다
※뒷몸판과 뒷프릴감도 ①~④과정과 같은 방법으로 만든다

3 스커트의 옆선을 봉합한다 (P.77 / 1-①~③ 참고)

4 허리벨트를 만든다 (P.77 / 4-①~④ 참고)

5 스커트에 허리벨트를 단다 (P.78 / 5-①~⑤ 참고)

6 허리벨트에 고무줄을 통과시킨다 (P.78 / 6-①~⑨ 참고)

7 프릴감의 밑단을 정리한다

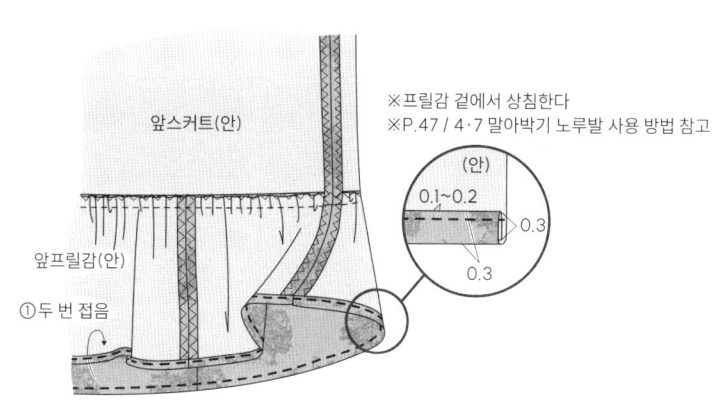

P 숄 재킷

photo page. 23

※ 완성 사이즈(cm)

사이즈 분류	55 size	66 size	77 size	88 size
옷길이	100	101.5	103.5	105.5
가슴둘레	113	117	121	125
소매길이	50	51.5	52	53

※ 재료

사이즈 분류	55 size	66 size	77 size	88 size
겉감 140cm폭	315cm	315cm	315cm	315cm
소잉심지 54cm폭	180cm	180cm	180cm	180cm
소잉테이프 심지 1.2cm폭	1팩	1팩	1팩	1팩
단추 2.3cm폭	3개	3개	3개	3개

※ 패턴

- 패턴 면수 … A면의 [P] 패턴, A면의 [S] 패턴을 사용합니다.
- 실물 패턴 … 앞몸판(위), 앞몸판(아래), 뒷몸판(위), 뒷몸판(아래), 앞안단(위), 앞안단(아래), 뒤안단, 소매, 옆선 주머니 (S작품과 공통 패턴)
- 참고 사항 … 1. 앞몸판, 뒷몸판, 앞안단 패턴은 맞춤점(■)을 기준으로 위, 아래가 분리되어 있으니 패턴을 이어서 한 장으로 연결해 주세요.
  2. 뒷몸판 패턴 안에 뒤안단이 함께 포함되어 있으니 각각 베껴 사용합니다.
  3. 옆선 주머니는 [S. 노칼라 롱 재킷]의 옆선 주머니와 공통 패턴으로 사용합니다.
  4. 앞몸판 패턴의 라펠 꺾임선은 원단(겉) 기준으로 표시되어 있습니다.

※ 만드는 순서

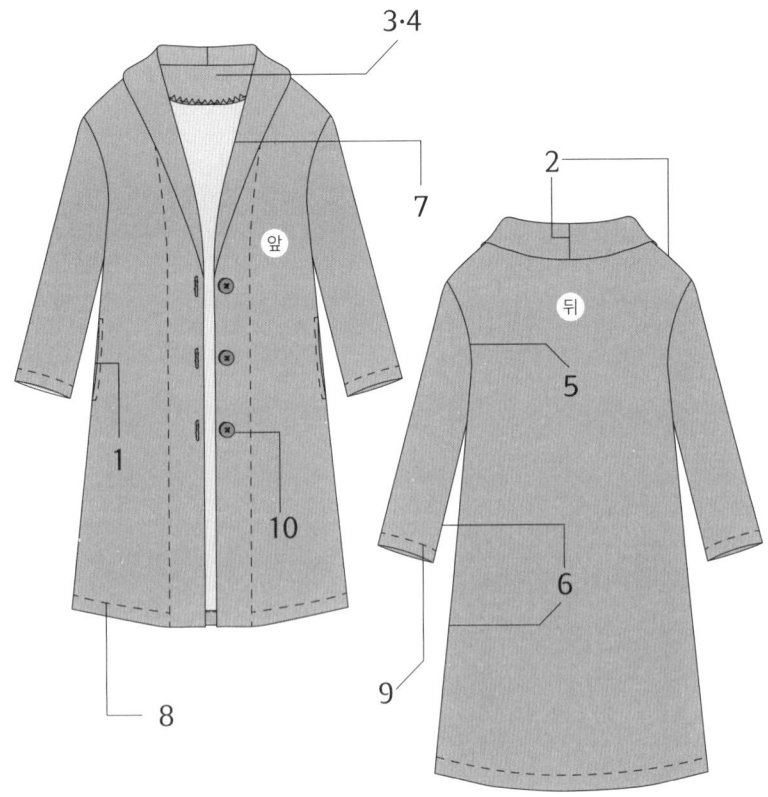

※ 재단 배치도

- 지정 이외의 시접은 1cm
- ⣿ 부분에 소잉심지를 붙인다
- ▓ 부분에 소잉테이프 심지를 붙인다
- ∿ 표시된 부분은 지그재그봉제 또는 오버록 처리한다
- 앞몸판 패턴의 라펠 꺾임선은 원단(겉) 기준이므로 원단을 재단 후, 원단(겉)에 표시한다

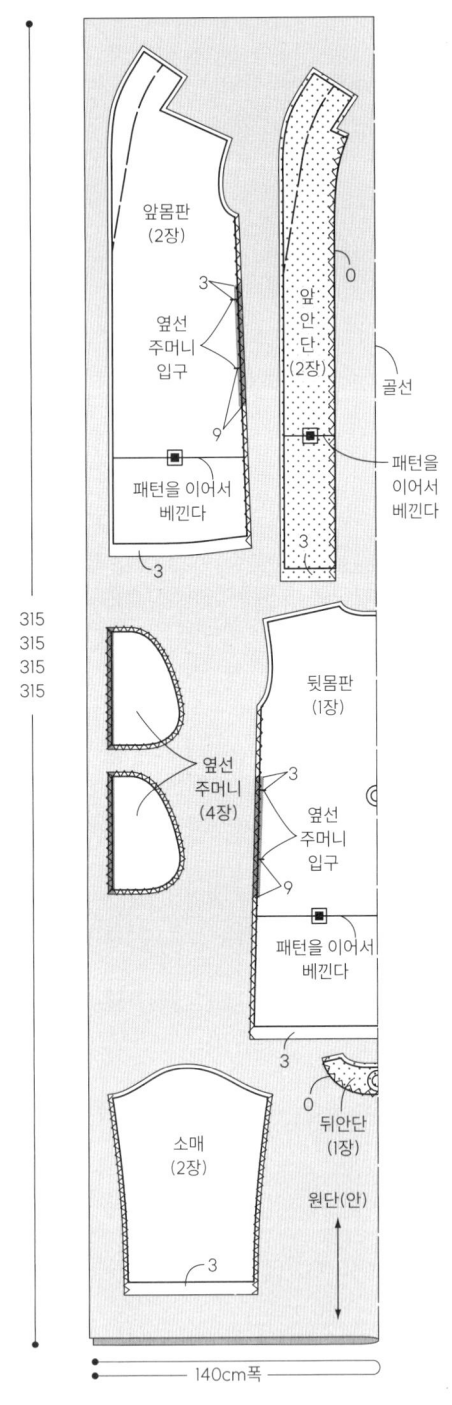

P 숄 재킷 shawl jacket

※ 만드는 방법
· 치수가 기재되어 있지 않은 곳은 1cm로 봉합합니다.

1 몸판에 옆선 주머니를 단다 (P.80 / 2-①~③ 참고)

2 몸판을 만든다

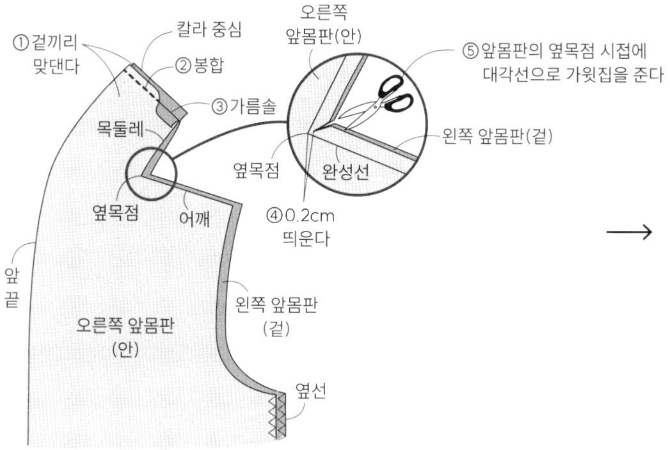

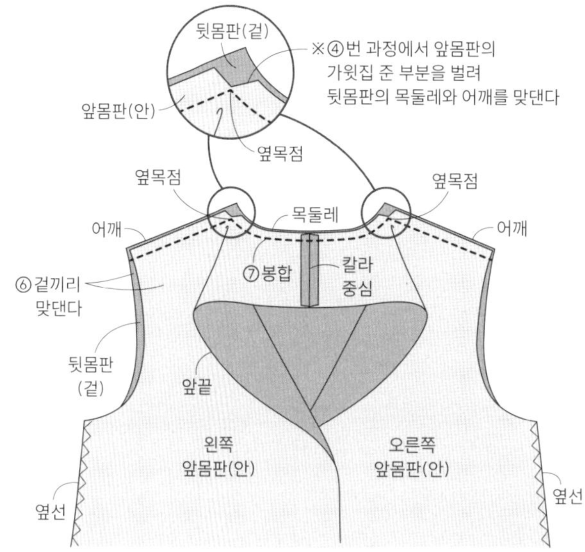

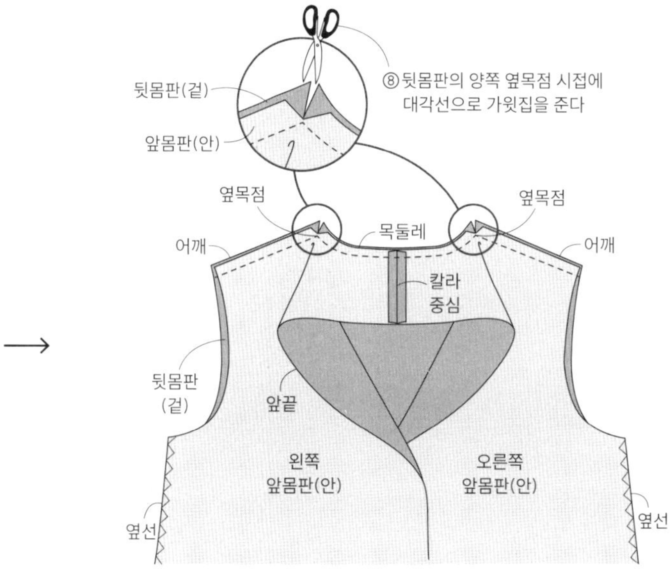

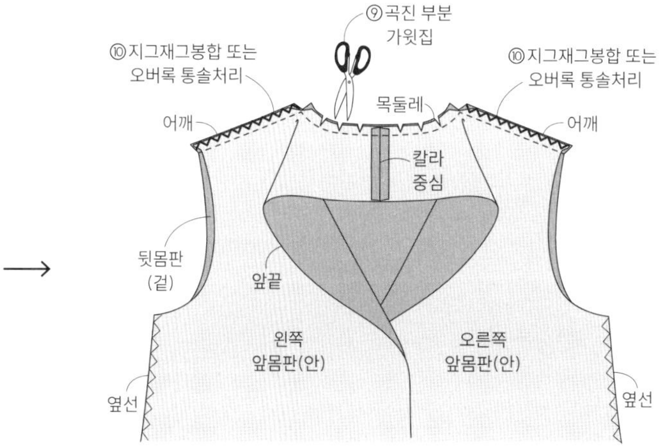

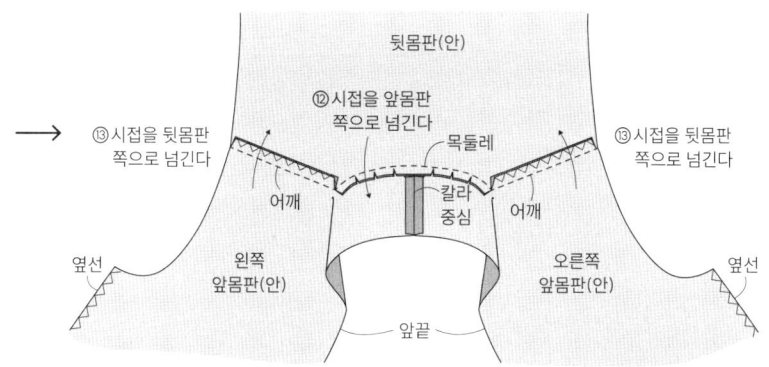

3 안단을 만든다

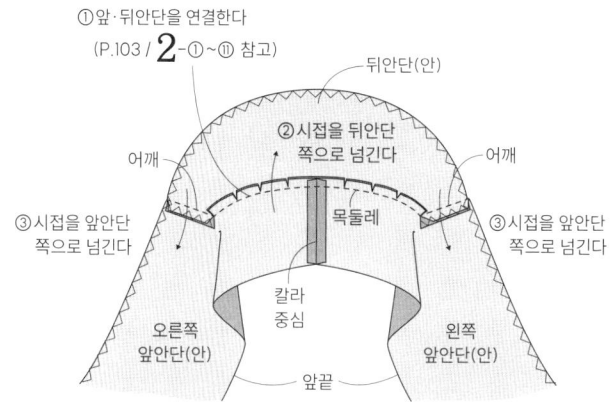

4 몸판에 안단을 단다

※앞몸판 길이보다 앞안단 길이가 0.5cm~0.7cm 더 크므로 앞안단 길이에 맞춰 앞몸판을 늘려가면서 봉합해야 겉으로 뒤집었을 때 앞안단 모양이 잘 잡힌다

※왼쪽 앞몸판과 앞안단의 앞끝도 ①~②과정과 같은 방법으로 만든다

→ ④이후 제작과정 (P.92 / 5-⑤~⑧참고) →

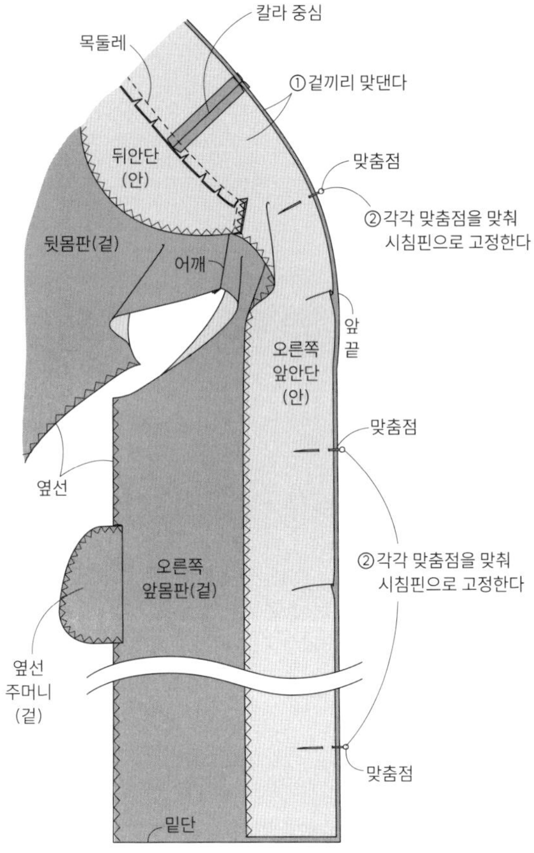

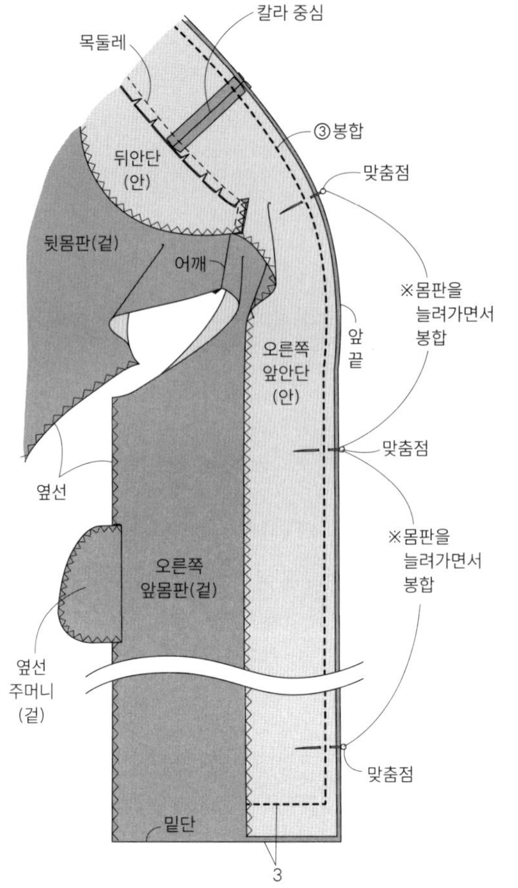

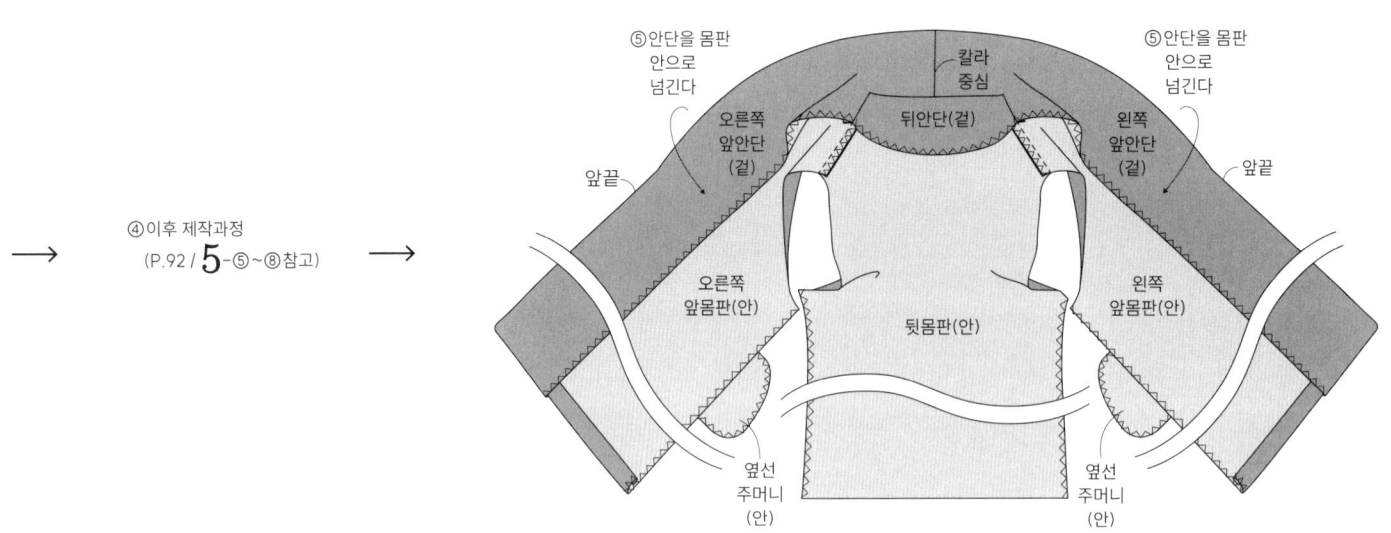

5 몸판에 소매를 단다 (P.51 / 3-①~④ 참고)

6 몸판과 소매의 옆선을 한 번에 이어서 봉합한다 (P.93 / 7-①~④ 참고)

7 칼라를 정리한다

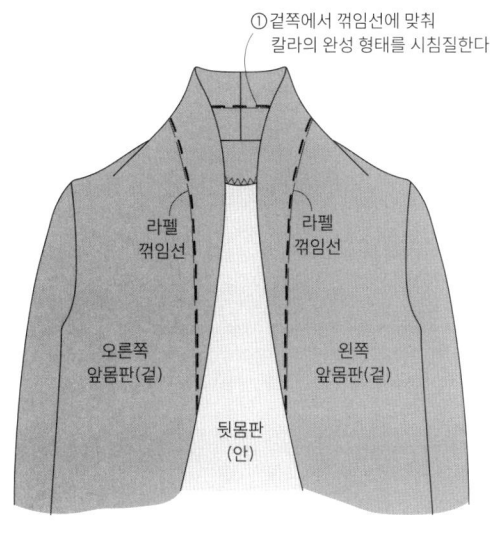

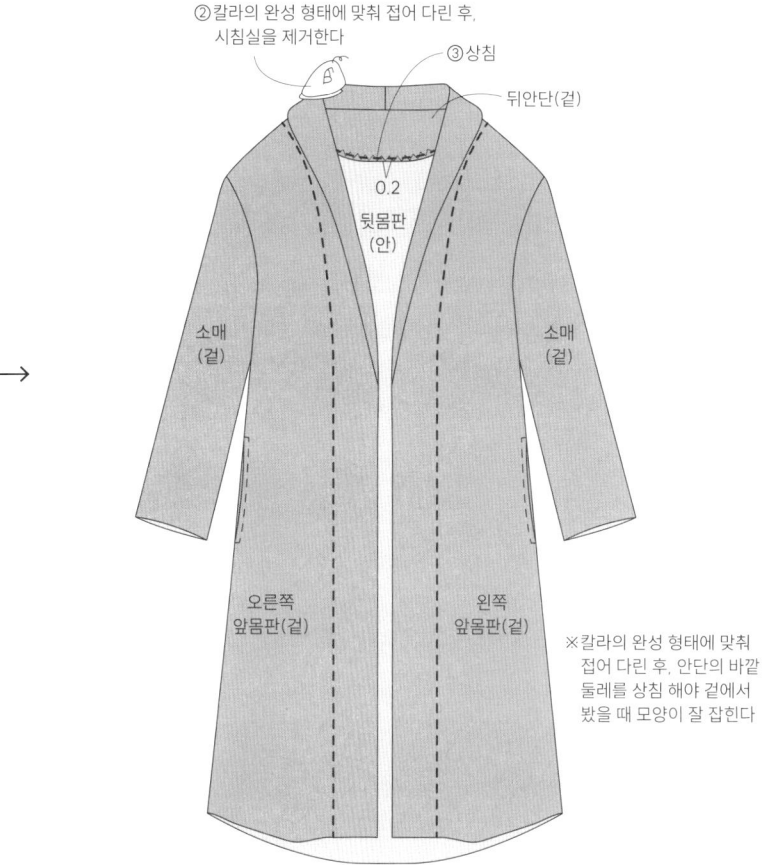

8 몸판의 밑단을 정리한다 (P.51 / 5-①~② 참고)

9 소매의 밑단을 정리한다 (P.93 / 8-③~④ 참고)

10 앞몸판에 단춧구멍을 뚫고, 단추를 단다 (P.52 / 7-① 참고)

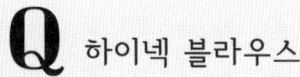

Q 하이넥 블라우스

photo page. 24

※ 완성 사이즈(cm)

사이즈 분류	55 size	66 size	77 size	88 size
옷길이	64	66	68	69.5
가슴둘레	125.5	129	133	137.5
소매길이	47.5	48	48.5	49

※ 패턴

- 패턴 면수 … A면의 [Q] 패턴, D면의 [Q] 패턴을 사용합니다.
- 실물 패턴 … 앞몸판, 뒷몸판, 앞안단, 뒤안단, 소매, 목둘레 프릴감
- 참고 사항 … 1. 뒷몸판 패턴 안에 뒤안단이 함께 포함되어 있으니 각각 베껴 사용합니다.

※ 재단 배치도

- 지정 이외의 시접은 1cm
- ⋯ 부분에 소잉심지를 붙인다
- ▓ 부분에 소잉테이프 심지를 붙인다
- ∿∿ 표시된 부분은 지그재그봉제 또는 오버록 처리한다

※ 재료

사이즈 분류	55 size	66 size	77 size	88 size
겉감 140cm폭	225cm	225cm	225cm	225cm
소잉심지 54cm폭	45cm	45cm	45cm	45cm
소잉테이프 심지 1.2cm폭	1팩	1팩	1팩	1팩
단추 1.1cm폭	1개	1개	1개	1개
단춧구멍테이프	1개	1개	1개	1개
고무줄 0.8cm폭	1팩	1팩	1팩	1팩

※ 만드는 순서

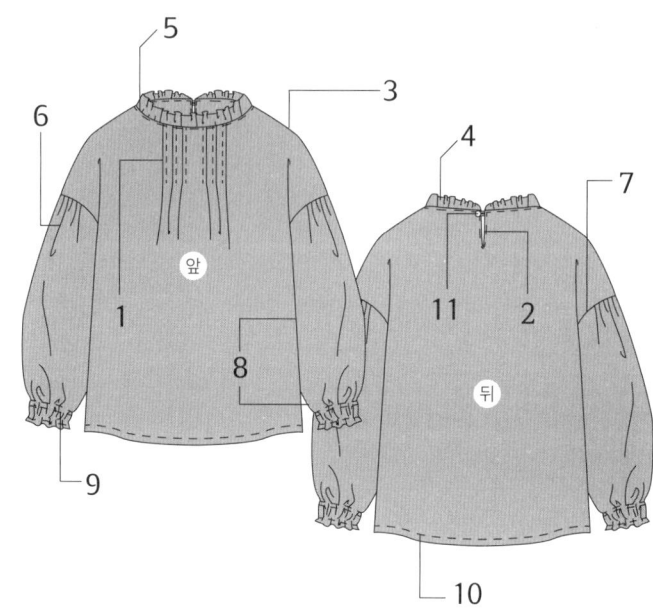

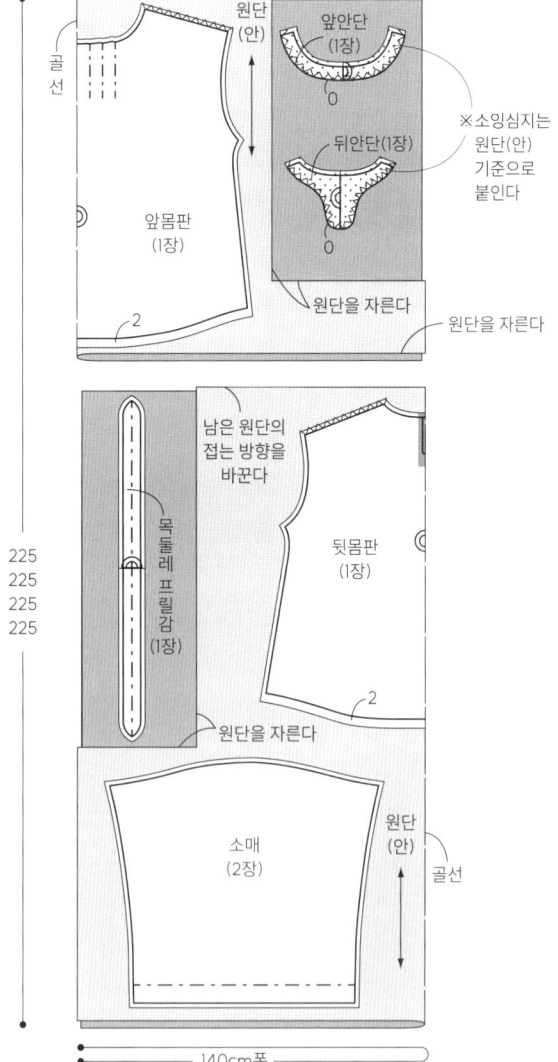

※ 만드는 방법

- 치수가 기재되어 있지 않은 곳은 1cm로 봉합합니다.

1 앞몸판에 턱을 만든다

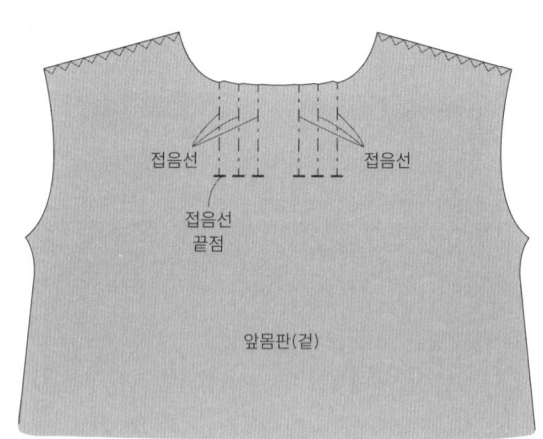

Q 하이넥 블라우스 high neck blouse

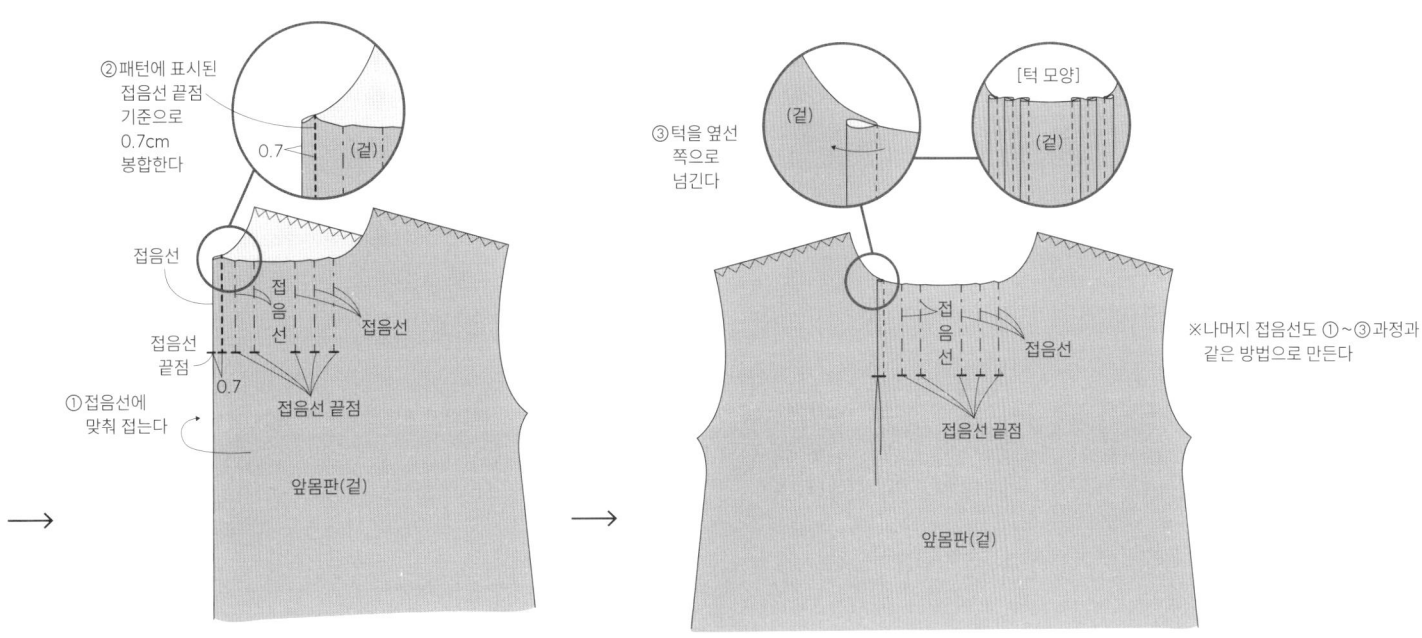

2 뒷몸판의 트임을 정리한다

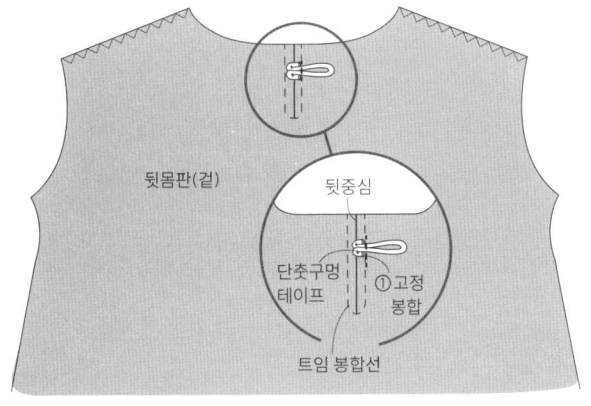

3 몸판과 안단의 어깨를 봉합한다 (P.50 / **1**-①~⑥ 참고)

4 목둘레 프릴감을 만든다

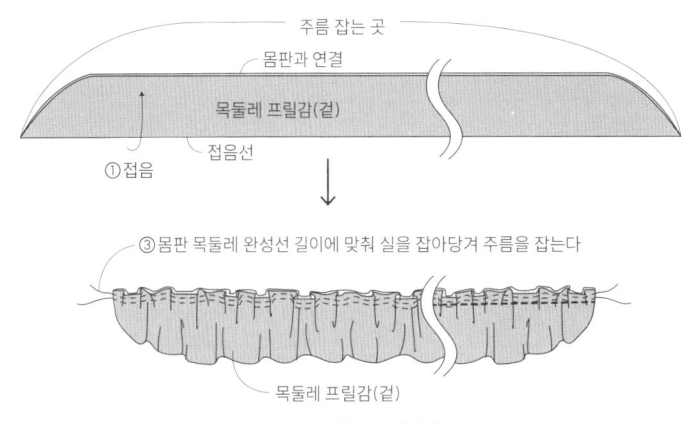

※P.46 / 4·3 주름 잡는 방법 참고

5 몸판에 목둘레 프릴감과 안단을 단다

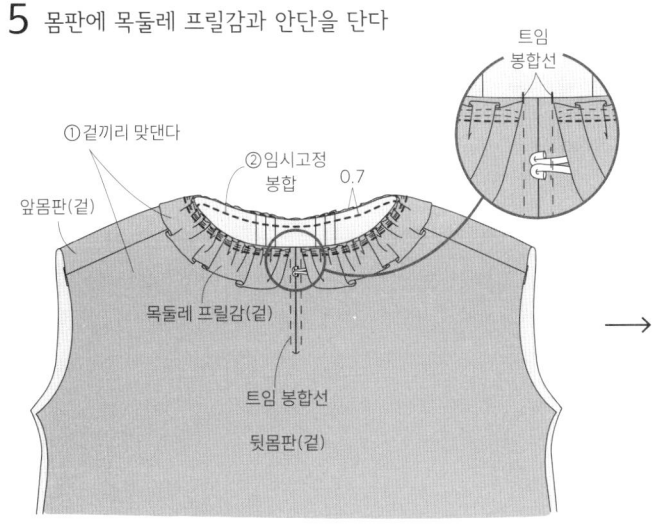

※봉합 후, 주름 잡기용 실은 제거한다

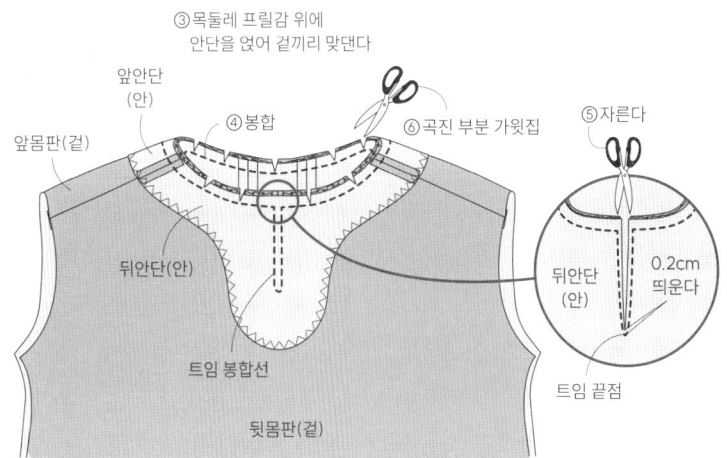

Q 하이넥 블라우스 high neck blouse

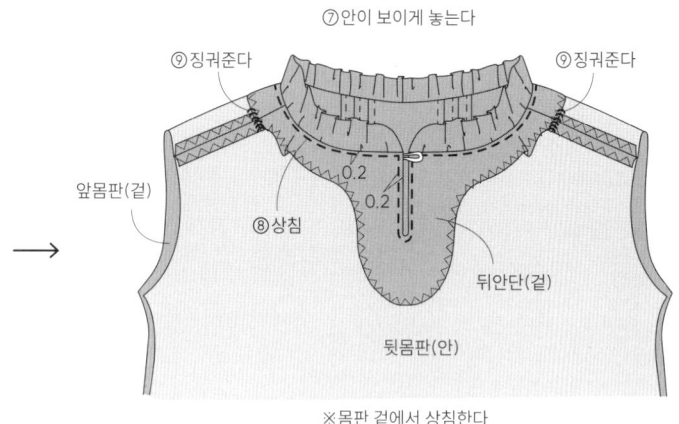

6 소매를 만든다

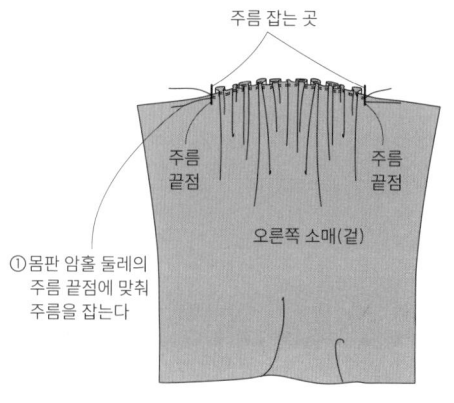

※P.46 / 4·3 주름 잡는 방법 참고

7 몸판에 소매를 단다 (P.75 / 6-①~④ 참고)

8 몸판과 소매의 옆선을 한 번에 이어서 봉합한다 (P.51 / 4-①~④ 참고)

9 소매의 밑단을 정리하고, 고무줄을 통과시킨다

10 몸판의 밑단을 정리한다 (P.58 / 7-①~② 참고)

11 뒷몸판에 단추를 단다

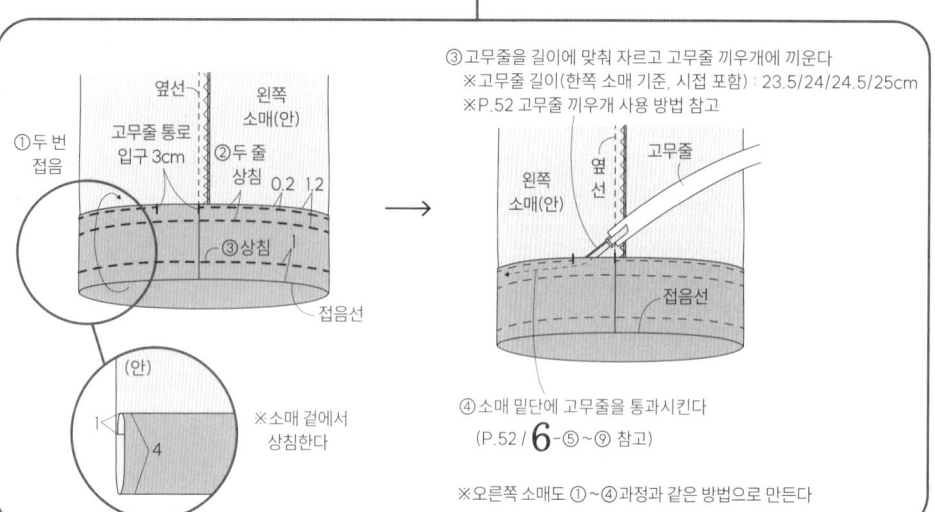

Finish

R 레이어드 속바지

photo page. 26

❋ 완성 사이즈(cm)

사이즈 분류	55 size	66 size	77 size	88 size
옷길이	84	86	88	90
엉덩이둘레	105	109.5	114	118.5

❋ 재료

사이즈 분류	55 size	66 size	77 size	88 size
겉감 140cm폭	225cm	225cm	225cm	225cm
소잉심지 54cm폭	135cm	135cm	135cm	135cm
고무줄 3cm폭	1팩	1팩	1팩	1팩

❋ 패턴

- 패턴 면수 … C면의 [R] 패턴, D면의 [R] 패턴을 사용합니다.
- 실물 패턴 … 앞팬츠, 뒤팬츠, 허리벨트
- 참고 사항 … 1. 프릴감은 실물 패턴이 수록되어 있지 않으므로
  재단 배치도에 기재된 치수를 확인한 후, 직접 제도하여 사용합니다.

❋ 재단 배치도

- 지정 이외의 시접은 1cm
- ⋯ 부분에 소잉심지를 붙인다
- 프릴감은 직접 제도하여 사용한다
- 왼쪽에서부터 55/66/77/88 사이즈

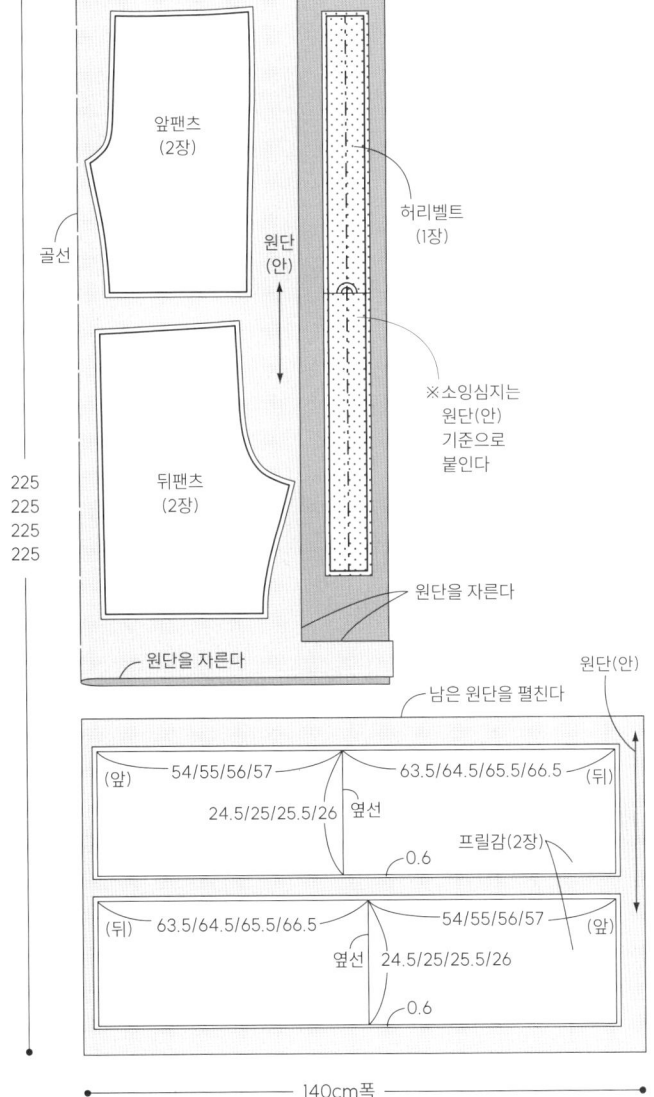

❋ 만드는 순서

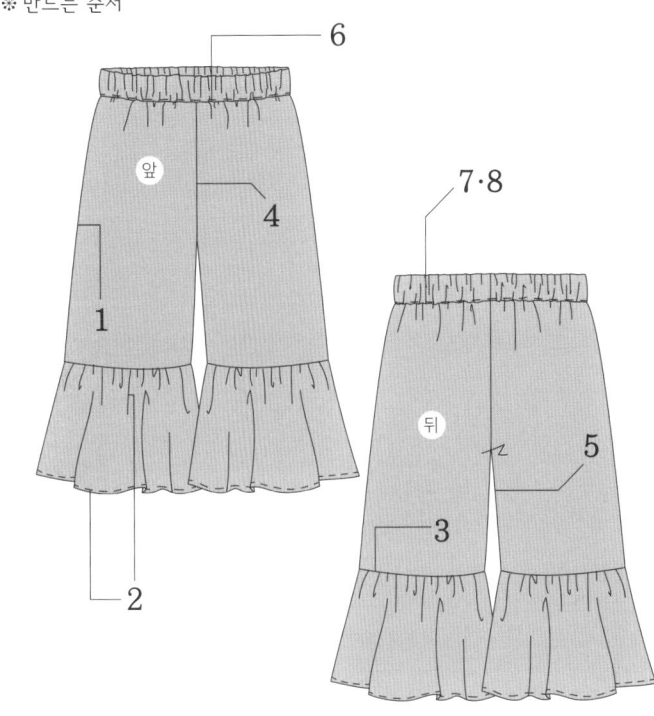

❋ 만드는 방법

- 치수가 기재되어 있지 않은 곳은 1cm로 봉합합니다.

1 팬츠의 옆선을 봉합한다

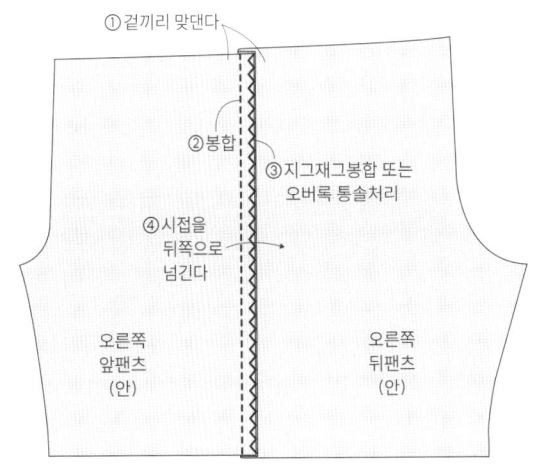

※ 왼쪽 앞·뒤팬츠도 ①~④과정과 같은 방법으로 만든다

R 레이어드 속바지 layered underpants

2 프릴감을 만든다

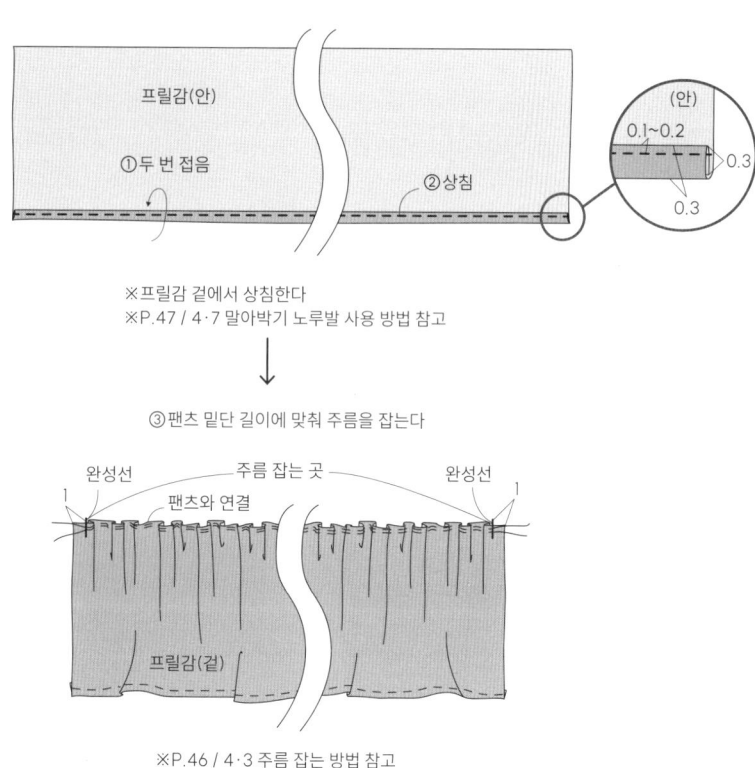

※프릴감 겉에서 상침한다
※P.47 / 4·7 말아박기 노루발 사용 방법 참고

※P.46 / 4·3 주름 잡는 방법 참고

3 팬츠 밑단에 프릴감을 단다

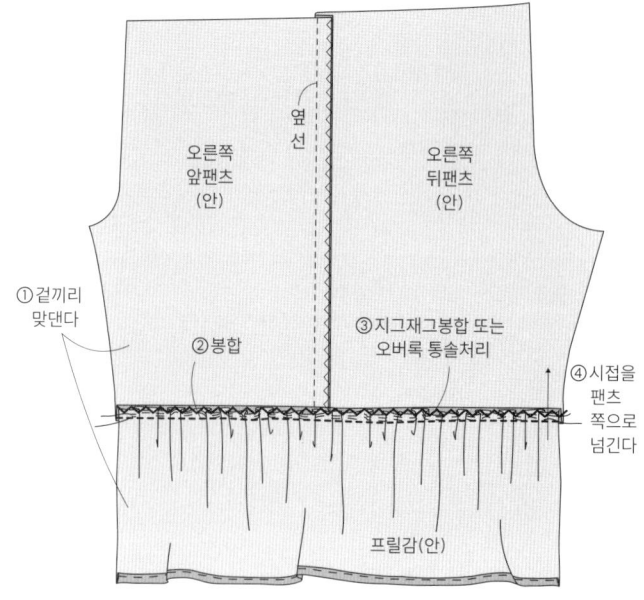

※봉합 후, 주름 잡기용 실은 제거한다
※왼쪽 팬츠와 프릴감도 ①~④과정과 같은 방법으로 만든다

4 팬츠의 밑위를 봉합한다

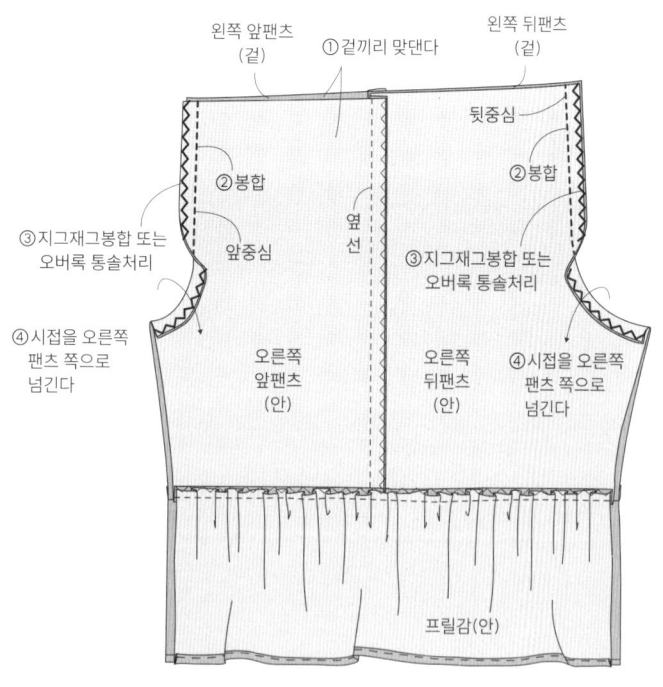

5 팬츠의 밑아래 둘레를 봉합한다

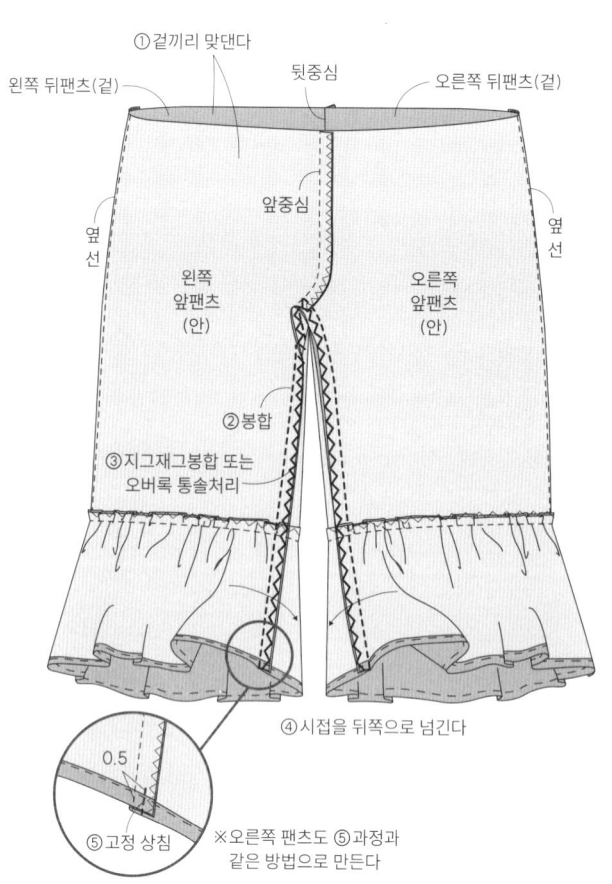

R 레이어드 속바지 layered underpants

6 허리벨트를 만든다

- ②반으로 접음
- 허리벨트(안)
- 고무줄 통로 입구 4cm
- 접음선
- ③봉합
- ①접음
- ④가름솔

7 팬츠에 허리벨트를 단다

- ①팬츠(안)과 허리벨트(겉)을 맞댄다
- 앞중심
- 옆선
- ②봉합
- 고무줄 통로 입구
- 접음선
- 오른쪽 앞팬츠(안)
- 옆선
- 오른쪽 뒤팬츠(안)
- 뒷중심
- 왼쪽 뒤팬츠(안)

※허리벨트의 고무줄 통로 입구와 뒤팬츠의 뒷중심 위치를 맞춘다

③겉이 보이게 놓는다

- ④허리벨트로 시접을 감싼다
- 허리벨트(겉)
- ⑤상침 0.2
- 오른쪽 뒤팬츠(겉)
- 왼쪽 뒤팬츠(겉)
- 뒷중심
- 왼쪽 앞팬츠(겉)
- 옆선

8 허리벨트에 고무줄을 통과시킨다

①고무줄을 길이에 맞춰 자르고 고무줄 끼우개에 끼운다
※고무줄 길이(시접 포함): 63.5/67/70.5/74cm
※P.52 고무줄 끼우개 사용 방법 참고

- 허리벨트(겉)
- 고무줄
- 오른쪽 뒤팬츠(안)
- ②허리벨트 안으로 고무줄을 통과시킨다
- 오른쪽 앞팬츠(안)
- 옆선
- 뒷중심
- 왼쪽 뒤팬츠(안)

- ③고무줄 끝을 핀으로 고정한다
- 허리벨트(겉)
- 고무줄
- 오른쪽 뒤팬츠(안)
- 뒷중심
- 왼쪽 뒤팬츠(안)

→

- ④반대쪽에서 고무줄을 빼낸다
- 허리벨트(겉)
- 고무줄
- 오른쪽 뒤팬츠(안)
- 뒷중심
- 왼쪽 뒤팬츠(안)

※고무줄이 꼬이지 않도록 주의한다

→

- ⑤2cm 겹침
- 고무줄
- ⑥봉합
- 허리벨트(겉)
- 0.2
- 오른쪽 뒤팬츠(안)
- 뒷중심
- 왼쪽 뒤팬츠(안)

→

- 허리벨트(겉)
- ⑦공그르기
- 뒷중심
- 오른쪽 뒤팬츠(안)
- 왼쪽 뒤팬츠(안)

⑧겉이 보이게 놓는다

↓

- ⑨고무줄이 꼬이지 않도록 허리벨트의 양쪽 옆선에 고정 상침한다
- 허리벨트(겉)
- 왼쪽 뒤팬츠(겉)
- 오른쪽 뒤팬츠(겉)
- 왼쪽 앞팬츠(겉)
- 옆선
- 뒷중심

Finish

S 노칼라 롱 재킷

photo page. 27

※ 완성 사이즈(cm)

사이즈 분류	55 size	66 size	77 size	88 size
옷길이	106	108	110	111.5
가슴둘레	112.5	117	121.5	125.5
소매길이	48	48.5	49.5	50

※ 재료

사이즈 분류	55 size	66 size	77 size	88 size
겉감 130cm폭	315cm	315cm	360cm	360cm
소잉심지 54cm폭	135cm	135cm	135cm	135cm
소잉테이프 심지 1.2cm폭	1팩	1팩	1팩	1팩
단추 1.8cm폭	5개	5개	5개	5개

※ 패턴

- 패턴 면수 … A면의 [S] 패턴을 사용합니다.
- 실물 패턴 … 앞몸판(위), 앞몸판(아래), 뒷몸판(위), 뒷몸판(아래), 앞안단(위), 앞안단(아래), 뒤안단, 소매1, 소매2, 옆선 주머니
- 참고 사항 … 1. 앞몸판, 뒷몸판, 앞안단 패턴은 맞춤점(■)을 기준으로 위, 아래가 분리되어 있으니 패턴을 이어서 한 장으로 연결해 주세요.
  2. 앞몸판 패턴 안에 앞안단이 함께 포함되어 있으니 각각 베껴 사용합니다.
  3. 뒷몸판 패턴 안에 뒤안단이 함께 포함되어 있으니 각각 베껴 사용합니다.
  4. 소매 밑단 안바이어스천은 실물 패턴이 수록되어 있지 않으므로 재단 배치도에 기재된 치수를 확인한 후, 직접 제도하여 사용합니다.
  5. 소매2 패턴의 맞주름 방향은 원단(겉) 기준으로 표시되어 있습니다.

※ 만드는 순서

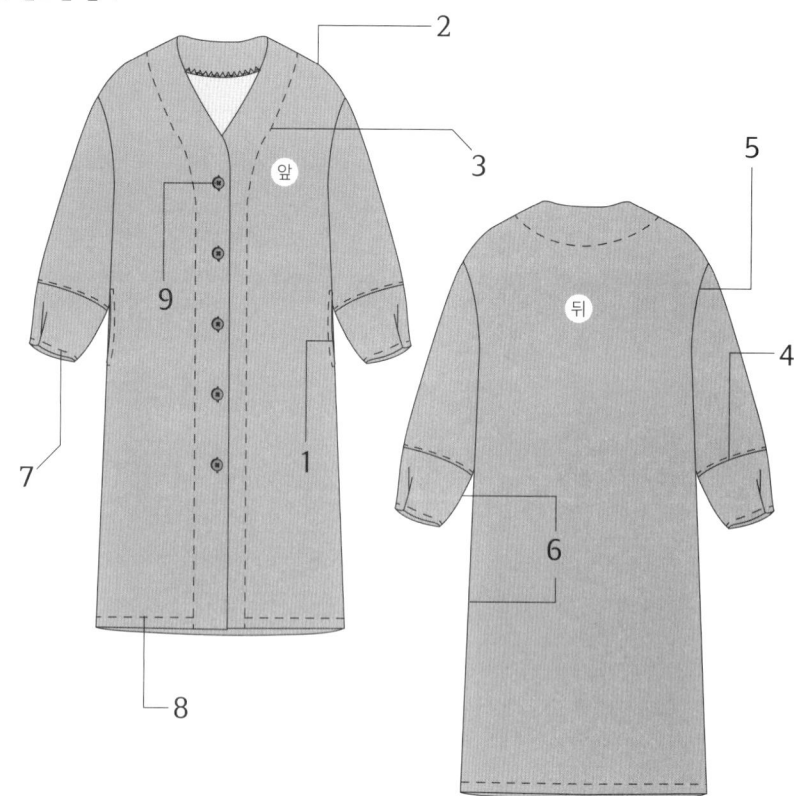

※ 재단 배치도

- 지정 이외의 시접은 1cm
- [:::] 부분에 소잉심지를 붙인다
- ▓ 부분에 소잉테이프 심지를 붙인다
- ∿∿∿ 표시된 부분은 지그재그봉제 또는 오버록 처리한다
- 소매 밑단 안바이어스천은 직접 제도하여 사용한다
- 소매 패턴의 맞주름 방향은 원단(겉) 기준이므로 원단을 재단 후, 원단(겉)에 표시한다

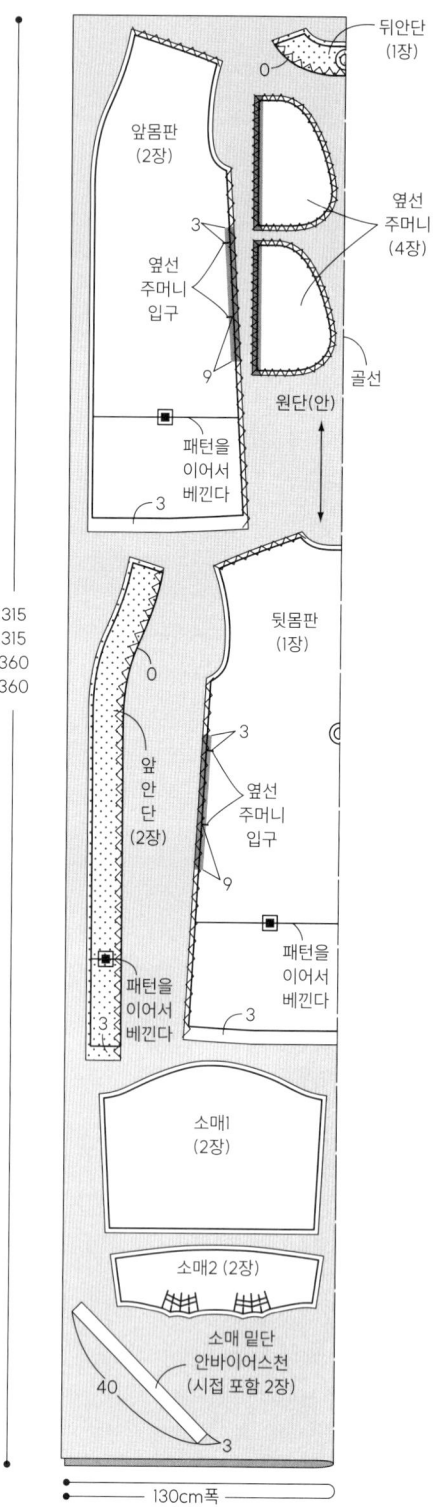

S 노칼라 롱 재킷 collarless long jacket

※ 만드는 방법
- 치수가 기재되어 있지 않은 곳은 1cm로 봉합합니다.
- 소매 밑단 안바이어스천은 필요한 길이보다 여유 있게 기재되어 있습니다. 다는 곳의 길이에 맞춰 여분을 잘라서 사용해 주세요.

1 몸판에 옆선 주머니를 단다 (P.80 / 2-①~③ 참고)

2 몸판과 안단의 어깨를 봉합한다 (P.50 / 1-①~⑥ 참고)

3 몸판에 안단을 단다

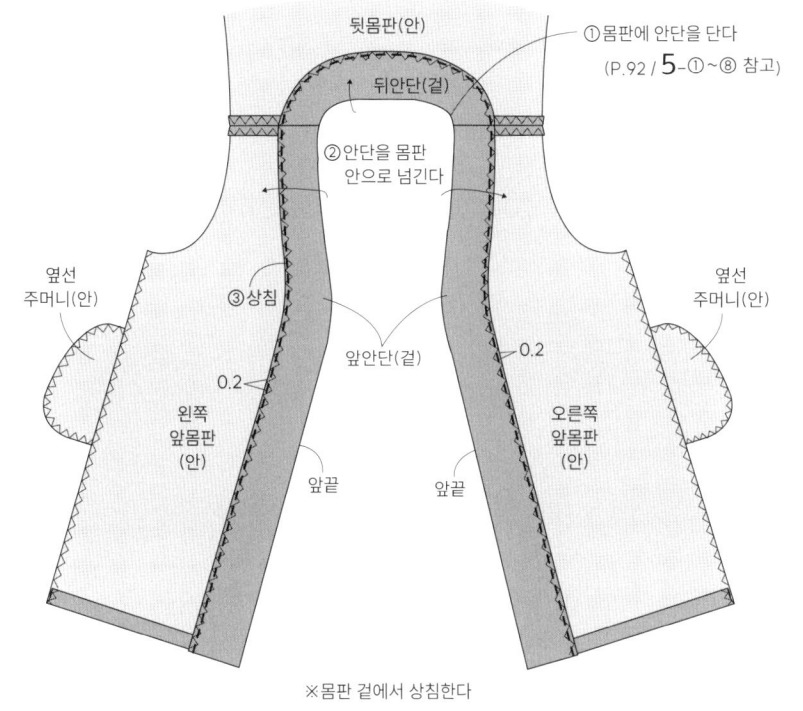

4 소매를 만든다

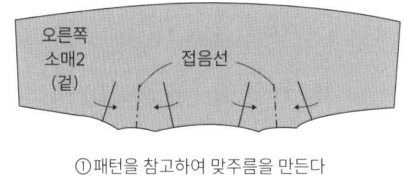

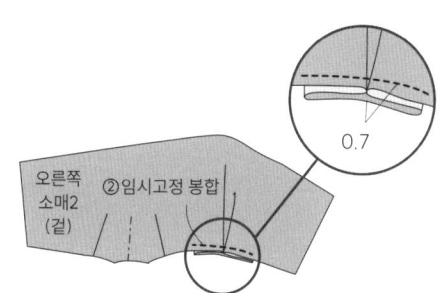

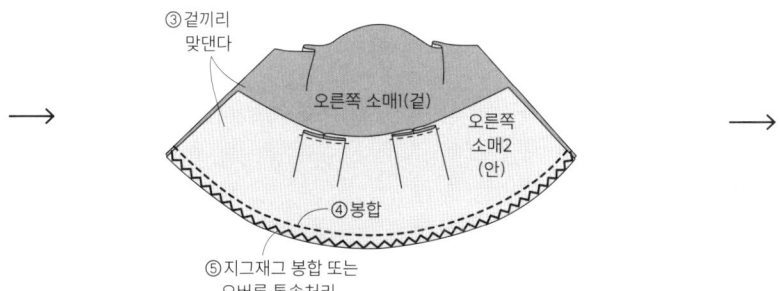

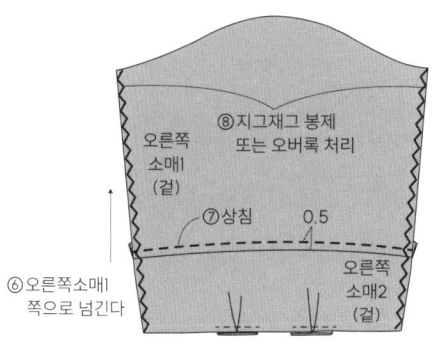

5 몸판에 소매를 단다 (P.51 / 3-①~④ 참고)

6 몸판과 소매의 옆선을 한 번에 이어서 봉합한다 (P.93 / 7-①~④ 참고)

7 소매의 밑단을 안바이어스 처리한다

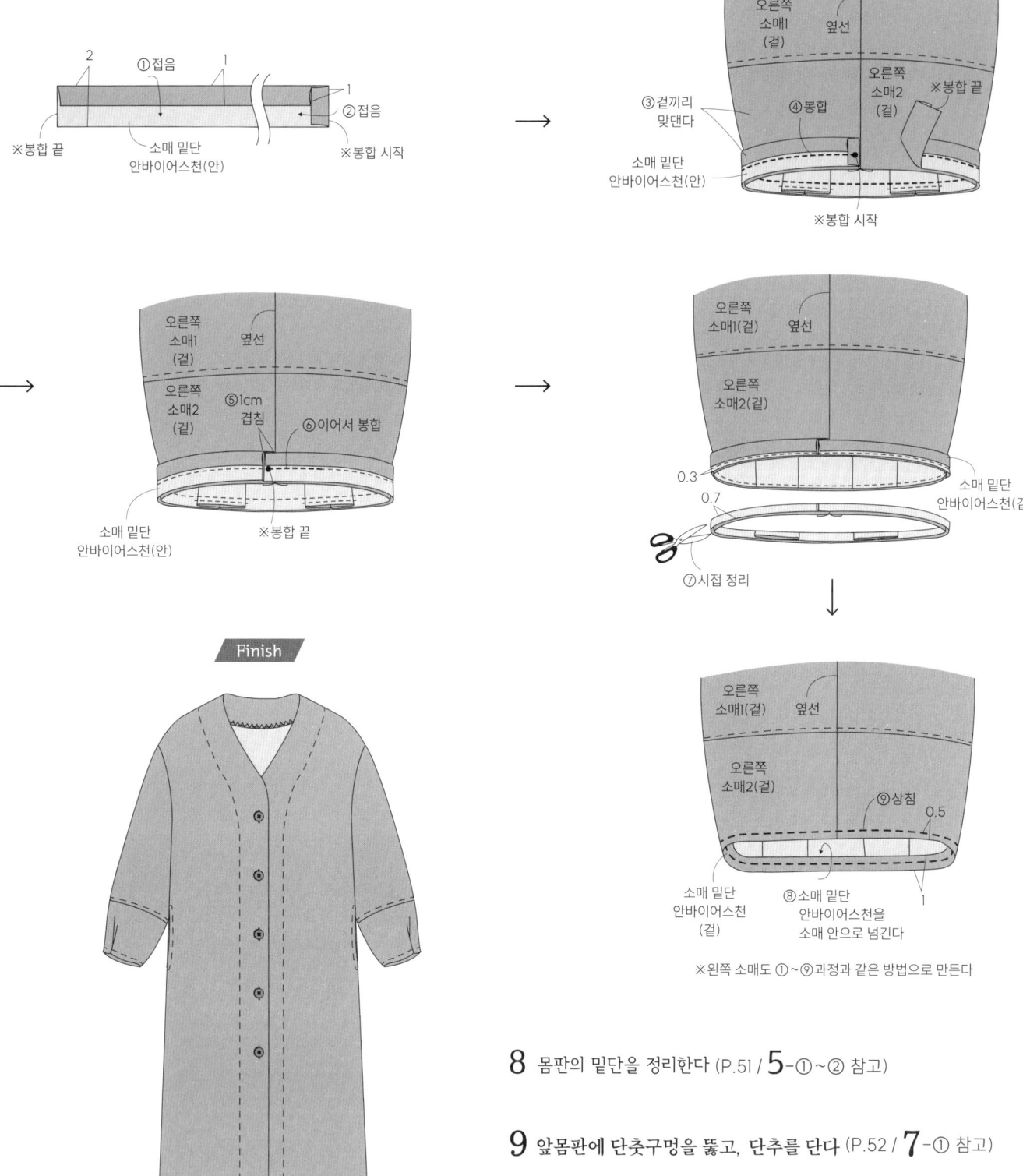

8 몸판의 밑단을 정리한다 (P.51 / 5-①~② 참고)

9 앞몸판에 단춧구멍을 뚫고, 단추를 단다 (P.52 / 7-① 참고)

T 와이드 버킷햇

photo page. 28

※ 완성 사이즈(cm)

사이즈 분류	S	M	L
머리둘레	60	61.5	63
높이	8	8	8
챙길이	8	8	8

※ 재료

사이즈 분류	S	M	L
겉감 130cm폭	90cm	90cm	90cm
안감 110cm폭	45cm	45cm	45cm
소잉심지 54cm폭	90cm	90cm	90cm
가방심지 52cm폭	90cm	90cm	90cm

※ 패턴

· 패턴 면수 … C면의 [T] 패턴을 사용합니다.
· 실물 패턴 … 겉옆판감, 안옆판감, 겉챙감, 안챙감, 겉뚜껑감, 안뚜껑감

※ 재단 배치도

· 지정 이외의 시접은 1cm
· ░ 부분에 소잉심지를 붙인다
· ▨ 부분에 가방심지를 붙인다

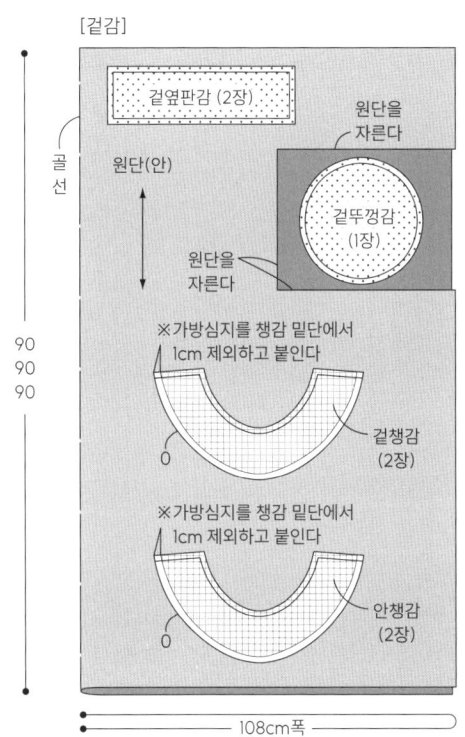

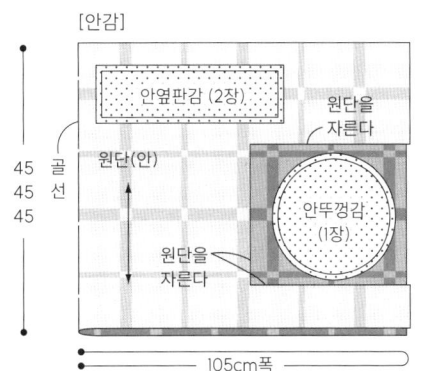

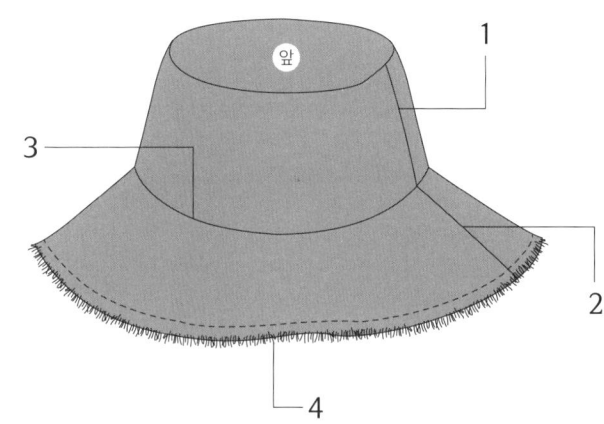

※ 만드는 순서

※ 만드는 방법

· 치수가 기재되어 있지 않은 곳은 1cm로 봉합합니다.

1 뚜껑감과 옆판감을 연결한다

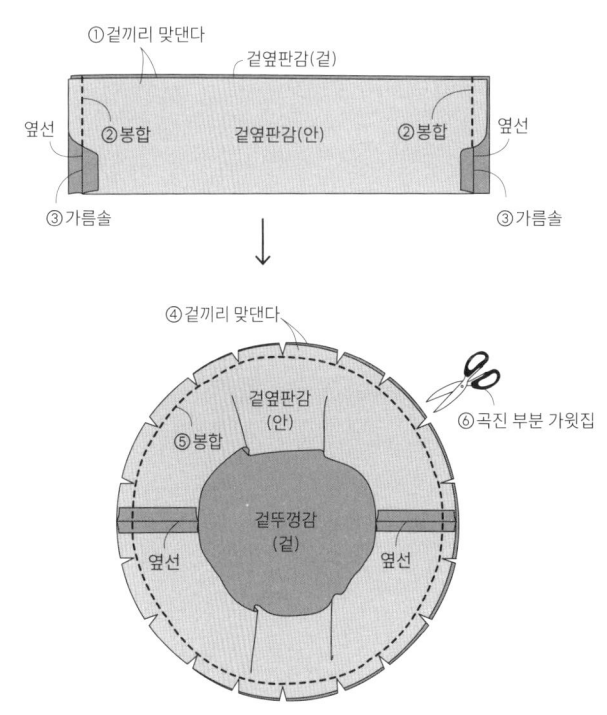

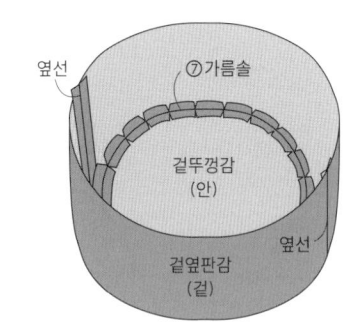

※안옆판감과 안뚜껑감도 ①~⑦과정과 같은 방법으로 만든다

2 챙감을 만든다

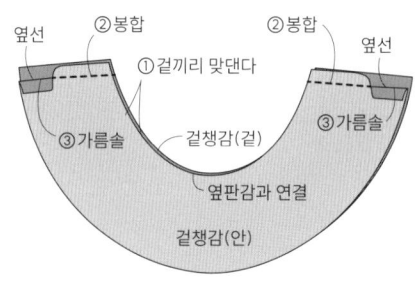

※안챙감도 ①~③과정과 같은 방법으로 만든다

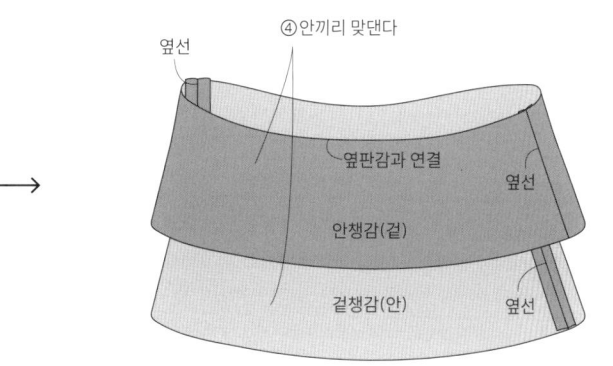

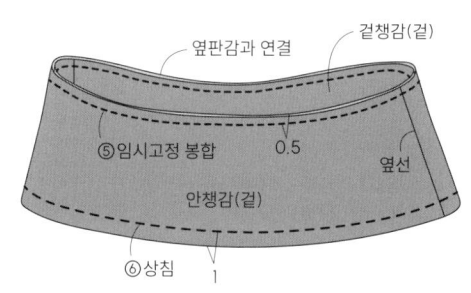

3 옆판감과 챙감을 연결한다

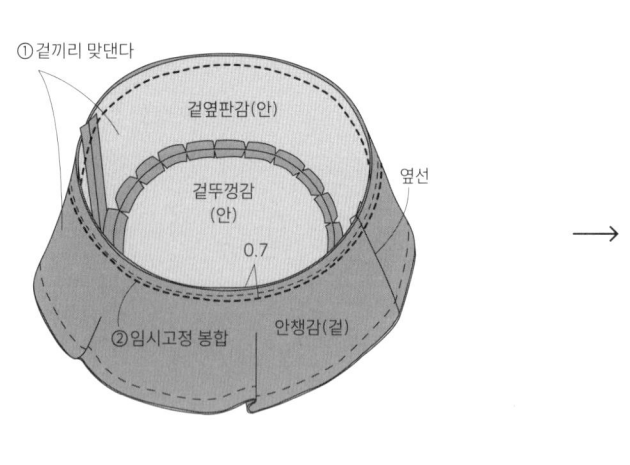

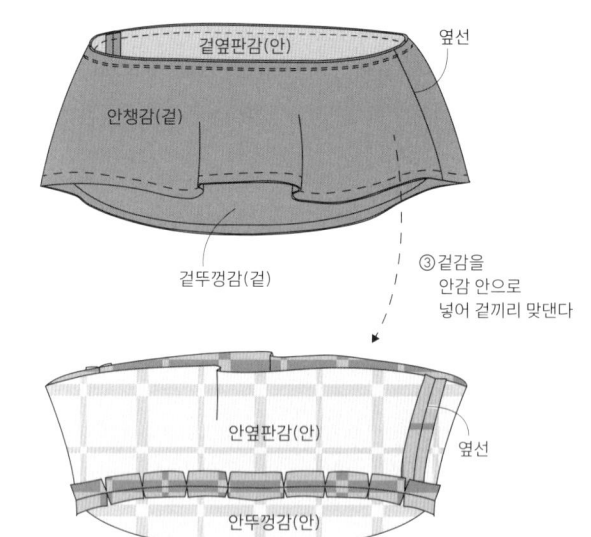

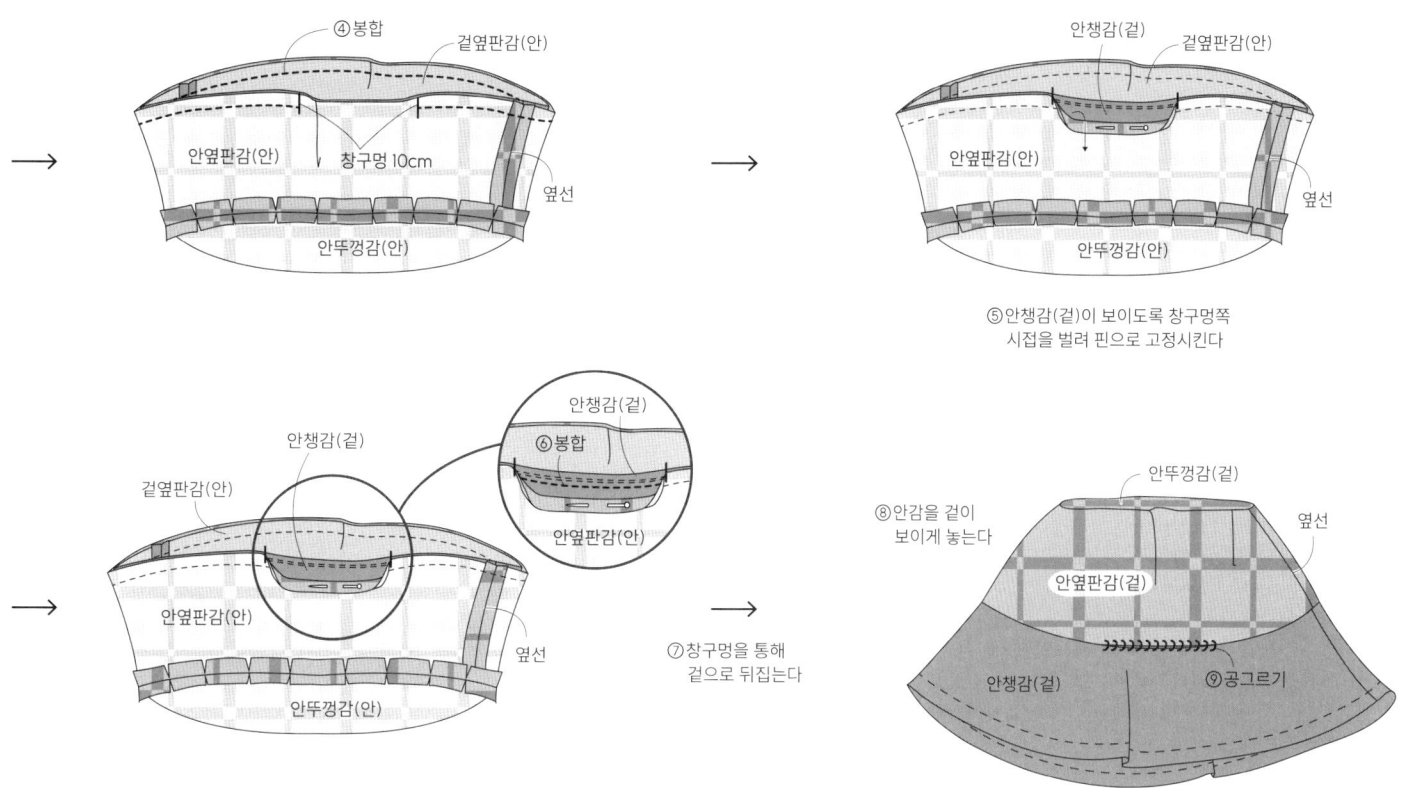

4 챙감의 밑단을 정리한다

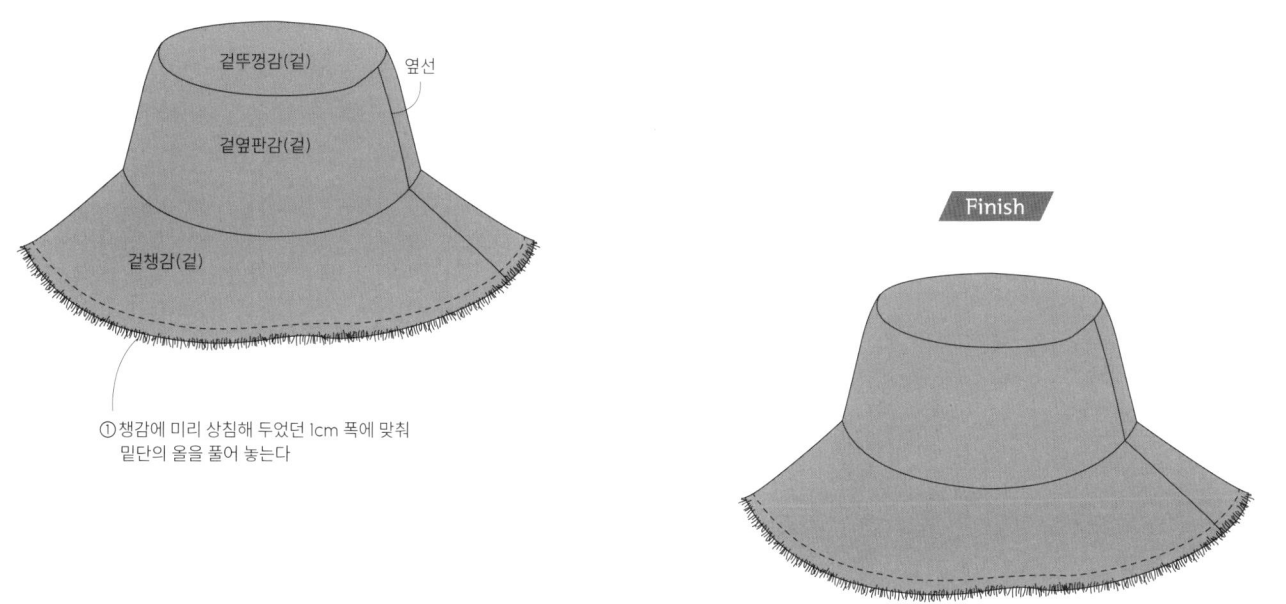

U 뷔스티에 원피스

photo page. 29

※ 완성 사이즈(cm)

사이즈 분류	55 size	66 size	77 size	88 size
옷길이	122	123.5	125.5	127
가슴둘레	103	107.5	112	116

※ 재료

사이즈 분류	55 size	66 size	77 size	88 size
겉감 147cm폭	315cm	315cm	315cm	315cm
소잉테이프 심지 1.2cm폭	1팩	1팩	1팩	1팩
바이어스 테이프 1cm폭(완성폭)	2팩	2팩	2팩	2팩

※ 패턴

- 패턴 면수 … C면의 [U] 패턴, A면의 [S] 패턴을 사용합니다.
- 실물 패턴 … 앞몸판, 뒷몸판, 앞스커트, 뒷스커트, 겉앞허리벨트, 안앞허리벨트, 겉뒤허리벨트, 안뒤허리벨트, 옆선 주머니(S작품과 공통 패턴)
- 참고 사항 … 1. 리본 끈감은 실물 패턴이 수록되어 있지 않으므로 재단 배치도에 기재된 치수를 확인한 후, 직접 제도하여 사용합니다.
  2. 옆선 주머니는 [S. 노칼라 롱 재킷]의 옆선 주머니와 공통 패턴으로 사용합니다.

※ 만드는 순서

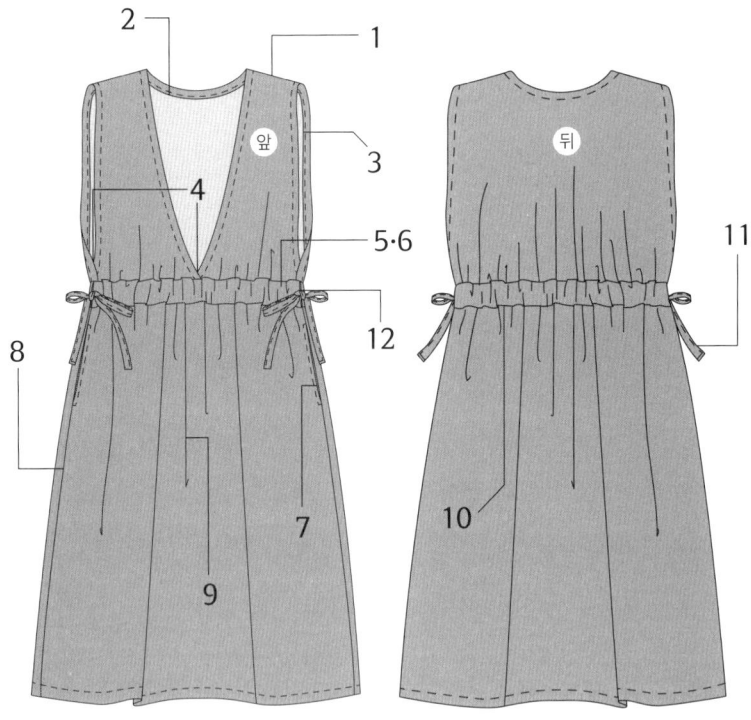

※ 재단 배치도

- 지정 이외의 시접은 1cm
- ▨ 부분에 소잉테이프 심지를 붙인다
- 〰 표시된 부분은 지그재그봉제 또는 오버록 처리한다
- 리본 끈감은 직접 제도하여 사용한다

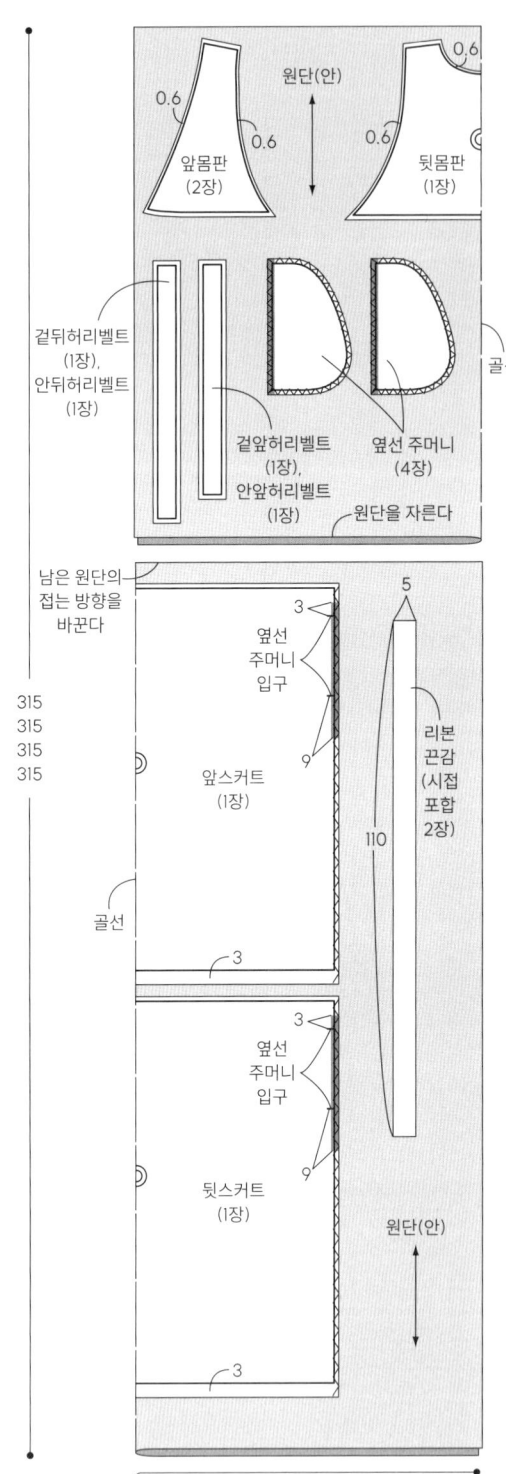

U 뷔스티에 원피스 bustier dress

※ 만드는 방법
· 치수가 기재되어 있지 않은 곳은 1cm로 봉합합니다.
· 바이어스 테이프의 길이는 필요한 길이보다 여유 있게 기재되어 있습니다. 다는 곳의 길이에 맞춰 여분을 잘라서 사용해 주세요.

1 몸판의 어깨를 봉합한다 (P.65 / **2**-①~④ 참고)

2 몸판의 목둘레를 안바이어스 처리한다

① 120cm길이의 바이어스 테이프를 준비한다

※ 안바이어스로 사용되는 테이프는 시중에 판매되고 있지 않을 경우, 바이어스 테이프를 잘라 안바이어스로 만들어 사용합니다.

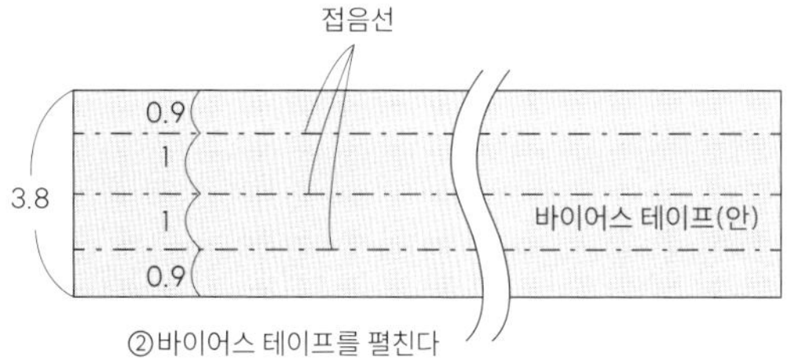

② 바이어스 테이프를 펼친다

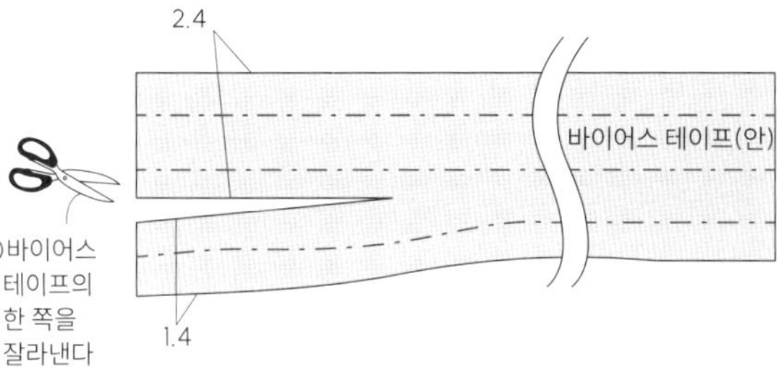

③ 바이어스 테이프의 한 쪽을 잘라낸다

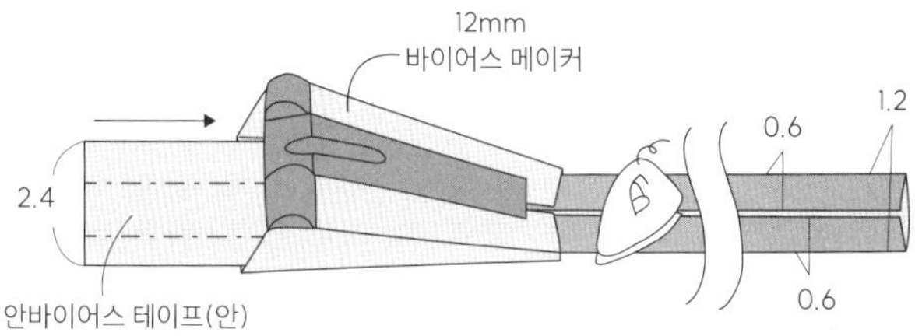

④ 자른 바이어스 테이프를 바이어스 메이커 안으로 통과시켜 접어 다린다

※ 만들어진 안바이어스 테이프의 명칭은 목둘레 안바이어스 테이프로 설명합니다

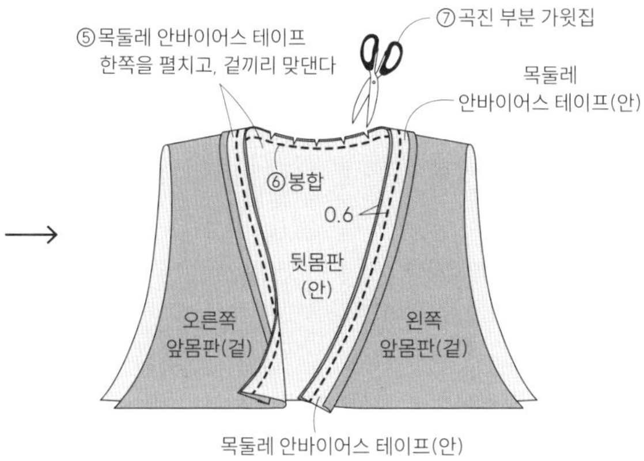

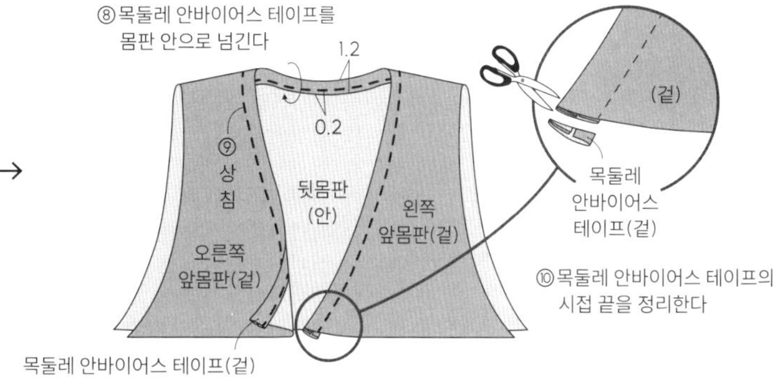

⑤ 목둘레 안바이어스 테이프 한쪽을 펼치고, 겉끼리 맞댄다
⑥ 봉합
⑦ 곡진 부분 가윗집
⑧ 목둘레 안바이어스 테이프를 몸판 안으로 넘긴다
⑨ 상침
⑩ 목둘레 안바이어스 테이프의 시접 끝을 정리한다

3 몸판의 암홀둘레를 안바이어스 처리한다

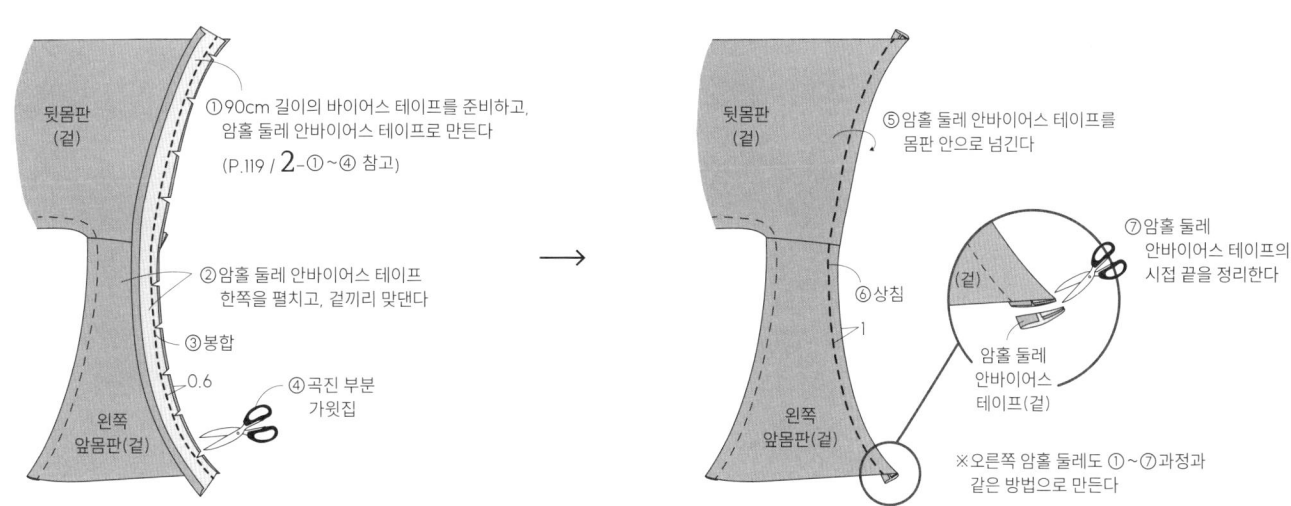

① 90cm 길이의 바이어스 테이프를 준비하고, 암홀 둘레 안바이어스 테이프로 만든다 (P.119 / **2**-①~④ 참고)
② 암홀 둘레 안바이어스 테이프 한쪽을 펼치고, 겉끼리 맞댄다
③ 봉합
④ 곡진 부분 가윗집
⑤ 암홀 둘레 안바이어스 테이프를 몸판 안으로 넘긴다
⑥ 상침
⑦ 암홀 둘레 안바이어스 테이프의 시접 끝을 정리한다

※ 오른쪽 암홀 둘레도 ①~⑦과정과 같은 방법으로 만든다

4 몸판의 앞중심과 옆중심을 고정시킨다

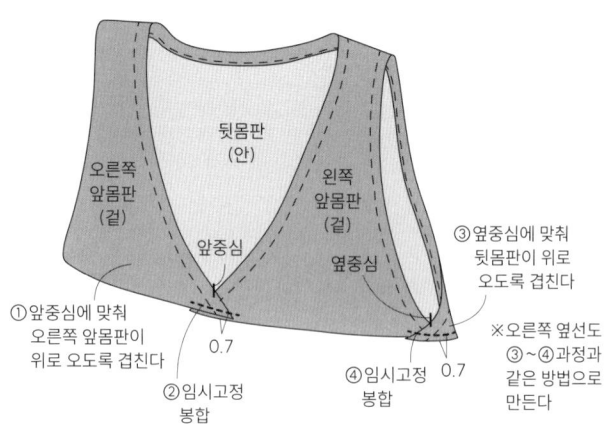

5 허리벨트를 만든다

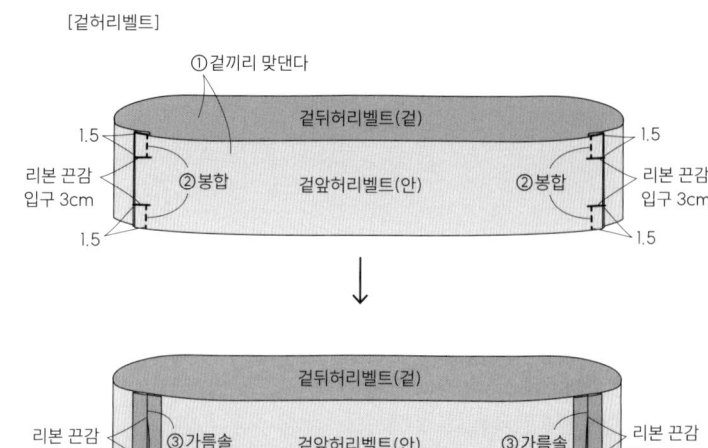

6 몸판에 허리벨트를 단다

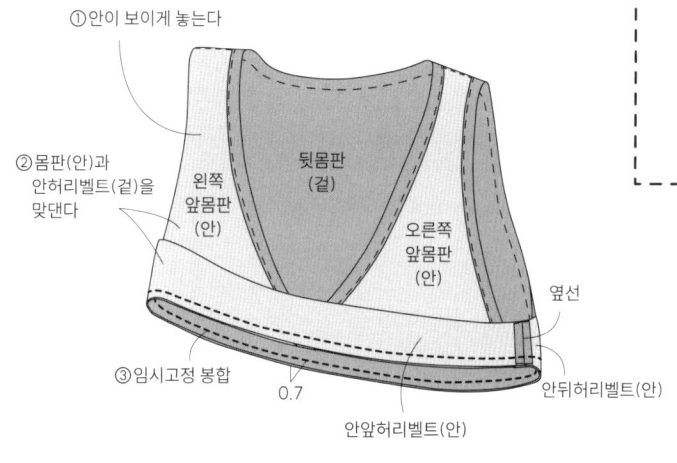

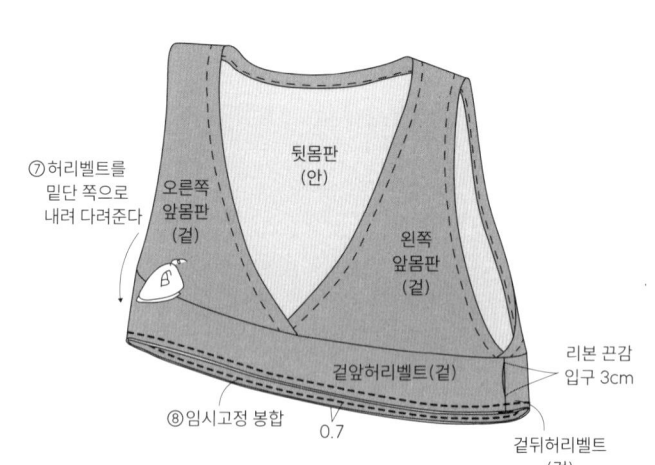

7 스커트에 옆선 주머니를 단다 (P.65 / 5-①~③ 참고)

8 스커트의 옆선을 봉합한다

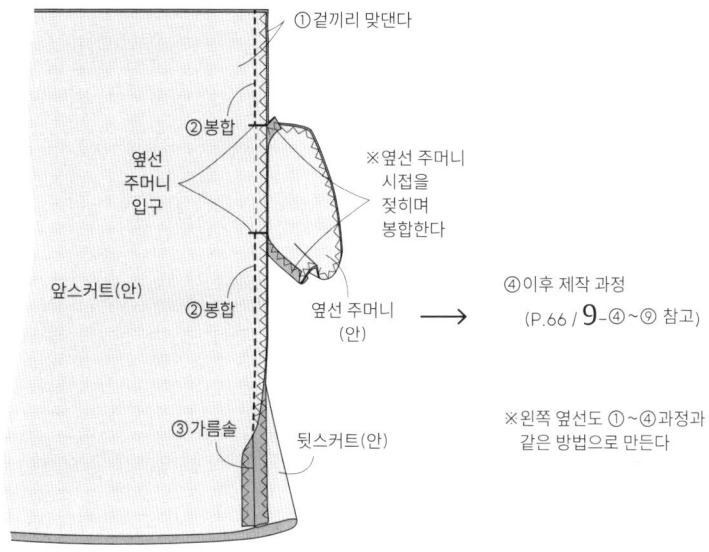

9 스커트의 주름을 잡는다

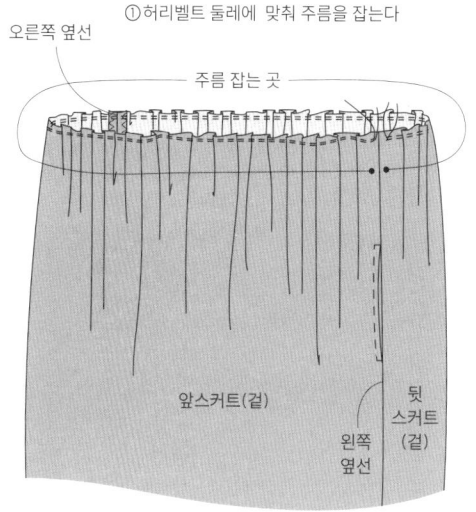

10 허리벨트에 스커트를 단다

11 리본 끈감을 만든다

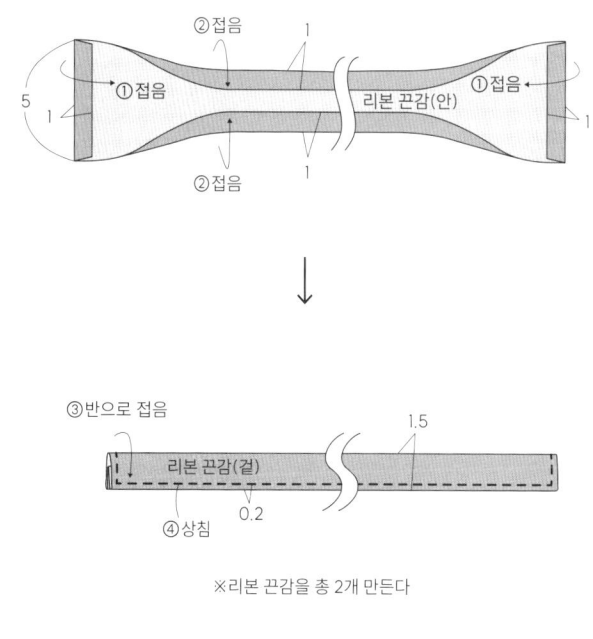

※봉합 후, 주름 잡기용 실은 제거한다

12 허리벨트에 리본 끈감을 끼운다

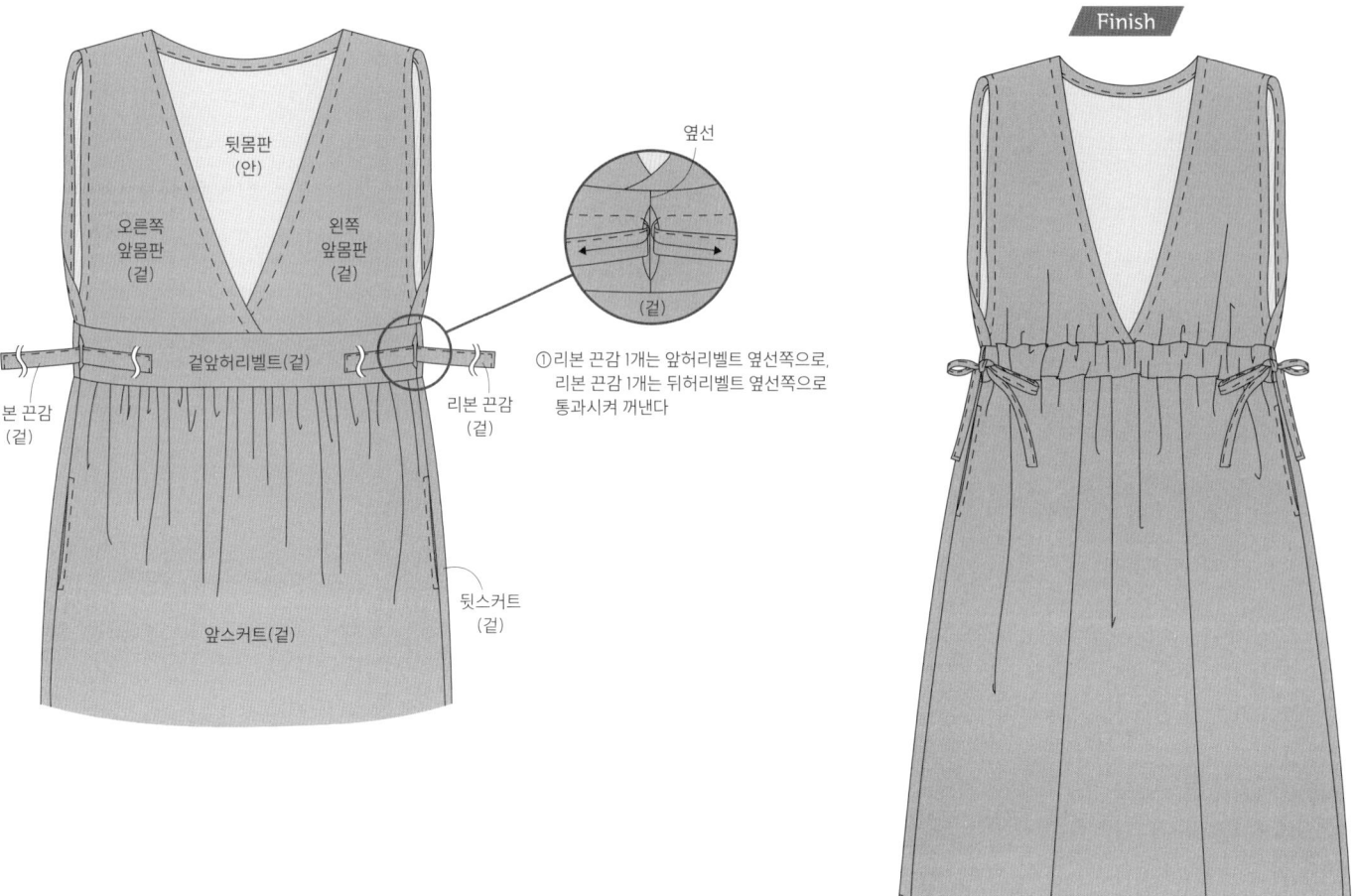

①리본 끈감 1개는 앞허리벨트 옆선쪽으로, 리본 끈감 1개는 뒤허리벨트 옆선쪽으로 통과시켜 꺼낸다

V 퍼프 원피스

photo page. 30

※ 완성 사이즈(cm)

사이즈 분류	55 size	66 size	77 size	88 size
옷길이	115.5	117.5	119	121
가슴둘레	96.5	101	105.5	109.5
소매길이	39	40	41	42

※ 재료

사이즈 분류	55 size	66 size	77 size	88 size
겉감 112cm폭	495cm	495cm	495cm	495cm
소잉심지 54cm폭	45cm	45cm	90cm	90cm
단추 1.3cm폭	5개	5개	5개	5개

※ 패턴

- 패턴 면수 ··· B면의 [V] 패턴을 사용합니다.
- 실물 패턴 ··· 앞몸판, 뒷몸판, 소매
- 참고 사항 ··· 1. 앞스커트, 뒷스커트, 목둘레 안바이어스천, 소매 밑단 안바이어스천은
  실물 패턴이 수록되어 있지 않으므로 재단 배치도에 기재된 치수를 확인한 후,
  직접 제도하여 사용합니다.
  2. 소매 패턴의 턱 방향은 원단(겉) 기준으로 표시되어 있습니다.

※ 만드는 순서

※ 재단 배치도

- 지정 이외의 시접은 1cm
- ┊┊ 부분에 소잉심지를 붙인다
- ∿ 표시된 부분은 지그재그봉제 또는 오버록 처리한다
- 소매 패턴에 표시된 턱 방향은 원단(겉) 기준이므로 원단을 재단 후, 원단(겉)에 표시합니다
- 앞스커트, 뒷스커트, 목둘레 안바이어스천, 소매 밑단 안바이어스천은 직접 제도하여 사용한다
- 왼쪽에서부터 55/66/77/88 사이즈

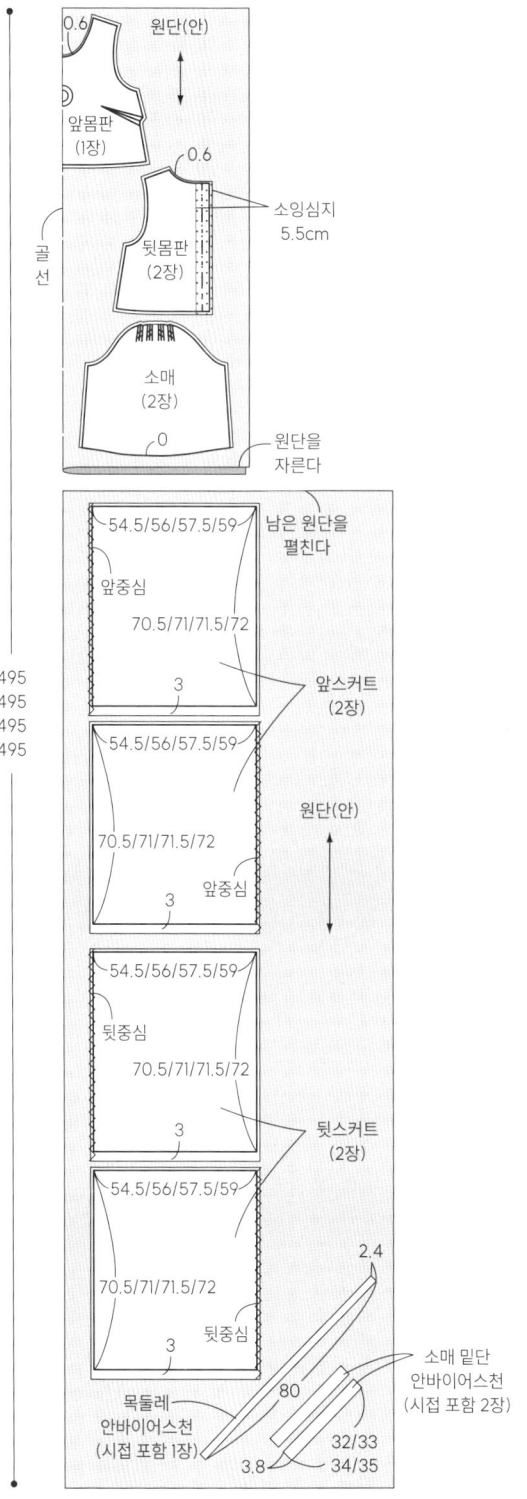

V 퍼프 원피스 puff dress

※ **만드는 방법**
- 치수가 기재되어 있지 않은 곳은 1cm로 봉합합니다.
- 목둘레 안바이어스천은 필요한 길이보다 여유 있게 기재되어 있습니다. 다는 곳의 길이에 맞춰 여분을 잘라서 사용해 주세요.

1 앞몸판의 다트를 만든다 (P.87 / **1**-①~④ 참고)

2 몸판의 어깨를 봉합한다 (P.65 / **2**-①~④ 참고)

3 뒷몸판의 뒤끝을 정리하고, 목둘레를 안바이어스 처리한다 (P.87 / **3**-①~⑨ 참고)

4 스커트의 주름을 잡는다 (P.88 / **4**-①~④ 참고)

5 스커트에 몸판을 연결한다 (P.66 / **7**-①~⑥ 참고)

6 소매를 만든다

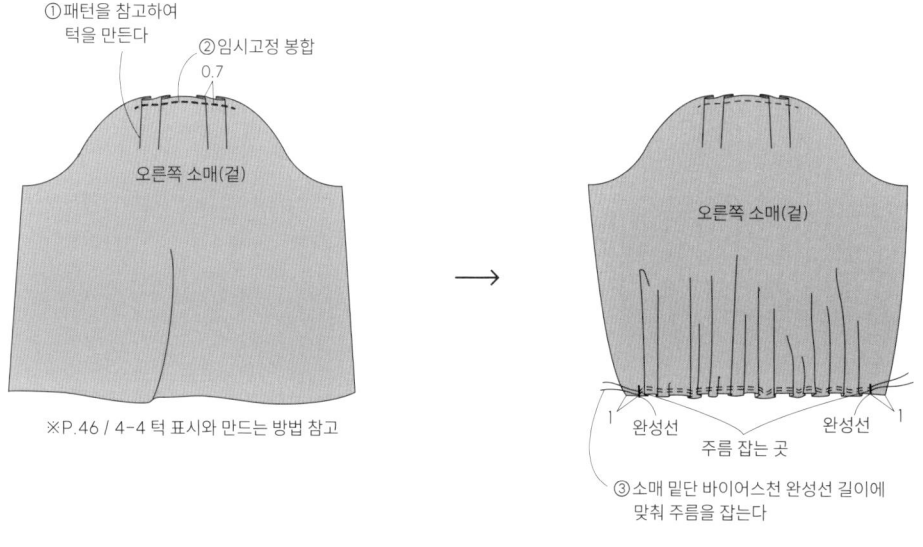

7 몸판에 소매를 단다 (P.75 / **6**-①~④ 참고)

8 몸판과 소매의 옆선을 한 번에 이어서 봉합한다 (P.51 / **4**-①~④ 참고)

V 퍼프 원피스 puff dress

9 소매 밑단을 바이어스 처리한다

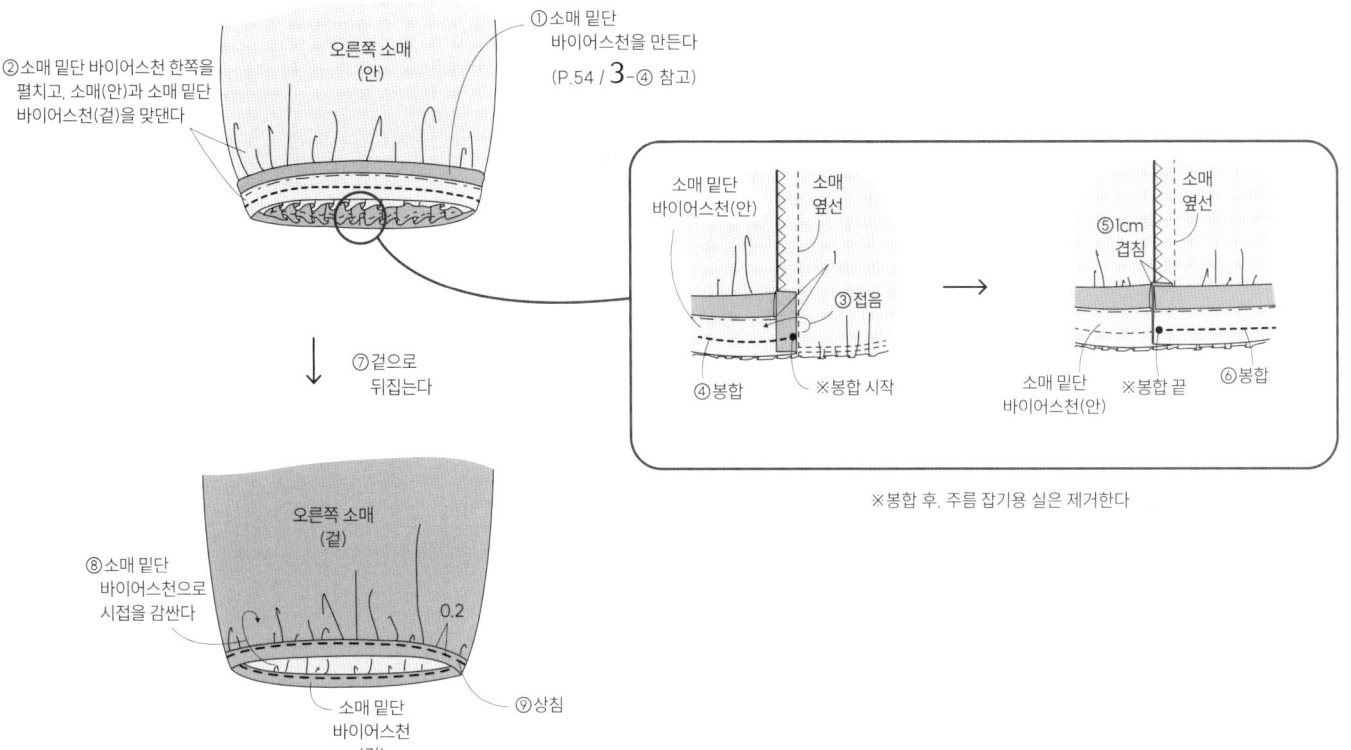

10 스커트의 밑단을 정리한다 (P.67 / 10-②~③ 참고)

11 뒷몸판에 단춧구멍을 뚫고, 단추를 단다 (P.89 / 9-① 참고)

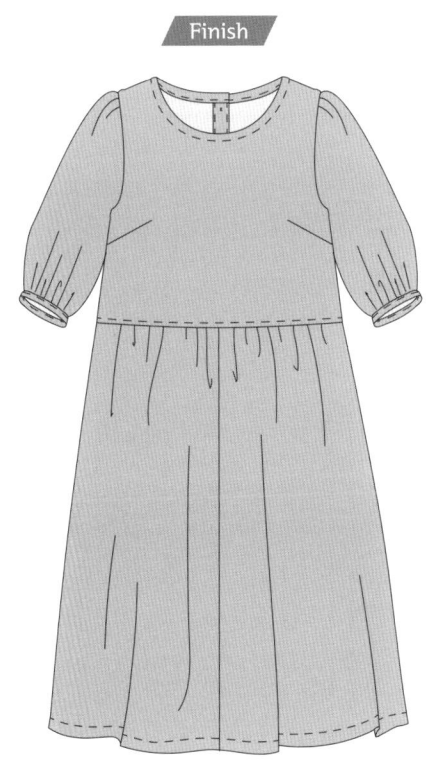

Finish

W 둥근 토트백

photo page. 31

※ 완성 사이즈(cm)

사이즈	가로	세로	폭
one size	46.5	24	15

※ 재료

원단 & 부재료	소요량
겉감 140cm폭	45cm
안감 110cm폭	90cm
(안감) 소잉심지 54cm폭	90cm
(겉감) 가방심지 52cm폭	90cm
(겉감) 소프트 보강심지 56cm폭	90cm
(겉감) 양면 멜트 심지 35.5cm폭	90cm
(겉감) 솜고정용 접착테이프 심지 2.5cm폭	1팩
토트백 가방스트랩	1개

※ 패턴

- 패턴 면수 … B면의 [W] 패턴을 사용합니다.
- 실물 패턴 … 겉앞몸판, 겉뒷몸판, 안앞몸판, 안뒷몸판, 겉바닥감, 안바닥감

※ 만드는 순서

※ 재단 배치도

- 지정 이외의 시접은 1cm
- [점선] 부분에 소잉심지를 붙인다
- [빗금] 부분에 가방심지를 붙인다

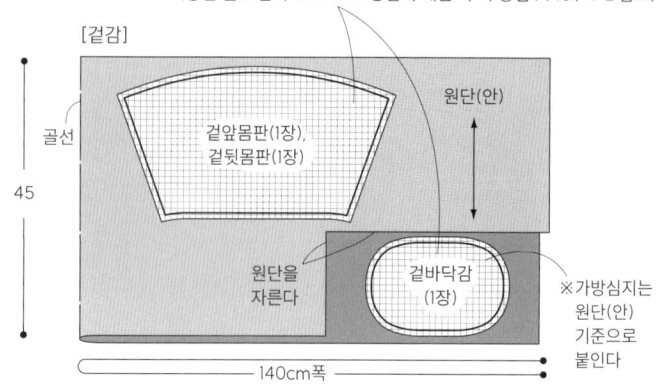

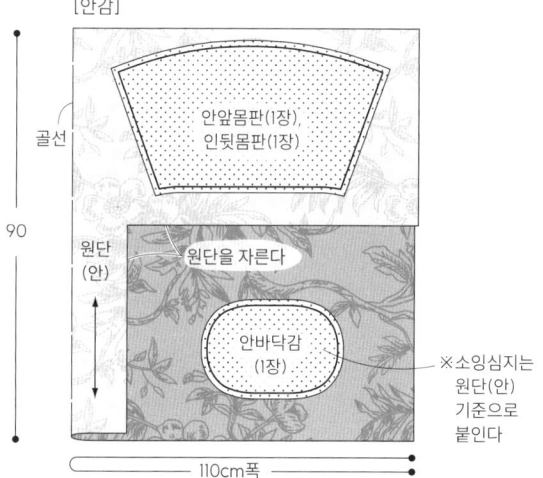

※ 만드는 방법

- 치수가 기재되어 있지 않은 곳은 1cm로 봉합합니다.

1 겉몸판을 만든다

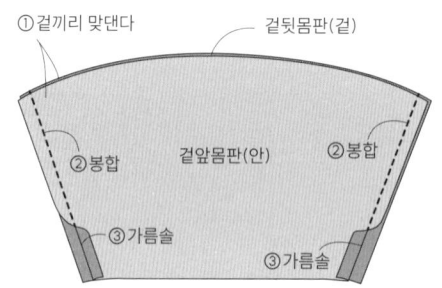

W 둥근 토트백 round tote bag

2 안몸판을 만든다

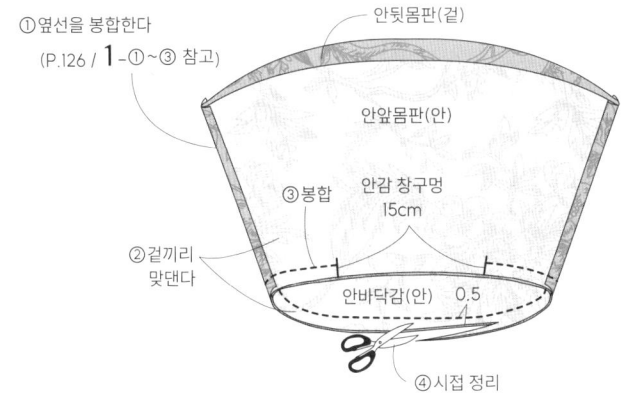

3 겉·안몸판을 연결한다

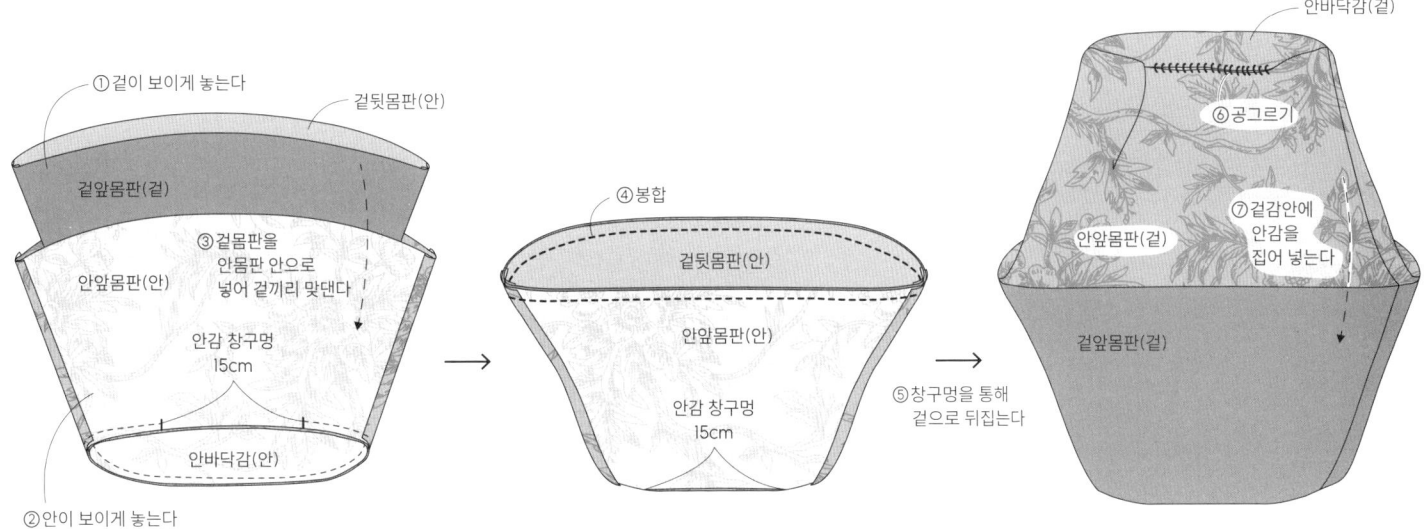

4 몸판에 가방 스트랩을 단다

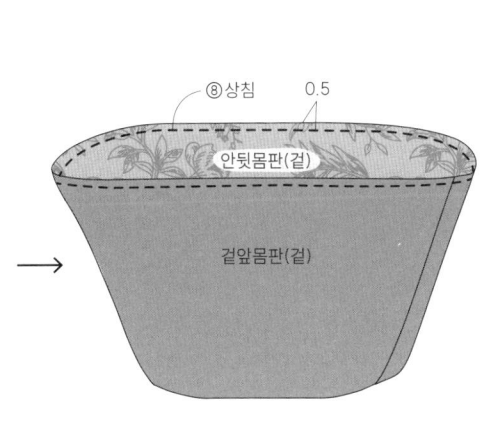

※겉뒷몸판도 ①~②과정과 같은 방법으로 만든다

김 기 숙 Kim gi sook

새로운 취미로 소잉에 입문하여, 아시아머신소잉협회 소잉마이스터 강사자격을 취득하였다. 2014년 심플소잉 대리점을 오픈하였고, 2021년 소잉하루에 Vol.28 "직접 만들어 입고 싶은 COUPLE LOOK 20" 공동저자로 참여하였다. 현 심플소잉 수지신봉점을 운영 중이며, 아시아머신소잉협회 이사직을 맡고 있다.

[블 로 그] http://blog.naver.com/hohojip3769
[인스타그램] simplesewing_sujisinbong
[연 락 처] 심플소잉 수지신봉점
경기도 용인시 수지구 신봉1로 62
031-264-3769

SEWING HARUE VOL..35

나를 담은 리넨 바느질
HANDMADE LADY'S CLOSET

초판 1쇄 인쇄	2024년 02월 23일
초판 1쇄 발행	2024년 03월 06일

발행인	정용효
저자	김기숙
기획/제작	이슬희
감수	브라이언
편집디자인	추수연
일러스트	이슬희
패턴제작	소잉컨텐츠
패턴편집	이슬희
사진	Reina Ryu
모델	김정은
촬영장소	스튜디오 이네
인쇄	상식문화

등록번호	제 2016-000002호
등록일자	2016년 01월 26일
발행처	주)핸디스 소잉스토리
	광주광역시 북구 서암대로 133 (신안동), 3층
대표전화	062_513_8957
팩스	062_515_8827
문의전화	070_8893_9218

소잉스토리는
소잉D.I.Y 취미실용서를 출간합니다.
www.sewingstory.com

※ 본 책은 저작권법에 따라 보호받는 저작물이므로 무단전재와 무단복제를 금지 하며, 이 책 내용의 전부 또는 일부를 이용하려면 반드시 저작권자 주)핸디스의 서면 동의를 받아야 합니다.

※ 본 책에 사용된 인쇄 용지는 표지-아르떼(210g), 내지-미스틱(105g), 모조지(120g)입니다.

※ 잘못 인쇄된 책은 구입처에서 교환해 드립니다.

※ 본 저작물은 공공누리 제1유형에 따라 '서울특별시 서울한강체, 마포의 서체(Mapo 꽃섬)' 공공저작물을 이용하였습니다.

PRINTED IN KOREA
ISBN 979-11-88062-51-5
ISSN 2092-8769
판매가 21,000원

초보자의 눈으로 개발하는 **실물 패턴전문 브랜드 패턴인!**

1600 여종의 상품 보유 및 매달 신상품 출시!

point 1

재단배치도 부터 소잉 팁 까지
꼼꼼한 사진제작 설명서와 웹 제작 설명서로

쉽고 재미있게!

point 2

패턴 전문 캐드를 사용한
전사이즈 실물 패턴과 사이즈별 칼라선으로

깔끔하고 편리하게!

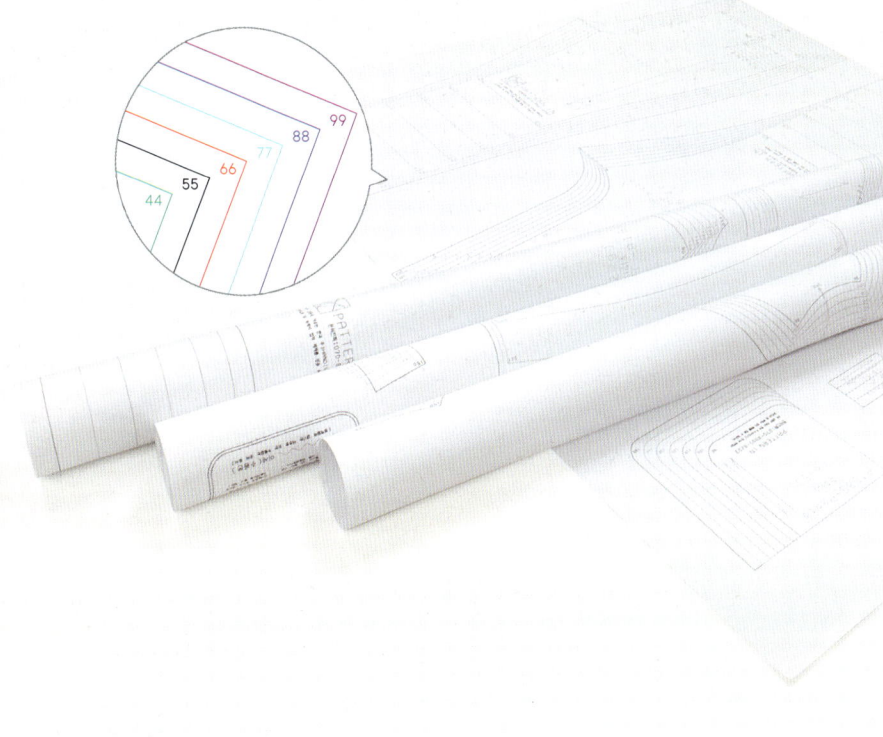

📷 패턴인 인스타그램 @pattern_in_official

아래의 구매처에서 패턴인의 모든 상품을 만나 보세요!

**패션스타트 / 심플소잉 / 심플소잉 전국 대리점 / 퀼트스타
천가게 / 인패브릭 / 앤쏘라이프 / 인패브릭 / 선퀼트
아이러브아이웃 / 원단천국 / 원단1번지**

패턴인 스토어팜

sewing harue 소잉 하루에

프로페셔널 기획과 짜임새 있는 완성도를 바탕으로 2009년 한국 최초의 소잉 D.I.Y 잡지로 창간된 "소잉 하루에" 시리즈는 현재는 단행본 형식으로 변경하여 매 시즌 트렌디한 아이템들로 기획, 매년 3회씩 발간하고 있습니다.

NEW BOOK

SEWING HARUE vol. 35
나를 담은 리넨 바느질

23작품 수록 / 136쪽 / 정가 21,000원
실물크기 패턴 2매(4면) 23작품 수록

[나를 담은 리넨 바느질] 은 리넨을 가장 잘 활용한 여성복과 소품 23작품을 준비했습니다. 기본에 충실한 리넨 옷, 리넨을 잘 살려줄 수 있는 소품들까지 다양한 아이템들이 모여있습니다. 리넨의 포근하고 따뜻한 마음이 느껴지는 작품을 만들어보세요.

SEWING HARUE vol. 34
핸드메이드 홈웨어

20작품 수록 / 120쪽 / 정가 19,000원
실물크기 패턴 2매(4면) 20작품 수록

[핸드메이드 홈웨어] 는 편안함과 아름다움을 동시에 전해줄 수 있는 20작품의 홈웨어를 수록하였습니다. 그리고 자극이 없는 촉감의 원단로 선정하여 세심하게 작품을 제작하였습니다. 소잉 하루에와 함께 홈웨어를 만들어 나에게 편안한 휴식을 선물해 주세요.

SEWING HARUE vol. 33
랩 스타일의
핸드메이드 레시피

20작품 수록 / 136쪽 / 정가 19,000원
실물크기 패턴 2매(4면) 20작품 수록

[랩 스타일의 핸드메이드 레시피] 는 컬러풀하고 감성적인 원단으로 다양한 랩 스타일 20작품을 담은 랩 스타일 전문 소잉 서적입니다. 이 서적의 핸드메이드 레시피를 통해서 나만의 감각적이고 활용도 높은 랩 스타일을 만들어보세요.

SEWING HARUE vol. 32
소잉으로 만드는
핸드메이드 스타일

20작품 수록 / 108쪽 / 정가 19,000원
실물크기 패턴 2매(4면) 20작품 수록

[소잉으로 만드는 핸드메이드 스타일] 에서는 빈티지 무드와 클래식한 브리티쉬 감성을 현대적으로 재해석하고 9가지 스타일로 매칭하여 20작품 수록하였습니다. 소잉과 잘 어울리는 클래식한 분위기를 나만의 스타일로 만들어보세요.

SEWING HARUE vol. 21 개정판

리넨으로 만드는
엄마와 딸의 커플룩 36

36작품 수록 / 136쪽 / 정가 19,000원
실물크기 패턴 2매(4면) 33작품 수록

[리넨으로 만드는 엄마와 딸의 커플룩 36]에서는 주제를 가지고 데일리룩, 피크닉룩, 리빙룩, 커플 아이템 4가지 테마의 다양하고 실용적인 아이템들을 한 권에 담았습니다. 아이와 함께 입을 수 있는 사랑스러운 리넨 커플룩을 만들어 보세요!

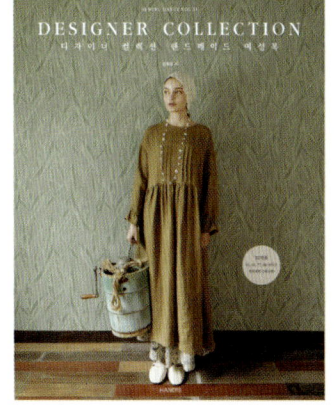

SEWING HARUE vol. 31

디자이너 컬렉션
핸드메이드 여성복

20작품 수록 / 120쪽 / 정가 18,000원
실물크기 패턴 2매(4면) 20작품 수록

[디자이너 컬렉션 핸드메이드 여성복]에서는 소잉 디자이너의 컬렉션을 컨셉으로 엔틱한 여성 의상을 20작품 수록하였습니다. 소잉 디자이너가 디자인하고 추천하는 여성복 디자인을 감상하시고 나만의 엔틱한 디자인 컬렉션을 만들어보세요.

SEWING HARUE vol. 30

에이프런과 원피스
그리고 리넨 handmade

20작품 수록 / 108쪽 / 정가 18,000원
실물크기 패턴 2매(4면) 20작품 수록

[에이프런과 원피스 그리고 리넨 handmade]에서는 다양한 에이프런을 한 권에 담았습니다. 여성 에이프런, 원피스 / 아동 에이프런, 원피스 총 20작품을 수록하였습니다. 나만의 감성 에이프런을 만나보세요.

SEWING HARUE vol. 29

우리 아이를 위한
특별한 핸드메이드 옷과 소품

23작품 수록 / 112쪽 / 정가 18,000원
실물크기 패턴 2매(4면) 22작품 수록

[우리 아이를 위한 특별한 핸드메이드 옷과 소품]에서는 사랑스러운 우리 아이를 위한 의상과 소품 총 23작품을 50~70사이즈, 80~130 사이즈로 알차게 담았습니다. 마음과 정성을 다해 세상에 단 하나뿐인 작품을 만들어 선물해 보세요.

SEWING HARUE vol. 28

직접 만들어 입고 싶은
COUPLE LOOK 20

20작품 수록 / 108쪽 / 정가 18,000원
실물크기 패턴 2매(4면) 20작품 수록

[직접 만들어 입고 싶은 COUPLE LOOK 20]에서는 사랑하는 사람과 함께 즐길 수 있는 커플 룩을 주제로 남/여 의상 20작품을 10가지 커플 룩으로 수록했습니다. 사랑하는 사람과 함께 세상에 단 하나뿐인 커플 패션을 즐겨보세요.

SEWING HARUE vol. 27

Daily lady's closet
사계절 핸드메이드 여성복

20작품 수록 / 120쪽 / 정가 18,000원
실물크기 패턴 2매(4면) 20작품 수록

[Daily lady's closet 사계절 핸드메이드 여성복]에서는 일 년 내내 다양하게 레이어드하여 즐길 수 있는 여성복 상의, 원피스, 하의, 아우터, 소품 총 20작품을 수록했습니다. 간편하면서도 감각적인 데일리 룩을 만나보세요.

SEWING HARUE vol. 26

네 가지 스타일의
핸드메이드 여성복

32작품 수록 / 152쪽 / 정가 18,000원
실물크기 패턴 2매(4면) 32작품 수록

[네 가지 스타일의 핸드메이드 여성복]에서는 네 작가들의 각각의 취향과 마음을 담은 작품들을 소개합니다. 작가별로 8작품씩, 총 32작품을 수록하고 있어 다양한 스타일의 아이템을 한 권으로 만날 수 있습니다. 나의 취향을 발견해 보세요.

여러 구매처 및 온/오프라인 서점에서 다양한 <소잉 하루에> 시리즈를 만나 보세요!

패션스타트　　심플소잉　　퀼트스타　　패턴인 스마트스토어

SEWING STORY

핸디스 소잉스토리 출판사는 소잉 D.I.Y 전문 출판사입니다. 개발 단행본 시리즈인 소잉 하루에, 그리고 일본에서 인기 있는 소잉 서적을 번역하여 출간합니다. 소잉스토리 홈페이지에서 더 많은 출간서적을 확인해 보세요.

소잉하는 사람의 마음과 손으로 짓는 책, 소잉스토리의 안목으로 선정한 번역서들을 만나보세요.

PET PATTERN BOOK
사계절 강아지 옷 패턴북

26작품 수록 / 96쪽 / 정가 19,500원
실물크기 패턴 3매(6면) 25작품 수록

[PET PATTERN BOOK 사계절 강아지 옷 패턴북]에서는 귀여운 강아지들을 위한 다양한 디자인의 의상과 소품을 한 권에 담았습니다. 나의 소중한 반려견에게 직접 만든 건강한 옷으로 행복을 선물해 보세요!!

오늘도 내일도
핸드메이드 원피스

21작품 수록 / 88쪽 / 정가 18,000원
실물크기 패턴 2매(4면) 16작품 수록

[오늘도 내일도 핸드메이드 원피스]에서는 심플하고 밝은 느낌의 다양한 여성 원피스로 구성되어 있습니다. 나만의 감성을 자극하는 원피스로 사랑스러운 느낌을 연출해 보세요.

내가 만들어 입는
코디네이트 룩

26작품 수록 / 88쪽 / 정가 18,000원
실물크기 패턴 2매(4면) 26작품 수록

[내가 만들어 입는 코디네이트 룩]에서는 셋업 스타일을 주제로 총 6가지 코디를 구성하여 다양한 디자인의 여성복 아이템들을 한 권에 담았습니다. 심플하고 멋스러운 셋업 스타일을 즐겨보세요.

리넨으로 만드는
에이프런과 소품 36

36작품 수록 / 88쪽 / 정가 18,000원
실물크기 패턴 1매(2면) 36작품 수록

[리넨으로 만드는 에이프런과 소품 36]에서는 다양한 디자인의 여성 에이프런과 여성복, 커플로 코디할 수 있는 남성용, 아동용 에이프런과 소품을 한 권에 담았습니다. 나와 사랑하는 사람들을 위한 에이프런을 지금 만들어 보세요.

즐겨 입는
핸드메이드 여성복 35

35작품 수록 / 88쪽 / 정가 18,000원
실물크기 패턴 1매(2면) 28작품 수록

[즐겨 입는 핸드메이드 여성복 35]에서는 다양한 형태의 여성복을 소개합니다. 또한 나만의 코디를 돋보이게 해줄 가방과 브로치 등 소품들을 함께 담았습니다. 나만의 감성, 취향을 한껏 담은 핸드메이드 패션을 즐겨보세요.

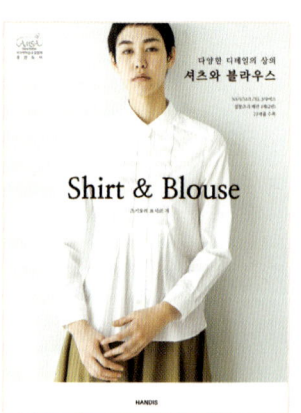

다양한 디테일의 상의
셔츠와 블라우스

25작품 수록 / 96쪽 / 정가 16,000원
실물크기 패턴 1매(2면) 25작품 수록

[다양한 디테일의 상의 셔츠와 블라우스]에서는 다양한 디테일이 담긴 여성 상의들을 소개합니다. 소매의 형태부터 밑단 처리, 핀턱 장식 등 소잉에 유용한 디테일이 담긴 작품이 25종 수록되어 있습니다. 내가 원하는 디테일을 골라 만들어 보세요.

여러 구매처 및 온/오프라인 서점에서
다양한 소잉스토리 서적들을 만나 보세요!

패션스타트

심플소잉

퀼트스타

패턴인
스마트스토어

Tiffany 티파니

바늘 끝에서 피어나는 아름다움

심플하고 세련된 외모와 독보적인 자수 사이즈로
가정용 자수기의 한계를 뛰어넘어
작품을 예술 그 자체로 만들어줍니다.

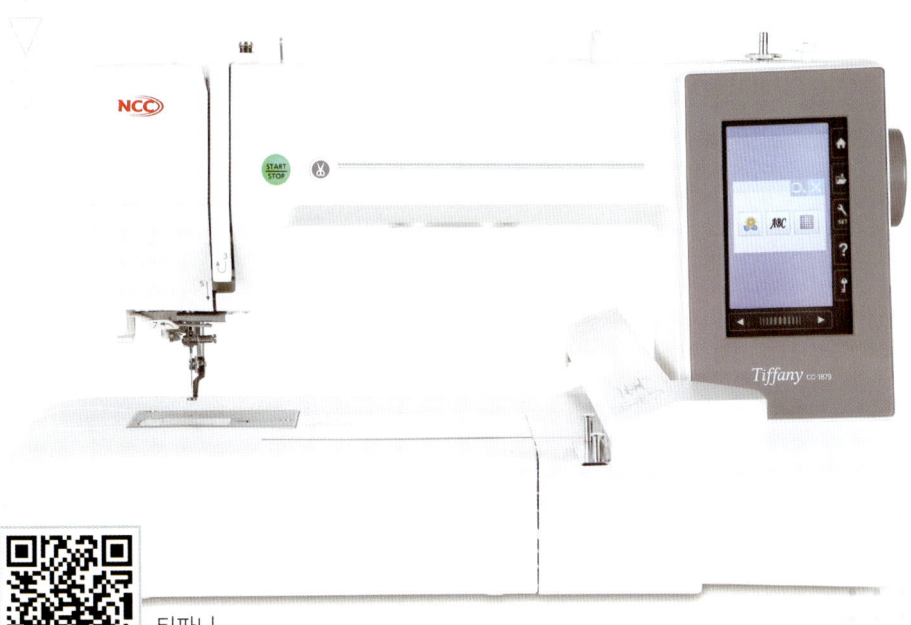

티파니
자세히 알아보기

티파니 특징

01 시크한 웜그레이 포인트 디자인

02 최대 자수 영역 200×360mm

03 최대 자수 속도 860SPM

04 180가지 내장 자수 디자인

티파니 기능

와이드 자수 캐리지
초대형 후프를
안전하게 지탱

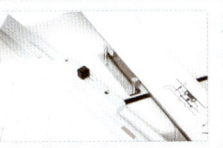

자수틀 고정장치
더 간편하고 안정적인
레버 + 핀고정 방식

확장판 테이블
더 넓은 작업 공간

LED 조명
어두운 곳에서
더 빛나는 5개의
LED 조명 탑재

프리텐션 실가이드
윗실의 꼬임·빠짐을
방지하여 실공급을
원활하게

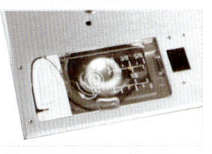

3곳의 사절 장치
가위 없이도
언제나 편리하게

심플소잉

국내 최초 재봉틀 공방 브랜드

심플소잉은 국내 30여 개의 대리점을 보유한 국내 최초 DIY 소잉 전문 브랜드입니다.

재미와 실용성을 두루 갖춘 **소품 만들기 과정**

내 손으로 옷을 짓는 감동 **옷 만들기 과정**

소잉의 모든 것 '심플소잉'

고품질의 미싱
디자인, 기능, 내구성을 두루 갖춘 품격있는 미싱을 직접 체험할 수 있습니다.

다양한 소잉 전문 원단/부자재
국내·외 다양한 원단/부자재를 보유하고 있어 작품의 완성도를 높여줍니다.

체계적인 소잉 교육
기초부터 마스터까지 전문 강사님과 함께하여 어렵기만 했던 소잉이 쉽고 재미있어집니다.

전문 강사반 운영
AMSA만의 소잉 전문 교육을 통해 소잉 작가로서의 활동은 물론 공방 창업에 큰 도움을 드립니다.

차별화된 '심플소잉'만의 교육

 수강 최대 인원 5명 소수 인원제 밀착 수업
 내 스케줄에 맞춰 수강하는 수업 사전 예약제
 충분히 갖춰진 소잉 전문 환경
 정규과정 교재 & 실물 패턴 제공

 홈패션, 소품, 의상을 한 곳에서
 초보에서 마스터가 되기 위한 단계별 학습
 모두 똑같은 패키지 NO! 나만의 개성 있는 작품
 소잉 전문 교육을 통한 창업 인재 양성

심플소잉 대리점 안내

서울·경기·강원 지역

강남개포점 070-8836-9394	남양주별내점 031-572-7353
동탄호수점 031-373-3025	분당판교점 031-703-3841
수원광교점 031-211-3885	수지신봉점 031-264-3769
안양동편마을점 031-703-7249	용인죽전점 031-265-0301
원주단구점 033-762-0251	이천창전점 031-638-8904
일산주엽점 031-906-6577	하남미사점 031-795-3108
화성동탄점 070-4190-3830	

충청 지역

서산호수공원점 041-665-0607	아산배방점 041-532-5476
천안백석점 070-4078-9135	천안신방점 041-579-7275
청주가경점 043-232-0306	청주율량점 043-900-3579

경상 지역

경주용황점 010-9778-5588	동래온천점 051-365-1591
양산물금점 055-388-3636	울산약사점 052-296-1009
창원남양점 055-263-5662	포항대잠점 054-272-6349

전라 지역

광주시청점 062-375-0525	군산지곡점 063-468-6338
순천동외점 061-900-9965	여수엑스포점 061-642-0427
전주송천점 063-278-1088	

대리점 개설 상담 및 문의

1644-5662

민간자격 등록번호 2017-004750

사단법인 AMSA 아시아머신소잉협회

아시아머신소잉협회(AMSA : ASIA MACHINE SEWING ASSOCIATION)는 소잉전문영역에서 가장 높은 교육수준을 유지하여 작가와 강사를 양성하고, 그 강사들이 모여 구성된 명실공히 국내 최대의 협회입니다.
AMSA는 능률적이고 안정적인 소잉을 구현할 수 있는 소잉기술을 바탕으로 교육 프로그램, 교재를 마련하고 이들의 품질을 계속적으로 개선하고 감독합니다.
또 강사에게 자격을 부여하고 AMSA 교육을 전파하기 위한 지원 서비스를 합니다.

- 소잉마이스터 강사 320명
- 소잉아틀리에 강사 119명
- 90개의 대리점과 공방
- 강사준비 500명 진행중

매년 2,400명 취미반 양성

AMSA 강사 교육과정

AMSA 소잉아트 디자이너와 소잉마이스터 과정

1. 취미반 수강 (2~6개월)
2. AMSA 정규과정 수강 (6~15개월)
3. 정규과정 포트폴리오 등록
4. 포트폴리오 및 실물 심사
5. 정규과정 인증시험 합격
6. 소잉아트 디자이너 자격 취득
7. MSET 수료 또는 소잉 관련학과 졸업과 심사
8. 소잉마이스터 자격 취득
9. 정규과정 교육운영 (강사용 교재 수령)

AMSA 소잉아틀리에 과정

1. 취미반 수강 (2~6개월)
2. AMSA 소잉아틀리에과정 수강 (6~12개월)
3. 소잉아틀리에 포트폴리오 등록
4. 포트폴리오 심사 합격
5. 소잉아틀리에 강사 회원 등록
6. 소잉아틀리에 교육운영 (강사용 교재 수령)

※ AMSA협회원 자격은 관리 규정에 따라 매년 갱신됩니다.

협회원 누적 15,000명이 먼저 경험한 검증된 정규 운영과정입니다.
취미반부터 소잉 지도강사 자격증까지 쭉 경험해보세요.

**여러분도 창업이 가능한 소잉강사가 될 수 있습니다.
지금 바로 문의하세요~**

AMSA 사무국   전화번호 070.8281.8958   팩스 062.522.8827   이메일 amsa2009@naver.com   홈페이지 amsa.or.kr
사무국 주소 - 광주광역시 북구 서암대로 133.3층   교육장 주소 - 대전광역시 서구 탄방동 768, 5층 501호

For your easy
& perfect sewing

Korea **u**nique **i**ndispensable qui**c**k

Kuick Needle

" 이 작은 바늘 하나가 가져다 줄
손바느질의 **우아한 변화**를 꼭 한 번 경험해보세요. "

All about sewing notions
HAPPYBEARS

° About 퀵 바늘

↓IN   ↑OUT
       정확한 곳으로 나오지
       않은 바늘

가방 핸들이나 프레임 또는 단추나 라벨을 달 때, 바늘을 원단 안쪽에서 바깥으로 보내는 경우, 우리가 바늘 구멍을 바로 찾아내는 것은 여간 쉬운일이 아니에요. 구멍 위치를 확인하려고 손을 더듬더듬 해가면서 바늘을 여러번 찔렀다 뺐다 반복하기 일쑤.

하지만 이제 이 퀵 바늘을 만나면 우리는 바늘구멍 위치에 **정확히 한번에, 쉽고 빠르게** 손바늘을 넣고 뺄 수 있습니다.

° Info 정보

43-183 해피베어스 퀵바늘
상품 구성) 퀵 바늘 1개 + 리필 바늘 3개
퀵 바늘 사이즈) 폭 1.9 × 길이 4.8cm
바늘 사이즈) 내경 0.4mm, 외경 0.9mm
소비자판매가) 12,000won
※ 호환 가능한 바늘의 정보는 QR코드로 확인하세요.

더 자세한 정보는
QR코드로 확인!

° How to use 사용방법

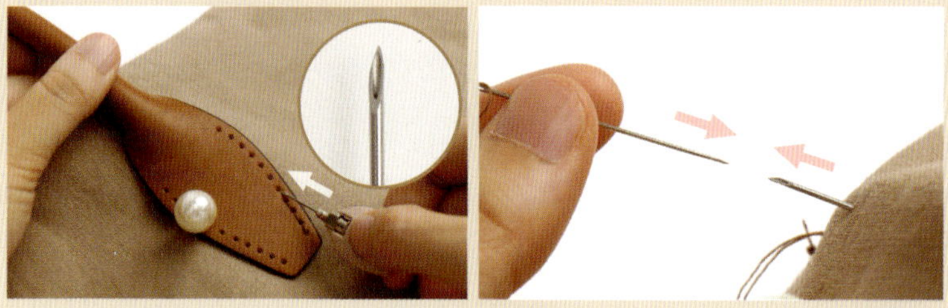

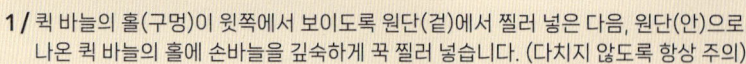

1 / 퀵 바늘의 홀(구멍)이 윗쪽에서 보이도록 원단(겉)에서 찔러 넣은 다음, 원단(안)으로 나온 퀵 바늘의 홀에 손바늘을 깊숙하게 꾹 찔러넣습니다. (다치지 않도록 항상 주의)

2 / 원단(안)에서 손바늘을 잘 끼워 밀어넣고, 원단(겉)에서 퀵 바늘을 천천히 잡아 당기면 끝

* 지적 재산권 안내

해피베어스 퀵 바늘은 지적재산권 보호를 위해 실용신안(특허) 및 디자인(특허)에 등록되어 있습니다.
< 실용신안등록번호 제0477874호 / 디자인출원번호 디자인-2020-0050860 >